（a）不同行业能源消费比例　　　　（b）工业部门能耗分析

图 1.1　我国能源消费行业分布

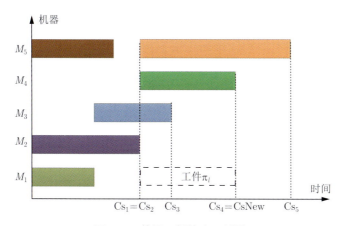

图 3.4　前沿更新算法示例图

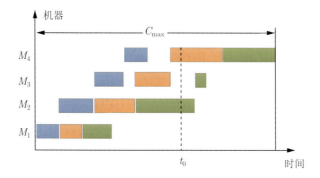

图 4.1　3 个工件、4 台机器流水车间调度甘特图

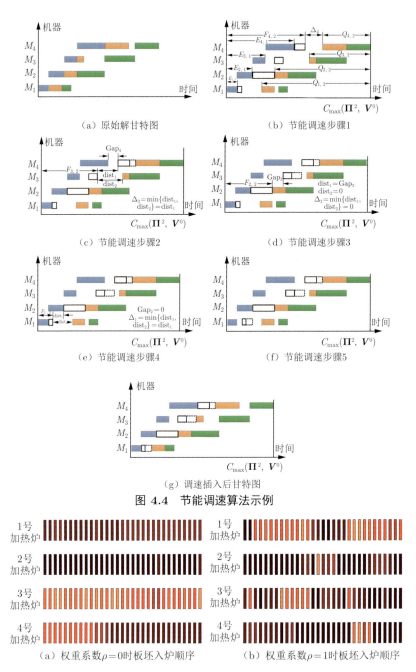

（a）原始解甘特图

（b）节能调速步骤1

（c）节能调速步骤2

（d）节能调速步骤3

（e）节能调速步骤4

（f）节能调速步骤5

（g）调速插入后甘特图

图 4.4　节能调速算法示例

1号加热炉

2号加热炉

3号加热炉

4号加热炉

1号加热炉

2号加热炉

3号加热炉

4号加热炉

（a）权重系数 $\rho = 0$ 时板坯入炉顺序

（b）权重系数 $\rho = 1$ 时板坯入炉顺序

图 5.8　目标函数权重系数对调度方案的影响

清华大学优秀博士学位论文丛书

节能生产调度问题的建模与分解优化

丁见亚（Ding Jianya）著

Energy-Efficient Production Scheduling:
Modeling and Decomposition Methods

清华大学出版社
北京

内 容 简 介

随着能源问题的日益严峻,节能制造已成为世界各国共同关注的重要领域。传统生产调度通常以制造期、设备负荷、交货拖期等生产效率指标作为优化目标,忽视了制造过程中的能源消耗与环境影响。

本书研究并行机、流水车间等生产调度场景下生产指标与能耗指标的权衡优化问题,详细讨论问题结构性质,针对不同能源政策或能耗优化目标提出了新型规划模型,并基于分解优化思路设计求解算法,最后在钢铁生产加热炉群节能调度问题中进行应用。

本书可作为从事智能优化计算、生产线调度等相关专业的研究生教学参考书,也可供相关领域专业技术人员参考。

图书在版编目(CIP)数据

节能生产调度问题的建模与分解优化 / 丁见亚著.—北京:清华大学出版社,2022.6
(清华大学优秀博士学位论文丛书)
ISBN 978-7-302-60236-1

Ⅰ.①节… Ⅱ.①丁… Ⅲ.①制造工业-节能-研究-中国 Ⅳ.①F426.4

中国版本图书馆 CIP 数据核字(2022)第 036195 号

责任编辑:戚 亚
封面设计:傅瑞学
责任校对:王淑云
责任印制:杨 艳

出版发行:清华大学出版社
　　　　　网　　　址:http://www.tup.com.cn,http://www.wqbook.com
　　　　　地　　　址:北京清华大学学研大厦 A 座　　　邮　　编:100084
　　　　　社 总 机:010-83470000　　　　　　　　　　邮　　购:010-62786544
　　　　　投稿与读者服务:010-62776969,c-service@tup.tsinghua.edu.cn
　　　　　质量反馈:010-62772015,zhiliang@tup.tsinghua.edu.cn
印 装 者:三河市东方印刷有限公司
经　　销:全国新华书店
开　　本:155mm×235mm　　印　张:12.75　　插　页:1　　字　数:197 千字
版　　次:2022 年 6 月第 1 版　　　　　　　　　印　次:2022 年 6 月第 1 次印刷
定　　价:99.00 元

产品编号:088952-01

一流博士生教育
体现一流大学人才培养的高度（代丛书序）①

　　人才培养是大学的根本任务。只有培养出一流人才的高校，才能够成为世界一流大学。本科教育是培养一流人才最重要的基础，是一流大学的底色，体现了学校的传统和特色。博士生教育是学历教育的最高层次，体现出一所大学人才培养的高度，代表着一个国家的人才培养水平。清华大学正在全面推进综合改革，深化教育教学改革，探索建立完善的博士生选拔培养机制，不断提升博士生培养质量。

学术精神的培养是博士生教育的根本

　　学术精神是大学精神的重要组成部分，是学者与学术群体在学术活动中坚守的价值准则。大学对学术精神的追求，反映了一所大学对学术的重视、对真理的热爱和对功利性目标的摒弃。博士生教育要培养有志于追求学术的人，其根本在于学术精神的培养。

　　无论古今中外，博士这一称号都和学问、学术紧密联系在一起，和知识探索密切相关。我国的博士一词起源于 2000 多年前的战国时期，是一种学官名。博士任职者负责保管文献档案、编撰著述，须知识渊博并负有传授学问的职责。东汉学者应劭在《汉官仪》中写道："博者，通博古今；士者，辩于然否。"后来，人们逐渐把精通某种职业的专门人才称为博士。博士作为一种学位，最早产生于 12 世纪，最初它是加入教师行会的一种资格证书。19 世纪初，德国柏林大学成立，其哲学院取代了以往神学院在大学中的地位，在大学发展的历史上首次产生了由哲学院授予的哲学博士学位，并赋予了哲学博士深层次的教育内涵，即推崇学术自由、创造新知识。哲学博士的设立标志着现代博士生教育的开端，博士则被定义为

---

① 本文首发于《光明日报》，2017 年 12 月 5 日。

独立从事学术研究、具备创造新知识能力的人，是学术精神的传承者和光大者。

博士生学习期间是培养学术精神最重要的阶段。博士生需要接受严谨的学术训练，开展深入的学术研究，并通过发表学术论文、参与学术活动及博士论文答辩等环节，证明自身的学术能力。更重要的是，博士生要培养学术志趣，把对学术的热爱融入生命之中，把捍卫真理作为毕生的追求。博士生更要学会如何面对干扰和诱惑，远离功利，保持安静、从容的心态。学术精神，特别是其中所蕴含的科学理性精神、学术奉献精神，不仅对博士生未来的学术事业至关重要，对博士生一生的发展都大有裨益。

独创性和批判性思维是博士生最重要的素质

博士生需要具备很多素质，包括逻辑推理、言语表达、沟通协作等，但是最重要的素质是独创性和批判性思维。

学术重视传承，但更看重突破和创新。博士生作为学术事业的后备力量，要立志于追求独创性。独创意味着独立和创造，没有独立精神，往往很难产生创造性的成果。1929 年 6 月 3 日，在清华大学国学院导师王国维逝世二周年之际，国学院师生为纪念这位杰出的学者，募款修造"海宁王静安先生纪念碑"，同为国学院导师的陈寅恪先生撰写了碑铭，其中写道："先生之著述，或有时而不章；先生之学说，或有时而可商；惟此独立之精神，自由之思想，历千万祀，与天壤而同久，共三光而永光。"这是对于一位学者的极高评价。中国著名的史学家、文学家司马迁所讲的"究天人之际，通古今之变，成一家之言"也是强调要在古今贯通中形成自己独立的见解，并努力达到新的高度。博士生应该以"独立之精神、自由之思想"来要求自己，不断创造新的学术成果。

诺贝尔物理学奖获得者杨振宁先生曾在 20 世纪 80 年代初对到访纽约州立大学石溪分校的 90 多名中国学生、学者提出："独创性是科学工作者最重要的素质。"杨先生主张做研究的人一定要有独创的精神、独到的见解和独立研究的能力。在科技如此发达的今天，学术上的独创性变得越来越难，也愈加珍贵和重要。博士生要树立敢为天下先的志向，在独创性上下功夫，勇于挑战最前沿的科学问题。

批判性思维是一种遵循逻辑规则、不断质疑和反省的思维方式，具有批判性思维的人勇于挑战自己，敢于挑战权威。批判性思维的缺乏往往被认为是中国学生特有的弱项，也是我们在博士生培养方面存在的一个普遍问题。2001 年，美国卡内基基金会开展了一项"卡内基博士生教育创新计划"，针对博士生教育进行调研，并发布了研究报告。该报告指出：在美国和欧洲，培养学生保持批判而质疑的眼光看待自己、同行和导师的观点同样非常不容易，批判性思维的培养必须成为博士生培养项目的组成部分。

对于博士生而言，批判性思维的养成要从如何面对权威开始。为了鼓励学生质疑学术权威、挑战现有学术范式，培养学生的挑战精神和创新能力，清华大学在 2013 年发起"巅峰对话"，由学生自主邀请各学科领域具有国际影响力的学术大师与清华学生同台对话。该活动迄今已经举办了 21 期，先后邀请 17 位诺贝尔奖、3 位图灵奖、1 位菲尔兹奖获得者参与对话。诺贝尔化学奖得主巴里·夏普莱斯（Barry Sharpless）在 2013 年 11 月来清华参加"巅峰对话"时，对于清华学生的质疑精神印象深刻。他在接受媒体采访时谈道："清华的学生无所畏惧，请原谅我的措辞，但他们真的很有胆量。"这是我听到的对清华学生的最高评价，博士生就应该具备这样的勇气和能力。培养批判性思维更难的一层是要有勇气不断否定自己，有一种不断超越自己的精神。爱因斯坦说："在真理的认识方面，任何以权威自居的人，必将在上帝的嬉笑中垮台。"这句名言应该成为每一位从事学术研究的博士生的箴言。

提高博士生培养质量有赖于构建全方位的博士生教育体系

一流的博士生教育要有一流的教育理念，需要构建全方位的教育体系，把教育理念落实到博士生培养的各个环节中。

在博士生选拔方面，不能简单按考分录取，而是要侧重评价学术志趣和创新潜力。知识结构固然重要，但学术志趣和创新潜力更关键，考分不能完全反映学生的学术潜质。清华大学在经过多年试点探索的基础上，于 2016 年开始全面实行博士生招生"申请-审核"制，从原来的按照考试分数招收博士生，转变为按科研创新能力、专业学术潜质招收，并给予院系、学科、导师更大的自主权。《清华大学"申请-审核"制实施办法》明晰了导师和院系在考核、遴选和推荐上的权力和职责，同时确定了规范的流程及监管要求。

在博士生指导教师资格确认方面，不能论资排辈，要更看重教师的学术活力及研究工作的前沿性。博士生教育质量的提升关键在于教师，要让更多、更优秀的教师参与到博士生教育中来。清华大学从 2009 年开始探索将博士生导师评定权下放到各学位评定分委员会，允许评聘一部分优秀副教授担任博士生导师。近年来，学校在推进教师人事制度改革过程中，明确教研系列助理教授可以独立指导博士生，让富有创造活力的青年教师指导优秀的青年学生，师生相互促进、共同成长。

在促进博士生交流方面，要努力突破学科领域的界限，注重搭建跨学科的平台。跨学科交流是激发博士生学术创造力的重要途径，博士生要努力提升在交叉学科领域开展科研工作的能力。清华大学于 2014 年创办了"微沙龙"平台，同学们可以通过微信平台随时发布学术话题，寻觅学术伙伴。3 年来，博士生参与和发起"微沙龙"12 000 多场，参与博士生达 38 000 多人次。"微沙龙"促进了不同学科学生之间的思想碰撞，激发了同学们的学术志趣。清华于 2002 年创办了博士生论坛，论坛由同学自己组织，师生共同参与。博士生论坛持续举办了 500 期，开展了 18 000 多场学术报告，切实起到了师生互动、教学相长、学科交融、促进交流的作用。学校积极资助博士生到世界一流大学开展交流与合作研究，超过 60% 的博士生有海外访学经历。清华于 2011 年设立了发展中国家博士生项目，鼓励学生到发展中国家亲身体验和调研，在全球化背景下研究发展中国家的各类问题。

在博士学位评定方面，权力要进一步下放，学术判断应该由各领域的学者来负责。院系二级学术单位应该在评定博士论文水平上拥有更多的权力，也应担负更多的责任。清华大学从 2015 年开始把学位论文的评审职责授权给各学位评定分委员会，学位论文质量和学位评审过程主要由各学位分委员会进行把关，校学位委员会负责学位管理整体工作，负责制度建设和争议事项处理。

全面提高人才培养能力是建设世界一流大学的核心。博士生培养质量的提升是大学办学质量提升的重要标志。我们要高度重视、充分发挥博士生教育的战略性、引领性作用，面向世界、勇于进取，树立自信、保持特色，不断推动一流大学的人才培养迈向新的高度。

邱勇

清华大学校长

2017 年 12 月 5 日

丛书序二

以学术型人才培养为主的博士生教育，肩负着培养具有国际竞争力的高层次学术创新人才的重任，是国家发展战略的重要组成部分，是清华大学人才培养的重中之重。

作为首批设立研究生院的高校，清华大学自 20 世纪 80 年代初开始，立足国家和社会需要，结合校内实际情况，不断推动博士生教育改革。为了提供适宜博士生成长的学术环境，我校一方面不断地营造浓厚的学术氛围，一方面大力推动培养模式创新探索。我校从多年前就已开始运行一系列博士生培养专项基金和特色项目，激励博士生潜心学术、锐意创新，拓宽博士生的国际视野，倡导跨学科研究与交流，不断提升博士生培养质量。

博士生是最具创造力的学术研究新生力量，思维活跃，求真求实。他们在导师的指导下进入本领域研究前沿，吸取本领域最新的研究成果，拓宽人类的认知边界，不断取得创新性成果。这套优秀博士学位论文丛书，不仅是我校博士生研究工作前沿成果的体现，也是我校博士生学术精神传承和光大的体现。

这套丛书的每一篇论文均来自学校新近每年评选的校级优秀博士学位论文。为了鼓励创新，激励优秀的博士生脱颖而出，同时激励导师悉心指导，我校评选校级优秀博士学位论文已有 20 多年。评选出的优秀博士学位论文代表了我校各学科最优秀的博士学位论文的水平。为了传播优秀的博士学位论文成果，更好地推动学术交流与学科建设，促进博士生未来发展和成长，清华大学研究生院与清华大学出版社合作出版这些优秀的博士学位论文。

感谢清华大学出版社，悉心地为每位作者提供专业、细致的写作和出版指导，使这些博士论文以专著方式呈现在读者面前，促进了这些最新的优秀研究成果的快速广泛传播。相信本套丛书的出版可以为国内外各相关领域或交叉领域的在读研究生和科研人员提供有益的参考，为相关学科领域的发展和优秀科研成果的转化起到积极的推动作用。

感谢丛书作者的导师们。这些优秀的博士学位论文，从选题、研究到成文，离不开导师的精心指导。我校优秀的师生导学传统，成就了一项项优秀的研究成果，成就了一大批青年学者，也成就了清华的学术研究。感谢导师们为每篇论文精心撰写序言，帮助读者更好地理解论文。

感谢丛书的作者们。他们优秀的学术成果，连同鲜活的思想、创新的精神、严谨的学风，都为致力于学术研究的后来者树立了榜样。他们本着精益求精的精神，对论文进行了细致的修改完善，使之在具备科学性、前沿性的同时，更具系统性和可读性。

这套丛书涵盖清华众多学科，从论文的选题能够感受到作者们积极参与国家重大战略、社会发展问题、新兴产业创新等的研究热情，能够感受到作者们的国际视野和人文情怀。相信这些年轻作者们勇于承担学术创新重任的社会责任感能够感染和带动越来越多的博士生，将论文书写在祖国的大地上。

祝愿丛书的作者们、读者们和所有从事学术研究的同行们在未来的道路上坚持梦想，百折不挠！在服务国家、奉献社会和造福人类的事业中不断创新，做新时代的引领者。

相信每一位读者在阅读这一本本学术著作的时候，在吸取学术创新成果、享受学术之美的同时，能够将其中所蕴含的科学理性精神和学术奉献精神传播和发扬出去。

清华大学研究生院院长

2018 年 1 月 5 日

导师序言

　　我国是当今世界能源生产与消费第一大国，在诸多工业部门中，制造业的能耗占比最大。制造业的节能减排，是我国能源可持续发展以及如期实现碳达峰、碳中和目标的重要发力点。本书研究了节能生产调度背景下生产指标与能耗指标的权衡优化问题；结合不同能耗指标或约束提出了多类混合整数规划模型，并在钢铁生产加热炉群节能调度场景进行应用。

　　在研究方法上，由于生产调度问题通常是涉及排序特性的强 NP 难组合优化问题，经典的混合整数规划建模难以直接求解，因此本书提出了分解优化的求解框架：首先将问题适当分解为组合优化形式主问题与多项式时间可解子问题，而后进行迭代求解。对于待优化问题自身具有可分结构的情形，采用 Dantzig-Wolfe 分解方法迭代求解线性规划主问题与动态规划子问题。其他情形下，采用通用性全局优化方法进行主–子问题的迭代优化。成功使用分解优化思路的关键在于子问题的定义与高效求解：一方面，合理进行子问题定义可以在很大程度上降低优化难度，保证了复杂背景下分解方法仍能适用；另一方面，对子问题进行高效求解需要充分利用优化问题的结构性质，保证了算法搜索效率。

　　本书可作为从事智能优化计算、生产线调度、管理科学、运筹学、自动化、工业工程等相关专业的研究生教学参考书，也可供从事相关领域研究工作的专业技术人员参考。

吴澄院士、宋士吉教授

清华大学自动化系

2021 年 12 月

摘　要

随着化石能源的快速消耗与全球变暖现象加剧，节能制造已成为世界各国共同关注的重要领域。本书研究节能生产调度背景下生产指标与能耗指标的权衡优化；结合不同能耗指标或约束提出多类规划模型，并采用分解优化思路进行模型求解；最后介绍钢铁生产加热炉群节能调度应用。研究成果总结如下：

（1）研究了生产指标约束下的能耗优化，具体考虑了分时电价背景下并行机制造系统的能源成本优化问题。问题建模方面，提出了基于时间区间变量的混合整数规划模型；优化方法方面，采用 Dantzig-Wolfe 分解方法将原问题转化为集合划分主问题与单机调度子问题，并迭代求解。电价低频变化时，规划模型可最优求解 200 个工件规模的算例；电价高频变化时，分解方法求解最优解间隙小于 1%。基于优化结果，进一步分析了制造期约束放宽时能源成本的变化趋势。

（2）研究了能耗指标约束下的生产效率优化，具体考虑了峰值功率约束下并行机制造系统的制造期优化问题。问题建模方面，提出了时间离散化、离散事件点与基于排序离散事件点等三类混合整数规划模型；优化方法方面，采用分解优化思路将原问题转化为工件排序主问题与开工时刻优化子问题。计算实验证实，分解方法可最优求解小规模问题算例，且在大规模问题算例上性能优于其他对比算法。而后探讨了不同峰值功率上限设定对制造期优化结果的影响。

（3）研究了生产指标与能耗指标的联合优化，具体考虑了设备可调速流水车间的制造期与总能耗优化。问题建模方面，基于加工过程与闲置过程能耗分析建立多目标优化模型；优化方法方面，设计多目标 NEH 算法（multi-object NEH，MONEH）与多目标贪婪迭代算法（modified multi-objective iterated greedy，MMOIG）迭代求解非支配解集更新主问题与拓展 NEH 插入子问题。计算实验从解集覆盖度、距离度量、分布间距等非支配解集评价指标验证了算法有效性，并绘制近似帕累托前沿作为生产效率与能源消耗之间权衡决策的参考。

（4）介绍了节能调度方法在钢铁生产加热炉群调度中的应用。问题建模方面，以板坯冷热混装惩罚为生产指标、总驻炉时长为能耗指标建立优化模型，并进一步提出基于约束松弛的下界估计规划模型。优化方法方面，采用分解优化思路将原问题转化为板坯分配主问题与入炉时刻决策子问题，并迭代求解。计算实验证实，算法平均最优解间隙小于 1%。而后基于生产数据与优化结果，分析了以能耗优化与以生产质量优化为决策目标时板坯排列方案的异同。

关键词： 生产调度；能耗优化；加热炉调度；混合整数规划；分解优化

Abstract

With the rapid depletion of fossil fuels and the increases in global warming, energy savings in production process is attracting increasing amounts of concerns all over the world. In this book, we study trade-offs between productivity-related criteria and sustainability-related criteria in the context of energy-efficient production scheduling. In particular, we establish optimization models for several production scheduling problems with different energy consumption constraints and objective functions. To tackle these optimizations, a general solution technique based on decomposition methods is proposed. Applications of the models and solution technique are illustrated via a reheating furnace scheduling problem in the steel industry. Major contribution of the book is summarized below.

Firstly, we study energy consumption optimizations under productivity-related constraints. In particular, an unrelated parallel machine scheduling problem to minimize total energy cost (TEC) under time-of-use (TOU) electricity prices is considered. In terms of modeling, we propose a new time-interval-based mixed integer linear programming (MILP) formulation. In terms of solution technique, Dantzig-Wolfe decomposition method is introduced to reformulate the problem into a set-partition form and a column generation heuristic is designed to solve the model by iteratively optimizing a linear master problem and a single machine scheduling subproblem. Computational experiments show that the proposed MILP formulation can optimally solve problem instances with 200 jobs under a relatively stable TOU pricing scheme. Computational results also reveal that the decomposition based heuristic solves all problem instances with an optimality gap of no more than 1% under frequently changing TOU prices. Based on these results, we analyze the downward trend in TEC when the restriction on makespan is relaxed.

Secondly, production efficiency optimizations under energy consumption constraints are investigated. In particular, we study parallel machine scheduling to minimize the makespan under peak power constraints. In terms of modeling, we propose three MILP formulations: the time-indexed formulation, the discrete event formulation and the order-based discrete event formulation. In terms of solution technique, we transform the original problem into a sequencing type master problem and a polynomial solvable job starting time decision subproblem. Computational results confirm that the decomposition method optimizes small-scale problem instances and outperforms other tested metaheuristics in large-scale instances. To gain some managerial insights, we further study the trade-offs between peak power settings and makespan optimizations.

Thirdly, we consider joint optimization of productivity-related criteria and energy-related criteria. In particular, we study a speed-scalable flowshop scheduling problem with the objective of minimizing makespan and total energy consumption. In terms of modeling, a multi-objective optimization model is proposed based on processing state and idle state energy consumption analysis. In terms of solution technique, we decompose the problem into a non-dominated solution set updating master problem and an extended NEH-Insertion subproblem, and solve them iteratively by an MONEH algorithm and an MMOIG algorithm. Numerical results show that the proposed algorithms perform more effectively than other tested algorithms in terms of coverage metric, distance metric and distance spacing metric. In addition, we plot approximate Pareto fronts as a reference for trade-off decisions between production efficiency and energy consumption.

Finally, we introduce applications of energy-efficient scheduling in a reheating furnace scheduling problem in the steel industry. In terms of modeling, an optimization model is established by treating the slab temperature difference penalties as the production objective and the total heating time as the energy consumption objective. Based on this model, we present a constraint-relaxation based reformulation for lower bound estimation. In terms of solution technique, the original problem is transformed into a slab assignment master problem and a slab timing decision subproblem. Computational results using actual production data verify that the algorithm effectively solves the problem with an average optimality gap of no more than 1%. Last, we examine similarities and differences between slab sequencing patterns under energy consumption optimization settings and production quality optimization settings.

Key Words: Production Scheduling; Energy Efficiency; Reheating Furnace Scheduling; Mixed Integer Programming; Decomposition Methods

目　录

Contents

第 1 章 绪　　论

本章首先简述本研究课题提出的背景，说明研究节能生产调度问题的重要性及社会意义。而后从节能生产调度模型、调度模型常用求解方法两个方面对课题相关的国内外文献进行综述。最后，对本书的各章主要内容作简单的介绍。

1.1　研究背景与意义

能源是日常生活与工业生产中不可或缺的重要资源。伴随着经济发展与工业技术的广泛应用，全球煤炭、石油、天然气等化石能源消耗量逐年增加，已探明的化石燃料储量预计在 100 年左右使用枯竭①。全球范围内的能源稀缺可能会导致大规模的经济危机以及不同国家地区间的政治争端、军事冲突，威胁到全人类的生存与发展。就我国而言，能源问题显得更为突出。由于国民经济的高速发展，我国在化石能源方面对外依存度逐年提升。根据国家统计局在 2017 年的《中国统计年鉴》中给出的数据[2]，2015 年我国石油总生产量为 2.15 亿 t，总进口量为 3.97 亿 t，严重依赖于原油进口；此外，自 2009 年起我国由煤炭净出口国转变成为煤炭净进口国，2015 年煤炭进口量达 2.04 亿 t，仅次于印度，位居世界第二。因此，节能减排对于应对日益临近的全球能源危机，降低我国能源对外依存度有着重要意义。

① 根据英国石油公司发布的世界能源统计年鉴给出的数据[1]，2015 年全球已探明石油储量为 1.67×10^{12} 桶，按照当年全球石油消耗速率，大约可满足未来 50.7 年的生产需求；当年全球已探明天然气储量为 $186.9 \times 10^{12} \mathrm{m}^3$，大约可维持 52.8 当年产量的开采；当年全球已探明的煤炭储量为 $8\,915.31 \times 10^8 \mathrm{t}$，大约可满足未来 114 年的生产需要。

另外，能源消耗所附带的污染物排放对地球生态环境造成了巨大压力，化石燃料燃烧过程中所释放的氮氧化物、二氧化硫与各类悬浮颗粒物对空气质量造成了恶劣的影响。1952 年 12 月的伦敦烟雾事件正是由于燃煤废气积聚难以扩散所导致的著名环境公害事件，当月 4 000 多人因重度空气污染丧生。近年来我国雾霾天气频发，各地 PM 2.5 指标居高不下，部分城市全年雾霾天数达 100 天以上，而燃煤等工业源排放的污染物正是雾霾天气的主要诱因之一。此外，化石能源使用过程所生成的大量二氧化碳是大气中温室气体的主要来源。温室气体含量的增加将提高地表受热产生的长波热辐射线在大气中的吸收比例，从而导致温室效应与全球变暖，并引起海平面上升、土地沙漠化等问题，影响全球生态系统稳定性。因此节能减排是实现生态环境保护与缓解温室效应的必要途径。我国能源消费行业分布如图 1.1 所示。

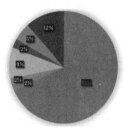 

（a）不同行业能源消费比例　　　　　　（b）工业部门能耗分析

图 1.1　　我国能源消费行业分布（前附彩图）

我国是当今世界能源生产与能源消费第一大国。根据国家统计局数据[2]，2015 年我国能源消费总量为 429 905.10 万 t 标准煤，其中工业部分能源消费 292 275.96 万 t，占比约 68%。诸多工业部门中，制造业能耗占比最大，当年总能耗为 244 919.56 万 t 标准煤，占能源消费总量的57%，远高于其他行业。图 1.1(a) 和 (b) 中分别给出了各行业能源消费比例以及工业部门能耗详情。结合上述分析与图中数据可知：实现工业部门，尤其是制造业的节能减排，是实现能源可持续发展以及《能源发展"十三五"规划》中对能耗总量与能耗强度控制要求的重要切入点。

制造业的节能减排可以分为机器层面、产品设计层面与系统决策层面。机器层面节能指的是提高加工设备的能量利用率；产品设计层面节能指的是产品的设计优化及全生命周期能耗评价方案；系统决策层面节能指的是从生产管理、计划调度的角度实现车间或全厂级别的能耗分析与优化。相比较于机器层面、产品设计层面的节能方法，系统决策层面的节能调度能从更为宏观的角度提升制造系统整体能源效率，且投资成本较低，具有技术上的可行性与实现上的经济性。

在经典制造系统中，生产调度通常以完工时间、加工成本等生产指标作为优化目标，以加工质量、工艺路径、交货期为约束条件，对订单计划与待加工产品排程进行建模与调度优化。相比于经典调度问题，融合能耗指标或以能耗为约束的新型调度问题需要对加工能耗过程进行深入分析与合理抽象建模，并创新运用运筹学方法，将复杂约束下的系统能耗优化问题转化为规划问题进行求解，进而基于优化结果分析生产指标与能耗指标之间的关系。由于融合能耗指标的生产调度问题具有模型复杂、解空间大、多目标寻优不易等难点，本书在展开新型节能生产调度问题研究的同时，兼顾了这类问题的数学模型与优化方法的创新，最后在钢铁制造业节能调度问题中予以应用。

1.2 国内外研究现状

为了实现生产制造过程的节能减排，研究者们从机器层面、产品设计层面与系统决策层面三个维度展开了节能优化的研究。

机器层面的节能研究从多种机床加工过程能耗分析入手，通常将加工能耗分解为基本能耗、操作准备能耗、切削过程能耗和非加工能耗四部分[3]，并通过制造实验的方法对各部分能耗进行分析[4-6]。基于此类能耗分析结果，一部分研究者进一步考虑了机床加工过程中关于切削速度、切削深度、进给量的能耗决策优化模型[7-8]；另一部分研究者从机床结构设计角度分析了其节能潜力[9-11]，并提出了提高机床能量利用率的实用方案[12]。

产品设计层面的节能研究通常应用全生命周期评价（life cycle assessment, LCA）方法[13]分析产品生产所蕴含的能源需求。这一方法借助多种仿真软件分析从原材料到最终产品整个流程中的直接能量消耗（例如铸造过程、切削加工、喷漆、检测过程）与间接能量消耗（例如照明、取暖、通风等）[14-16]，并进一步提出节能产品的设计分析思路与方案[17-19]。对机器层面、产品设计层面节能研究感兴趣的读者可以参考综述论文 [20-22] 及其参考文献中更为详尽的分析讨论。

系统决策层面的节能研究指的是节能调度方法（energy-efficient scheduling，EES），一般采用运筹学方法或仿真模型对生产计划过程、生产加工过程进行建模，模型在保证加工制造期等传统调度指标的前提下，对能耗指标进行优化[23]。相比较于机器层面、产品设计层面的节能方法，节能调度从更为宏观的生产管理层面优化企业能源使用效率，且投资成本较低，已经成为近年来调度优化领域的研究热点。本书研究内容隶属于节能调度方法，下面首先对节能调度模型进行详细描述，继而对调度模型求解方法进行探讨与分析。

1.2.1 节能生产调度模型

一般而言，调度可定义为生产订单（工件）在生产单元（机器）上的分配方案，以及这些订单在生产单元上的加工顺序、开始时刻、加工强度（例如机器加工速度）的决策问题。虽然调度计划给出的是加工制造的实施过程，但这一实施过程也决定了整个制造过程的能源消耗，有着显著的节能优化空间。

如图 1.2所示，能源依照其生成的方式分为一级能源（primary energy sources，PES）和二级能源（secondary energy sources，SES）。一级能源是指天然气、煤炭、太阳能和风能等自然界直接提供的能源形态；二级能源是指电能等通过一级能源间接生成的能源形态。当二级能源被传输到最终能源用户（制造企业）并供其使用时，就成为了最终能源（final energy sources，FES）。在制造企业内部，可以进一步将最终能源转化为

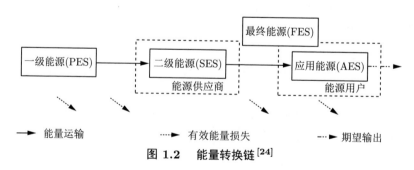

图 1.2 能量转换链[24]

电流或蒸汽等应用能源（applied energy sources，AES）。遵循 Gahm 等
在其综述论文中对节能调度问题涵盖范围的界定[25]，我们从应用能源节
能和二级能源节能两个角度探讨节能调度研究现状。其中，应用能源节能
指的是通过有策略地关闭空闲设备、降低机器运行速度等方法，直接减少
制造企业能源消耗；而二级能源节能指的是制造企业通过合理响应电网
的分时电价（time of use，TOU）等负载管理政策，从而实现电网层面的
节能减排。

1.2.1.1 应用能源节能

基于加工过程节能的机理，应用能源节能车间调度大体可以分为四
类策略：关闭空闲机器、机器调速、基于工件能耗属性的机器分配与减少
机器非加工状态能耗。

1) 关闭空闲机器策略：在通过生产调度方法来减少制造业环境影响
的研究尝试中，Mouzon 等[26] 的工作是最为著名的。他们收集了四台数
控机床在机床车间的运行统计数据，观察到非瓶颈机床处于闲置状态时
能耗显著，因此提出了一个机器开启和关闭的调度框架以降低车间能源
消耗。为了便于说明这一策略，在图 1.3中给出了开关机决策的示意图。
图 1.3 中上半部分表示确定调度方案后某个机器的加工甘特图，下半部
分表示该调度方案下该机器的实时能耗。是否将处于空闲状态的机器关
闭而后重启，取决于调度方案中空闲时段时长、空闲时段机器功率与机
器开关机能耗值等因素。图 1.3 中机器先后共经历两个空闲时段，其中
第一个空闲时段时长较长，机器闲置能耗较高，计算比较后可知最优决
策是先关机后重启；第二个空闲时段较短，最优策略是维持机器的闲置
状态。

基于"开机-关机"节能优化框架，Mouzon 等在后续工作中针对多目
标单机节能调度展开了进一步探讨与分析 [27-28]。此外，文献 [29-30] 也
将开关机策略应用在单机节能调度中。其中 Liu 等[29] 对工件加工顺序进
行了先到先服务（first come first served）假设，进而考虑了最小化总能
耗与总完成时间的多目标优化问题，并改进实现了经典多目标优化算法
NSGA-II 对问题进行近似求解；车阿大等[30] 研究了工件释放时间不同的
节能单机调度问题，分别设计了 ϵ-约束法与基于聚类分析的优化方法对
小规模和大规模算例进行求解。

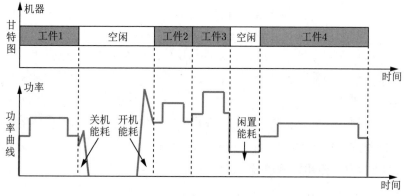

图 1.3　　"开机-关机"策略示意图

　　近年来，上述"开机-关机"策略被拓展到其他多种类型制造车间的节能应用上：文献 [31-32] 以总能耗与总拖期为优化目标研究了并行机系统的节能调度方案。其中 Liang 等[31] 考虑了不同并行机之间的加工能耗差异以及不同机器运行状态下的能耗模型，而后基于此开展多目标优化建模，并采用改进蚁群算法进行模型求解；类似地，Li 等[32] 考虑了并行机之间的加工能耗差异，设计了多种基于优先规则的启发式算法对问题进行求解。

　　文献 [33-38] 将"开机-关机"策略应用到多种流水车间调度优化当中。其中，唐敦兵等[33-34] 研究了柔性流水车间节能调度问题，旨在探索制造期和总能耗指标之间的权衡。王晶晶和王凌[35] 研究了分布式置换流水车间的节能调度问题，同样以制造期与总能耗作为优化目标。Mashaei 和 Lennartson[36] 研究了一类托盘数量有限的流水车间节能调度问题，采用非线性规划方法进行问题建模，并设计了基于贪心思想的启发式算法进行问题求解。Lu 等[37] 研究了考虑序列相关准备时间且工序间运输时间可控的置换流水车间节能调度问题。类似地，Liu 等[38] 研究了考虑序列相关准备时间，但加工时间为随机变量的流水车间节能调度问题。

　　文献 [39-41] 将"开机-关机"策略应用到多种加工车间调度优化当中。其中 May 等[39] 从能耗层面将机器状态分为关机、待机、空闲、配置过程和加工过程五种状态并详细分析了不同状态之间的转移关系，并基于机器层面的能耗分析，进一步从车间整体能耗优化的角度提出了多目标优化模型，同时设计了一类新型多目标遗传算法对其求解。Liu 等[40]

则是基于基本的机器开关策略研究了多目标节能车间调度优化问题,此外他们还在多目标进化计算算法层面进行了一些创新,提出了新的扩展候选解集与精英解选择策略。最近,Wu 和 Sun[41] 将"开机-关机"策略与下文即将介绍的机器调速策略相结合以求解柔性加工车间节能调度优化问题,设计了一类绿色启发式算法以决策机器关机时刻与机器加工速度,并将这一启发式算法嵌入到多目标进化计算算法中实现问题求解。

2) 机器调速策略: 尽管上述"开机-关机"策略可以显著减少能源消耗,但很多生产情形下频繁开关机将对加工设备带来显著的损耗,也不利于生产稳定性,因而并不适用于所有生产环境。注意到这一问题,方侃等提出了机器调速调度框架以降低生产过程能耗[42]。这一优化框架中,机器可以以不同的运行速度加工不同的工件。当机器提高单个工件处理速度时,其加工时间减少而总电能消耗增加,这一设定导致了生产指标与能耗指标之间的明显冲突。延续这一调速优化思路,方侃等[43] 进一步研究了峰值能耗功率约束下的流水车间调度问题,并考虑机器加工速度离散可调、连续可调两种情形,继而提出了两种不同类型的混合整数规划模型对问题进行了求解。

近年来,机器调速策略在节能调度领域得到了更为广泛的关注与应用。车阿大等[44] 研究了工件最大拖期受限的可调速单机节能调度问题,提出并比较了基于二分约束和基于指派约束的两类混合整数线性规划模型,并通过计算实验证实了基于指派约束类型的模型更适宜该问题的求解。Mansouri 等[45] 研究了机器可调速的双机流水车间节能调度问题,以制造期与总能耗为优化目标,针对小规模问题算例建立了混合整数多目标线性规划模型,针对中大规模问题算例设计实现了一类构造型启发式算法进行求解,并基于求解结果给出的帕累托前沿进一步分析了节能效果与服务水平之间的权衡。

文献 [41,46-49] 将调速策略进一步应用到加工车间的节能调度中。其中,张瑞和 Chiong[46] 研究了以总能耗与加权总拖期为优化指标的多目标加工车间调度问题,基于问题性质采用数学规划的方法提出了两类局部搜索算子,并基于此设计实现了多目标遗传算法进行问题求解。Salido 等[47] 研究了以制造期与总能耗为优化指标的加工车间调度问题,并采用改进的遗传算法对问题进行求解;此后 Salido 等[48] 对前一工作进行了拓展，考虑了加工车间在机器加工状态受到动态扰动下的节能重调度问题，设计了一种新型匹配算法以确定重调度区间并基于此得到新的可行重调度。雷德明等[49] 研究了以加工量均衡和总能耗为优化目标的柔性加工车间调度问题，并提出了混洗蛙跳算法进行问题求解。最近，Wu 和 Sun[41] 将机器调速策略与"开机- 关机"策略相结合以求解柔性加工车间节能调度优化问题。具体地，他们考虑了开关机、待机、空转与加工这四类机器状态，而加工状态又可以进行机器运行速度调节。在上述设定下，他们设计了一类绿色启发式算法以决策机器关机时刻与机器加工速度，并将这一启发式算法嵌入到多目标进化计算算法中实现问题求解。

3) 基于工件能耗属性的机器分配策略：在机器开关机、调速策略不可行的制造系统中，基于工件能耗属性的机器分配是一类常见的节能调度策略。此类节能策略通过将工件分配到能耗较低的机器上加工以降低车间整体能耗，通常在工件加工路径有多台候选机器可选时发挥作用。多加工路径典型的例子有并行机制造系统[50]、柔性流水车间制造系统[51] 和柔性加工车间制造系统 [52-53]。方癸棠和林妙聪[50] 研究了以总能源成本与工件加权总拖期为优化指标的多目标并行机调度问题，工件在不同机器上加工时长、加工能耗均不相同；他们针对这一设定给出了严格数学模型，并提出了两类启发式方法以及粒子群优化算法对该模型进行求解。闫纪红等[51] 研究了以制造期与总能耗为优化指标的多目标柔性流水车间调度问题，首先从单机层面优化了各机器的切削速率等参数以确定机器能耗模型，继而从工件机器分配的角度在制造车间层面进行了调度优化。类似地，Yin 等[52] 针对柔性加工车间调度考虑了机器层面与调度层面的双层决策模型，首先对机器的加工主轴转速进行优化，继而设计了多目标遗传算法对工件机器分配方案进行调度决策。Piroozfard 等[53] 研究了以总拖期与总能耗为优化指标的多目标柔性加工车间调度问题，提出了一类新型多目标进化计算方法对该问题进行求解，并基于求解结果绘制了问题算例的近似帕累托前沿。

4) 减少机器非加工状态能耗策略：在部分制造系统中，加工机器既不允许频繁开关机，也没有多个速度档位可调；且所有工件的加工路径都是固定的，从而没有机器分配的节能空间。在这一背景下，Liu 等 [54-55] 提出了减少车间中机器非加工状态能耗的节能优化框架。他们将可行调度中的机器能耗划分为两类：加工状态能耗（processing electricity consumption, PE）与非加工状态能耗（non-processing electricity consumption, NPE）。在不考虑开关机、调速、变更机器分配的前提下，PE 部分可根据机器配置唯一确定，从而只有 NPE 部分可以通过调度方法进行优化。他们基于这一思路研究了以总能耗与加权总拖期为优化指标的多目标加工车间调度问题，设计了新型多目标遗传算法进行问题求解，并采用 10×10 规模的问题算例对模型的可行性进行了验证[54]。文献 [55] 对前面的工作进行了拓展，考虑了在周期性停电背景下制造企业的多目标节能调度问题。文中通过 NSGA-II 算法对这一多目标优化问题进行求解，并基于求解结果分析了周期性停电政策对于企业加工模式的影响。

1.2.1.2 二级能源节能

制造企业消耗的能源大部分是电能[56]，然而电能因其固有的物理属性很难进行大规模储存，因此必须在产生的同时传输并供应到用户端。也就是说，在电力市场中供给与需求必须实时保持平衡。为了满足客户不断变化的用电需求，需要一部分备用的电力设备（诸如变压器、变电站、发电站等）在待机模式下持续运行，使得电力系统在用电需求短时间内大幅波动情形下也能保证供需平衡[57]。电力设备待机模式下运行带来了较高的能量损失，此外这些备用设备能源效率较低，常常使用更昂贵的不可再生能源来发电。根据美国环境保护署的数据[58]，备用发电设备发电的碳排放量为 $[705.6\text{kg}/（\text{MW·h}）]$，而常规发电设备的碳排放量只有 $[551.7\text{kg}/（\text{MW·h}）]$。为了减少对备用基础设施的投资，同时也为了避免使用效率较低的发电设备，需求响应（demand response, DR）技术作为一类新型的间接节能手段正在得到越来越多的研究重视[59]。

需求响应是智能电网环境中"负载管理"的一种方式，旨在引入负载的灵活性以实现电网供需平衡。需求响应涵盖了众多的用电模式策略和机制，如分时电价（time of use）、峰值电价（critical peak pricing）、可中断负荷计划（interruptible load programs）、电力需求报价（demand bidding）、容量市场（capacity market）等。应用这些需求响应策略可以提高可用基础设施的使用效率[59]，并减少强制停电的发生。另外，由于负载管理通常可以在需求高峰期降低电网负载，电网的碳效率也得到了显著的改善[57]。在电网负载管理的背景下，生产调度建模与优化显得尤为重要。这是因为制造企业可以通过合理安排高能耗作业执行时间，从而在高峰时段显著降低用电负载以带来能源成本的大幅降低。考虑到制造企业对上述用电模式的响应调度将间接带来电网整体的节能减排，故而将此类生产调度问题归类为二级能源节能调度。下面综述不同需求响应背景下的节能调度研究工作。

1) 分时电价背景下的节能调度：分时电价是各种需求响应策略中最为常见的一种。随着电力系统中智能终端设备的发展，越来越多的电力供应商开始采用分时电价策略以提高电网的稳定性和效率。在部分欧洲国家的分时电价策略中，零售电价每小时变化一次，以反映电力市场中的需求变化。一般而言，高峰时段电价相对更高，这样的价格结构可以鼓励用电密集用户将用电量从高峰期转移到非高峰期。作为分时电价政策的代表性例子，在表格 1.1 中给出了北京市商业用电的分时电价标准[60]。从表中可以看出，高峰时段的电价 [1.4409 元/（kW·h）] 几乎是非高峰时段电价 [0.3818 元/（kW·h）] 的四倍。对于能耗密集型制造业而言，这样大幅变化的电价意味着用电成本有着很大的优化空间。

表 1.1　　　北京市商业用电的分时电价标准

类型	夏季高峰时段 （7~9 月）	高峰时段	中峰时段	非高峰时段
时间段	11:00~13:00 20:00~21:00	10:00~15:00 18:00~21:00	7:00~10:00 15:00~18:00 21:00~23:00	23:00~7:00
电价 [元/（kW·h）]	1.4409	1.3222	0.8395	0.3818

分时电价背景下的节能调度优化研究通常将用电成本作为优化目标，并同时约束或优化制造期等传统调度指标。文献 [61-63] 研究了分时电价背景下的单机调度问题，其中 Shrouf 等[61] 考虑了一天内能源价格的变化，结合开关机节能策略给出了能源成本优化的离散时间数学规划模型，并设计了遗传算法对大规模问题算例进行求解。方侃等[62] 从理论上分析了分时电价背景下的单机调度问题，指出一般意义下该问题是强 NP 难问题，而当电价曲线服从所谓的"金字塔结构"时可以设计出多项式时间最优求解算法；此外他们还进一步基于机器速度可调的设定对该问题进

行了拓展，并给出了该问题的多种近似求解算法。车阿大等[63] 同样考虑了分时电价背景下的单机调度问题，提出了一类新型的连续时间混合整数线性规划模型，并针对大规模问题算例设计了一种高效贪婪插入启发式算法。计算实验证实该启发式算法可以在数十秒内给出 5 000 个工件大规模单机调度问题的高质量可行调度方案。

文献 [64-66] 对单机调度进行了拓展，研究了分时电价背景下的批处理单机调度问题的能耗费用优化问题。其中，王世进等[64] 考虑了以制造期与总用电费用为优化指标的多目标优化，针对小规模问题算例提出了整数规划模型并设计了一类 ϵ-约束精确求解算法，以求得问题算例的精确帕累托前沿，针对大规模问题算例设计基于分解方法的启发式算法，以求得问题算例的近似帕累托前沿。Cheng 等[65] 在前文的基础上，结合机器"开机-关机"策略建立了新的多目标优化模型；基于组批问题的性质对模型进行了改进，从而大大减少了帕累托最优解的搜索空间，继而提出了基于 ϵ-约束的启发式算法对问题进行近似求解。Zhang 等[66] 同样研究了以制造期与总用电费用为优化指标的批处理单机调度问题，首先分析了成批数量的上界与下界，其次提出了一类连续时间混合整数线性规划模型；他基于该模型提出了两类改进的启发式求解方法，并通过计算实验证实了算法对于大规模问题算例求解的有效性。

除了单机制造系统，分时电价背景下的节能调度思路也被拓展到并行机制造系统[67-69]、流水车间制造系统[70-72]、加工车间制造系统[73] 与制造企业整体调度优化 [74-75] 上。并行机调度方面，Moon 等[67] 考虑了制造期指标与总用电成本加权指标的单目标并行机优化问题，提出了基于空工件插入思路的混合遗传算法；车阿大等 [68-69] 分别考虑了不相关并行机与异速并行机制造系统背景下的优化调度问题，前者以总能源成本为单一优化目标，而后者则同时考虑了用电成本与实际运转机器数量两个优化指标。流水车间优化方面，罗浩等[70] 考虑了混合流水车间调度中生产效率与能源成本之间的权衡，改进了蚁群优化算法并对该问题求解，其计算实验结果表明，更快的机器与更长的非高峰时间将带来更高的调度灵活性；Liu 和 Huang[71] 研究了加工速度可调的混合流水车间调度问题，考虑了经济效益与能源消耗的多目标优化问题；Zhang 等[72] 研究了以总用电费用和总碳排放为优化指标的流水车间调度问题，首先建立了该问题的离散事件混合整数线性规划模型，其次通过案例研究的方式分析了能源成本与碳排放之间的权衡。加工车间优化方面，Moon 等[73] 研究了分布式能源与能源可存储背景下的柔性加工车间能源成本优化问题，采用约束规划和混合整数规划方法对该问题进行了建模求解。制造企业整体调度优化方面，Sun 等[74] 研究了分时电价背景下具有多台机器、多部分缓冲库存制造系统的调度优化问题，以缓冲库存持有成本、能源成本和生产期间的潜在生产损失三项之和为优化目标，采用非线性规划对问题进行求解。Sharma 等[75] 针对多机制造系统设计了一类同时考虑经济效益与生态效益的优化模型，通过案例研究证实可通过用电成本的少量增加实现显著生态收益。

2) 实时电价背景下的节能调度：不同于前述分时电价策略，实时电价基于特定时刻电能的实际边际成本对消费者用电进行收费，因而存在随机性与波动性。对于生产调度而言，分时电价策略下制造企业可提前确定当天电力成本曲线，而实时电价下制造企业必须对随机波动的电价进行实时响应。过去关于实时电价背景下的调度研究主要集中于住宅家用电器的调度控制策略上（参见文献 [76-78]），近年来 Sutherland 等创新性地在工业制造背景下研究了针对实时电价的生产调度策略 [79-80]。文献 [79] 研究了相同实时电价条件下多个制造工厂联合调度优化问题，提出了一类基于局部决策与信息交互的分布式优化算法以降低总用电成本；文献 [80] 中考虑了融合风力发电的电网设定，这一背景下实时电价的随机波动性尤为显著。研究人员基于动态调度方法对流水车间的总用电成本进行了优化，并基于案例研究验证了模型的有效性。

3) 峰值功率约束下的节能调度：对高能耗企业用电功率上限进行限定或基于企业峰值能耗水平进行电力计费是一类常见的负载管理措施，其实施目的同样是保证高峰期的电网稳定性。对峰值功率进行约束方面，Bruzzone 等[81] 研究了峰值能耗约束下柔性流水车间的节能调度问题，从优化软件所生成的基本调度可行解出发，在不改变调度中工件分配方案与排序的前提下通过优化工件开工时刻保证了峰值功率约束，并设计了混合整数线性规划模型进行问题求解。方侃等[43] 研究了峰值功率约束下最小化制造期的流水车间调度问题，从数学规划模型与组合优化两个角度对问题进行了建模研究，并基于铸铁板生产调度的案例研究说明了算法与模型的有效性。Stock 和 Seliger[82] 研究了以总能耗为优化目标，以峰值功率上限为约束的柔性加工车间调度问题，提出了一类同时考虑生产指标与能耗指标的元启发式算法对该问题进行求解。以峰值功率作为优化目标方面，Lorenz 等[83] 采用离散事件仿真模型对工业机器人驱动的生产系统进行了能耗建模，继而提出了基于周期性时间扩展网络的数学优化模型对峰值功率进行优化。

值得一提的是，与峰值功率相关的调度优化并不仅仅适用于生产调度范畴。由于峰值功率对计算机处理器的供电与散热有重要影响，通过调节处理器运转速度以优化峰值功率的问题同样受到了广泛的研究关注。这类问题通常考虑单个处理器或并行处理器的功耗优化（参见文献 [84-86]），而单处理器与并行处理器的功耗优化问题分别与单机调度和并行机调度问题有较多相似点，此类文献中涉及的能耗优化方法对于生产领域节能调度问题也有一定的借鉴意义。

1.2.2 调度模型常用求解方法

学术研究中提出的多种经典调度模型是针对复杂实际生产环境的抽象，模型一般针对集合 $\mathcal{J} = \{1, 2, \cdots, N\}$ 中的 N 个工件在集合 $\mathcal{M} = \{1, 2, \cdots, M\}$ 中的 M 台机器上的分配方案、加工排序与加工时刻的决策问题。

为了便于调度问题分类，学术界一般采用 $\alpha|\beta|\gamma$ 三元组描述调度问题[87]。其中 α 域规定机器环境，可分为单一机器 (1)，并行同速/异速/不相关机 (Pm/Qm/Rm)，流水车间 (Fm)，柔性流水车间 (FFc)，加工车间 (Jm)，柔性加工车间 (FJc)，开放车间 (Om) 等；β 域描述加工约束与其他特定限制，该域可为空也可包含多项，该域中常见的可能项有：工件释放时间 (r_j)，序列相关准备时间 (s_{jk})，允许工件加工中断 (prmp)，工件加工优先约束 (prec)，阻塞特性 (block)，无等待特性 (nwt) 等；γ 域描述该调度问题的优化目标，通常包含至少一项，常见的优化目标有：制造期 ($C_{\max}$)，加权总流经时间 ($\sum w_j C_j$)，加权总拖期 ($\sum w_j T_j$)，加权滞后工件数 ($\sum w_j U_j$)，最大延迟 ($L_{\max}$) 等。读者可参考 Pinedo 在 *Scheduling: Theory, Algorithms, and Systems* 一书[88] 中对于上述符号的详细定义与分析以进一步了解经典调度问题。

基于上述问题分类，大量文献对多种调度问题的计算复杂度与最优求解算法进行了分析探讨。研究者们发现，除了部分单机、并行机和具有特殊结构的流水车间、加工车间调度问题存在确定性的多项式时间求解算法，绝大多数生产调度问题都可归结为 NP 难问题，因此针对 NP 难调度问题的最优或近优求解已成为生产调度领域的主流研究方向。本书将调度问题求解算法分为精确求解与近似求解两类，并对各类方法予以简要介绍。

1.2.2.1　调度模型的建模与精确求解方法

1) 数学规划模型：这类方法一般用于调度问题的数学建模，并基于开源或商业求解器进行模型求解。数学规划方法的优点是建模方法具有通用性，基于线性松弛或对偶方法所得到的问题下界可以作为其他方法求解质量评估的参考；劣势在于模型求解性能严重依赖于建模方法与模型形式，求解稳定性、直观性较差。调度问题常用的规划模型大体分为线性规划、混合整数线性规划和混合整数非线性规划。

线性规划模型可采用单纯形法或内点法高效求解，但适用范围非常有限，一般只能处理开工时刻等连续变量的优化，无法刻画调度过程的组合优化特性。正因如此，研究者们通常利用线性规划手段最优求解给定加工顺序或机器分配方案下的调度子问题，而后基于子问题求解结果改进组合优化方案（参见文献 [89-91]）。混合整数线性规划模型是生产调度领域最常见的数学模型，对绝大多数调度问题均适用，其一般形式如下所示。

$$\min \quad c_{\mathrm{C}}^{\mathrm{T}} x_{\mathrm{C}} + c_{\mathrm{I}}^{\mathrm{T}} x_{\mathrm{I}} \tag{1-1}$$

$$\mathrm{s.t.} \quad A_{\mathrm{C}} x_{\mathrm{C}} + A_{\mathrm{I}} x_{\mathrm{I}} = b \tag{1-2}$$

$$x_{\mathrm{C}} \geqslant 0, \ x_{\mathrm{I}} \in Z_{+}^{n_{\mathrm{I}}} \tag{1-3}$$

一般而言模型中的整数变量 x_{I} 对应于工件加工顺序等离散决策，而模型中的线性变量 x_{C} 对应于开工时刻等连续决策。Unlu 和 Mason[92] 将求解调度模型的混合整数线性规划模型依据模型所依赖的决策变量分为五类：基于加工完成时间变量的模型[93]、基于指派和位置变量的模型[94]、基于线性排序变量的模型[95]、基于时间索引变量的模型[96] 与基于网络变量的模型[97]，并根据并行机调度问题算例计算实验结果对比了不同模型的性能表现。由此可见，对于同一调度问题存在多种数学建模方法，根据具体问题特性设计高效合理规划模型是此类研究的难点。混合整数非线性规划模型一般用于对约束或优化目标呈现二次函数等非线性形式的调度问题进行建模（参见文献 [98-99]），考虑到求解器一般不适用于此类模型求解，故而一般采用后文中介绍的分支定界方法或近似求解方法进行处理。

2) 分支定界法：这类方法基于将复杂问题转化、分解的优化思想，利用所有可能状态空间的隐枚举树搜索方法得出问题的全局最优解，树搜索过程中通过最优解的上下界估计进行剪枝以减小搜索空间[100]。具体地，考虑具有如下形式的优化问题：

$$z = \min_{x \in \mathcal{S}} c^{\mathrm{T}} x \tag{1-4}$$

令 $\mathcal{S} = \mathcal{S}_1 \cup \mathcal{S}_2 \cdots \cup \mathcal{S}_K$ 为可行解集的一类分解。考虑子优化问题 $z^k = \min_{x \in \mathcal{S}_k} c^{\mathrm{T}} x$, $k = 1, 2, \cdots, K$, 并记 $\bar{z}^k, \underline{z}^k$ 分别对应于 z^k 的上下界。易于证明，$\bar{z} = \max_{k \in \{1, 2, \cdots, K\}} \bar{z}^k$ 与 $\underline{z} = \min_{k \in \{1, 2, \cdots, K\}} \underline{z}^k$ 分别是原优化问题的上界与下界。分支定界方法的核心在于树搜索过程中不断执行下述三类剪枝策略：

- 基于最优性剪枝，即子问题 $z^t = \min_{x \in \mathcal{S}_t} c^{\mathrm{T}} x$ 已经最优求解；
- 基于上下界剪枝，即 $\underline{z}^t \geqslant \bar{z}$；
- 基于不可行性剪枝，即 $S_t = \varnothing$。

由于分支定界方法本质上是对指数级状态空间的一类系统性枚举算法，在绝大多数情况下只适用于中小规模问题算例求解。

分支定界方法在生产调度优化领域有着非常广泛的应用（参见文献 [101-103]），成功应用这一方法进行调度问题的求解需要具体分析问题的性质，进而设计出合适的分支规则与定界机制。一般而言，定界机制的设计是分支定界方法的难点，优化理论中常用的线性松弛方法与拉格朗日松弛方法是获取分支下界的常用方法。值得一提的是，将分支定界方法与割平面方法相结合，即可得到常见的分支切割（branch and cut, B&C）算法。诸如 CPLEX, GUROBI 等商业求解器均采用分支切割算法对一般的混合整数线性规划模型进行求解。

3) 模型分解方法：模型分解方法的提出源于很多运筹优化问题具有可分的问题结构，典型的例子有一维切割问题[104]、车辆路径问题[105] 与并行机调度问题等。以并行机调度为例，一旦给定了工件的机器分配方案，每台机器上的最优调度则由该机上待加工的工件唯一确定，无需考虑其他工件以及与其他机器的交互。换言之，给定工件分配方案的并行机调度问题可以分解为多个独立的单机调度子问题分别求解，这就是问题的可分结构。

Dantzig-Wolfe 分解方法是此类具有可分结构问题最常用的精确求解方法。具体地，考虑具有如下形式的整数规划问题：

$$z = \min \sum_{k=1}^{K} c^{k\mathrm{T}} x^k \tag{1-5}$$

$$\text{s.t.} \quad \sum_{k=1}^{K} A^k x^k = b \tag{1-6}$$

$$x^k \in \boldsymbol{X}^k, \ k = 1, 2, \cdots, K \tag{1-7}$$

其中，$\boldsymbol{X}^k = \{x^k \in \boldsymbol{Z}_+^{n_k} \mid D^k x^k \leqslant d_k\}, \ k = 1, 2, \cdots, K$ 为每个子问题对应的约束集，而 $\sum_{k=1}^{K} A^k x^k = b$ 则对应于将不同子问题进行关联的整体约束。仍以并行机调度为例，$\boldsymbol{X}^k$ 对应于机器 k 上的加工连续性、机器独占性等生产约束，与其他机器无关；而 $\sum_{k=1}^{K} A^k x^k = b$ 则表示任意工件只能分配到某一台机器上进行加工，是将不同机器上子问题进行相互关联的整体约束。

在一般的整数规划问题设定中，集合 $\boldsymbol{X}^k$ 中包含有限个可行整数解 $\{x^{k,t}\}_{t=1}^{T_k}$，因此 $\boldsymbol{X}^k$ 可以等价表示为

$$\boldsymbol{X}^k = \Big\{ x^k \in \boldsymbol{R}^{n_k} \mid x^k = \sum_{t=1}^{T_k} \lambda_{k,t} x^{k,t},$$

$$\sum_{t=1}^{T_k} \lambda_{k,t} = 1, \ \lambda_{k,t} \in \{0,1\}, \ \forall t = 1, 2, \cdots, T_k \Big\} \tag{1-8}$$

基于此，可将原模型改写为如下形式的整数规划：

$$z = \min \sum_{k=1}^{K} \sum_{t=1}^{T_k} (c^{k\mathrm{T}} x^{k,t}) \, \lambda_{k,t} \tag{1-9}$$

$$\text{s.t.} \quad \sum_{k=1}^{K} \sum_{t=1}^{T_k} \left(A^k x^{k,t} \right) \lambda_{k,t} = b \tag{1-10}$$

$$\sum_{t=1}^{T_k} \lambda_{k,t} = 1, \quad \forall k = 1, 2, \cdots, K \tag{1-11}$$

$$\lambda_{k,t} \in \{0, 1\}, \quad \forall k = 1, 2, \cdots, K, \quad \forall t = 1, 2, \cdots, T_k \tag{1-12}$$

采用这一分解方法，模型的决策变量由 $x^k \in \boldsymbol{Z}_+^{n_k}$ 转变为 $\lambda_{k,t} \in \{0, 1\}$。改写后的模型决策变量数目大大增加，但由于每个决策变量 $\lambda_{k,t}$ 对应于原子问题约束 $\boldsymbol{X}^k$ 中的一个可行解 $x^{k,t}$，因此可以通过列生成算法[106] 在不写出完整模型的情形下，直接求解该规划模型的线性松弛。基于这一松弛问题求解结果进行分支定界，即可得到常见的分支定价（branch and price, B&P）方法。对 Dantzig-Wolfe 分解方法、列生成算法和分支定价方法感兴趣的读者，推荐参阅 Lübbecke 和 Desrosiers 关于这些方法的综述论文[107]。

Dantzig-Wolfe 分解方法在生产调度优化领域有着非常广泛的应用（参见文献 [108-110]），成功应用这一方法的核心在于识别问题的可分结构，进而对混合整数规划模型进行分解，以及基于问题的性质分析设计出多项式或伪多项式复杂度算法，对子问题进行高效求解。求解调度问题的其他模型分解方法还包括 Benders 分解方法[111] 与拉格朗日分解方法[112]，其算法原理同样基于问题的可分结构特性，因此与 Dantzig-Wolfe 分解方法有一定的相似之处，这里不再做详细讨论。

1.2.2.2 调度模型的近似求解方法

1) 启发式算法：启发式算法（heuristics）是针对特定调度问题设计的一类经验型优化方法，用于在可接受的计算资源消耗下得到问题的较优可行解。求解生产调度问题常见的启发式算法可大致分为两类：基于优先规则的调度方法与构造型启发式算法。

基于优先规则的调度方法的基本思路是根据生产约束与优化目标，采用某些直观性的指标对工件进行重要性排序，继而按照这一顺序依次进行工件加工。常用的优先分配规则有：最短加工时间优先（shortest processing time, SPT）、最长加工时间优先（longest processing time, LPT）、最少总工作量优先（least total workload, LTWK）、最小松弛优先（minimum slack, MS)、最早交货期优先（earliest due date, EDD）、先到先服务规则（first come first served, FCFS）等[88]。此类调度方案虽然寻优能力较差，但通常具有简单直观、算法实现简洁的优点，经常用于生成复杂生产环境中的动态调度方案 [113-114]。

　　构造型启发式算法一般由具有少数工件的不完整初始调度方案启动，而后在算法的每个步骤中向调度方案中追加或插入新的工件，从而最终构造出问题的较优可行解。经典的构造型启发式算法有：求解流水车间调度优化问题的 Palmer 算法[115]、NEH 算法[116]，求解加工车间调度优化问题的瓶颈转移算法[117]，求解具有阻塞特性车间的轮廓拟合算法[118] 等。这类算法一般基于对问题特性的观察与分析，并结合少量计算资源辅助计算以得到调度方案。虽然给出的可行解无法保证全局最优性，但其优化结果往往优于基于优先规则给出的调度方案。

　　2) 元启发式算法：元启发式算法（metaheuristics）是一类求解复杂优化问题的通用算法框架，尤其适用于生产调度问题等解空间巨大以致难以完全探索的情形。一般而言，此类算法通过算法机制合理协调局部提升方法与全局探索过程，从而实现复杂问题寻优。局部提升方法一般基于对解空间邻域结构的定义，通过遍历当前解的邻域解以保证局部最优性；全局探索过程旨在通过扰动、重构等策略指导算法跳出局部最优，进而实现全局寻优。根据算法设计机理，可将元启发式算法分为"单线程"方法与基于种群的进化计算方法。

　　调度优化中常用的单线程元启发式算法包括模拟退火算法 (simulated annealing, SA)[119]、禁忌搜索算法 (tabu search, TS)[120]、变邻域搜索算法 (variable neighborhood search, VNS)[121]、迭代局部搜索算法 (iterated local search, ILS)[122]、贪婪迭代算法 (iterated greedy, IG)[123]、贪心随机自适应搜索 (greedy randomized adaptive search procedures, GRASP)[124] 等。这类算法运行过程中通常对唯一当前解进行邻域搜索与随机扰动，从而实现对当前解的持续改进。基于种群进化的元启发式算法包括遗传算法 (genetic algorithms, GA)[125]、蚁群算法 (ant colony optimization，ACO)[126]、粒子群优化算法 (particle swarm optimization, PSO)[127]、差分进化算法 (differential evolution, DE)[128]、分布估计算法 (estimation of distribution algorithm, EDA)[129] 等。这类算法通常将部

分可行解集视为种群，通过模拟自然界中种群进化或运动规律不断改进种群中的可行解，最终得到全局优化方案。如需进一步了解各类元启发式算法，可以参考 Gendreau 和 Potvin 在 *Handbook of Metaheuristics* 一书[130] 中对于各类元启发式算法原理及实现的详细探讨。

1.2.3 对现有模型与求解方法的思考

基于 1.2.1 节中的文献调研分析可知，当前的节能调度研究主要从开关机、调速等机器层面的节能框架出发，研究了应用能源节能与二级能源节能背景下的多类车间调度优化问题。虽然近几年来节能调度文献数量呈现增长的态势，但相关文献主要专注于调度问题节能的应用背景创新（诸如考虑新型车间环境或新型工艺约束）与针对问题求解元启发式算法的形式创新，少有文献研究适合节能调度问题的数学模型以及模型的高效求解方法。因此节能调度仍是一个相对"年轻"的研究方向，当前的研究工作只是在应用层面对制造系统的能源效率进行了一定程度的提升，并未从优化理论层面充分挖掘系统的节能潜能。

另外，经典生产调度自 20 世纪 50 年代开创以来[131]，已经发展成一门相对"成熟"的独立学科。正如 1.2.2 节所述，研究者们针对诸如单机、并行机、流水车间、加工车间中的诸多 NP 难调度优化问题提出了多种精巧的数学模型、基于模型特点的分解方法、基于问题结构性质的加速方法等优化手段，最优求解了很多不同类型的中、大规模调度问题算例。然而，经典调度数学模型与精确求解算法一般针对制造期、总流经时间等生产指标优化，不能直接拓展到能耗优化问题上。以分时电价或峰值功率约束背景下的调度问题为例，由于模型中必须考虑不同时刻（或时段）的加工功率，所以 Unlu 和 Mason[92] 针对经典调度所总结的五类混合整数线性规划模型中只有基于时间索引变量的模型仍可适用。考虑到这一模型需要对加工时刻进行离散化处理，从而引入大量 0-1 决策变量，显然也无法处理中大规模复杂车间的求解优化，因此需要探索新的建模优化手段。此外，当前的节能调度文献大多采用描述性语言或未经计算实验验证的数学模型定义优化问题，因此在模型的可靠性与实用性上存在显著不足。

事实上，较经典的节能调度问题更为复杂，涉及的调度决策变量更多

（例如机器开关、调速决策等），模型约束也显著增多（例如分时电价背景、峰值能耗约束等），很多情形下中大规模算例难以精确求解，必须诉诸于元启发式方法求解。值得注意的是，元启发式算法本质上是基于优化问题解空间分布的经验规律，旨在算法运行时间和求解效果之间取得平衡。著名的"No Free Lunch"原理[132]指出，如果不对所研究的优化问题具体性质予以利用，任何算法在所有可能问题算例的平均意义下并不会优于简单的随机盲目搜索。注意到这一问题，部分研究者在求解一些经典调度问题时将问题的结构性质（例如流水车间的 Block 性质[133]、邻域解的加速评价方法[134]、解空间中局部最优解的分布结构[135] 等）引入到元启发式算法设计中来，大幅提升了算法运行效率与寻优表现。相反地，节能调度文献中设计的元启发式算法大多只关注算法形式创新，较少对问题结构性质予以剖析，因此在优化算法求解性能方面也有较大的提升空间。

针对当前节能调度文献在问题建模与求解算法上的不足，本书在展开新型节能生产调度问题研究的同时，兼顾了这类问题的数学模型与近优求解算法框架的创新。具体而言，就是针对节能调度问题提出了基于时间区间变量、基于离散事件点等多类混合整数线性规划模型，并通过计算实验验证了模型有效性；分析了不同类型车间节能优化的最优解性质，并基于此设计了基于问题分解的通用性优化框架。最后将规划模型与基于分解的优化方法在钢铁制造企业实际节能优化问题中予以应用。

1.3　主要研究内容

本书主要研究节能生产调度背景下生产指标与能耗指标的权衡优化问题。当能源消耗为决策者主要关心的提升指标时，研究了生产指标约束下的能耗优化问题（第 2 章）。当生产效率为主要提升指标时，研究了能耗指标约束下的生产指标优化问题（第 3 章）。当决策者需要在生产效率与能源消耗间做出合理权衡时，研究了生产指标与能耗指标的多目标优化调度问题（第 4 章）。书中将详细讨论上述三类节能调度问题的结构性质，并设计适用于节能调度问题求解的数学规划模型与分解优化算法。最后介绍了这些建模与分解方法在实际钢铁生产加热炉群节能调度问题中的应用（第 5 章）。各章主要内容简介如下：

第 1 章为绪论，首先介绍了世界范围的能源问题，并基于我国工业与制造业能耗现状指出了节能生产调度的重要性及社会意义；其次从节能生产调度模型及其常用求解方法两个方面进行文献综述。最后对本书的主要内容予以分章简介。

第 2 章研究了生产指标约束下的能耗指标优化。具体地，研究了分时电价背景下的并行机调度问题，即在保证整个加工过程不超过预定生产期限的前提下，最小化总能源成本。针对能源价格低频变化情形，提出了一类基于时间区间变量的规划模型对其最优求解；针对能源成本高频变化情形，基于并行机调度的可分结构性质提出了一类基于 Dantzig-Wolfe 分解方法的规划模型，并设计列生成算法将原问题优化转化为集合划分主问题与单机调度子问题的迭代优化。

第 3 章研究了能耗指标约束下的生产指标优化。具体地，研究了峰值功率约束下的并行机调度问题，即在保证任意时刻车间总加工功率不超过功率上限的前提下，最小化加工制造期。针对小规模算例的最优求解，提出了时间离散化、离散事件点和基于排序的离散事件点三类混合整数线性规划模型；针对大规模算例的近优求解，采用分解优化的思路将原问题转化为工件排序主问题与开工时刻优化子问题，并设计了贪婪迭代算法与前沿更新算法，分别对主问题与子问题进行近似和最优求解。

第 4 章研究了生产指标与能耗指标的多目标优化。具体地，研究了以制造期和总能耗为优化目标的流水车间调度问题，并基于设备加工能耗与闲置能耗分析建立了多目标优化模型。采用分解优化的思路，将原问题转化为非支配解集更新主问题与多目标 NEH 插入操作子问题。针对主问题提出了构造型启发式算法 MONEH 与迭代型元启发式算法 MMOIG；针对子问题设计了计算复杂度低的贪心调速策略和保证局部最优性的调速规划模型。最后，依据解集覆盖度、距离度量、分布间距等非支配前沿评价指标验证了算法有效性。

第 5 章介绍了规划模型与分解方法在加热炉群节能调度中的应用。加热炉群的加热过程是钢铁生产中连铸与热轧过程的重要衔接阶段，具体研究了以板坯冷热混装惩罚为生产质量指标、以板坯总驻炉时长为能耗指标的调度优化问题。首先对加热炉炉容限制、冷热坯空炉要求、下游热轧连续性等生产约束抽象整理与建模,结合规划模型提出了一类基于约束松弛的下界估计方法;其次采用分解优化的思路,将原问题优化转化为板坯分配方案决策主问题与入炉出炉时刻决策子问题迭代求解,并结合实际生产数据与计算实验证实了模型和算法的有效性。

第 6 章对全书研究内容进行归纳总结,并对未来研究工作提出设想与展望。

第 2 章　制造期约束下的能源成本调度优化

为了缓解用电高峰时段的电网负荷，很多国家实施分时电价政策以鼓励制造商将用电从高峰时段转移到非高峰时段。本章研究分时电价背景下，以制造期为约束、以总能源成本为优化目标的不相关并行机调度问题。具体地，就是对工件加工机器分配方案以及具体开始加工时刻进行调度，从而在保证制造期不超过预定生产期限的前提下最小化总用电成本。

问题建模方面，本章提出了基于时间区间变量的混合整数线性规划模型。这一建模方法的核心是注意到单个电价区间内能源成本保持一致时，同一区间内的工件加工顺序不用明确给定，该思路将决策变量数目由 $O(MNL)$ 减少到 $O(MNK)$[①]，显著提升了模型求解效率。优化方法方面，注意到并行机模型的可分结构，基于 Dantzig-Wolfe 分解技术对问题进行了集合划分形式的重新建模，并设计列生成算法将原问题优化转化为线性规划主问题与单机调度子问题的迭代求解。计算实验表明，在电价低频变化情形下，基于时间区间变量的规划模型效果较好，可以最优求解 200 个工件规模的问题算例。而在电价高频变化情形下，列生成算法效果更好，在所有实验数据上均可保证小于 1% 的最优解间隙。最后基于数值结果，为决策者在生产效率和能源成本的权衡上提供了实用性建议。

2.1　引　　言

分时电价是智能电网背景下最为常见的负载管理策略。随着智能终端设备的发展，越来越多的电力供应商开始采用这一策略进行用电计费。

---

① 这里 M 表示机器数量，N 表示工件数量，L 表示离散化后的完工时刻上限，K 表示分时电价区间数量，一般有 $K \ll L$。

在典型的分时电价设定下,用电高峰时段电价相对更高,从而鼓励用电密集用户将用电从高峰期转移到非高峰期。这一政策的实施可以增加工业用电的电网负荷灵活性,进而提高能源利用率,减少电网整体碳排放。对于生产调度而言,纳入时间相关电力价格的优化问题需要基于每个工件的具体加工完成时刻计算能源成本。这一设定明显不同于传统的生产调度问题,因而需要设计全新的数学模型与优化算法对问题进行求解。

并行机制造系统是生产实践中的一种典型生产环境[88]。在这种生产环境下,多台机器并行运行,每个待加工工件可以选择在并行机中的任何一台上进行加工。这一生产模型的重要意义还在于,很多其他类型的车间调度问题(例如柔性流水车间调度[136])或其他领域的调度问题(例如计算机处理器调度[137])也可通过适当转化归结为并行机调度问题。在制造业节能减排大背景下,很多生产商在引入新机型时,仍然保留一部分旧的手动机器以控制设备投资成本。相比于手动机器,新机型加工速度更快,但往往能耗更高。为了在模型中对这一生产特点进行合理刻画,本章关注不相关并行机调度问题,即不同机器的加工速度、单位时间能耗均不相同。具体而言,旨在通过对工件加工机器分配与开工时刻的合理调度,在保证加工过程不超过预定生产期限的前提下最小化分时电价背景下的总用电成本。

分时电价背景下的调度文献主要集中于住宅家用电器的控制策略上(参见文献 [76,138]),主要研究如何适当调度计算机、加热器、照明设备、空调等家用电器的运行以降低住宅用电成本。在工业用电分时电价政策广泛普及的大背景下,最近几年分时电价背景下的生产调度研究数量呈现上升的态势,研究人员针对单机[61-63]、并行机[67-69]、流水车间[70-72]、加工车间[73]与制造企业整体 [74-75] 等多类加工环境开展了优化调度研究,提出了一系列节能调度模型与优化求解方法(详见第 1 章二级能源节能部分的文献综述)。与现有分时电价背景下的生产调度研究成果相比,本章工作具有以下特点:

- 现有文献针对分时电价背景下调度优化所建立的规划模型主要基于时间离散化思想,设计了基于时间索引变量的混合整数线性规划模型(参见文献 [61,72])。此类规划建模方法直观易理解,但时间离散化会引入大量 0-1 整数变量,使线性松弛问题求解效率过低(参见文献 [96,139]),通常只适用于小规模问题算例求解。为了克服这一困难,本章设计了一类新型的基于时间区间变量的混合整数线性规划模型。其核心是注意到单个电价区间内电价保持一致时，同一区间内工件的加工顺序与开工时刻不用明确给定。该建模思路大幅减少了决策变量的个数，极大地提升了模型求解效率[①]。

- 现有文献通常假定电力价格长时间保持稳定（例如 5~8h 保持不变），并基于此假设简化了问题模型与用电成本计算[67,70]。事实上，很多（欧洲）国家的分时电价策略设计相当精细，电力价格通常每小时或每半小时变化一次。在这一设定下，一些耗时工件的加工可能需要跨越多个连续变化的电价区间，实现问题精确求解的难度显著增大。为了降低复杂分时电价设定下的问题求解难度，书中基于并行机模型的可分结构性质，采用 Dantzig-Wolfe 分解方法以集合划分形式改写问题模型，并设计列生成算法予以求解。这一分解优化思路将复杂背景下的并行机调度问题转化为较为简单的线性规划主问题与单机调度子问题，合理降低了优化难度，实现了该强 NP 难问题的近优求解。

2.2　问题建模

考虑分时电价背景下的不相关并行机调度问题 (unrelated parallel machine scheduling problem with electricity costs, UPMSEC)。分时电价方案设置如下：将一天划分为 K 个时间区间 $\mathcal{K} = \{1, 2, \cdots, K\}$，第 k 个时间区间的持续时间为 T_k，对应的电价为 PR_k，如图 2.1所示。

并行机制造系统描述如下。考虑由 N 个独立工件 $\mathcal{J} = \{1, 2, \cdots, N\}$ 在 M 台不相关并行机 $\mathcal{M} = \{1, 2, \cdots, M\}$ 上加工处理的问题。对于工件而言，每个工件 $j \in \mathcal{J}$ 必须选择唯一机器 $i \in \mathcal{M}$ 进行加工，且满足加工连续性约束（即某个工件一旦开始加工就必须不间断地加工直至其完工）。对于机器而言，其加工必须满足加工独占性约束（即每台机器在同一时刻至多只能加工一个工件）。工件 $j \in \mathcal{J}$ 在机器 $i \in \mathcal{M}$ 上的加工时长为 $p_{i,j}$，加工用电功率为 $q_{i,j}$，单个工件的加工用电费用根据其所有加

---

① 值得一提的是，车阿大等[68]基于已发表的研究工作（参见文献 [140]）推广拓展了本章中基于时间区间的混合整数线性规划模型，进一步完善了分时电价背景下调度问题的数学模型研究。

工时刻的用电功率与电价计算得出。问题的优化目标是在保证这 N 个工件的最大完成时间不超过预先给定制造期上限 B 的条件下，最小化总用电成本。

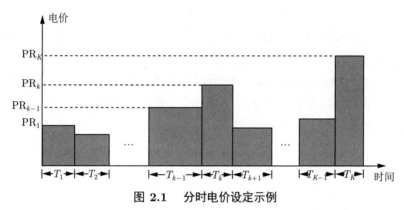

图 2.1   分时电价设定示例

2.2.1   数学模型

并行机调度问题的数学模型在学术界得到了广泛的研究。在 Unlu 和 Mason 关于并行机数学模型的综述论文中[92]，他们将求解调度问题的混合整数线性规划模型依据模型所依赖的决策变量分为五类：基于加工完成时间变量的模型、基于指派和位置变量的模型、基于线性排序变量的模型、基于时间索引变量的模型与基于网络变量的模型。对于本章研究的 UPMSEC 问题，由于目标函数中涉及随时间变化的电力价格，工件的所有加工时刻都必须考虑到数学模型中来。因此，上述绝大多数建模方法都将失效，唯一的例外是基于时间索引变量的规划模型。这一模型中，可能的加工时段被离散化为 L 个时刻，其中 L 通常是完工时间的上限（例如一般将一天离散化为 1440min，即 $L = 1440$），每台机器上每个工件的加工都对应于一个长度为 L 的 0-1 决策变量数组，每个 0-1 变量用于表示给定工件是否在给定时刻于给定机器上恰好完成加工。虽然该模型可以拓展到本问题的建模求解，但时间离散化思路将引入大量 0-1 整数变量，导致模型线性松弛求解效率过低（参见文献 [96,139]），进而使得混合整数规划求解效果不佳。

鉴于基于时间索引变量模型求解上的困难，我们提出了一类基于时间区间的混合整数线性规划模型。该模型提出的动因如下：只要每台机器上每个工件的加工维持在原定的电价区间内，任意交换该时间区间内单台机器上的工件加工顺序不会违反任何问题约束，且优化目标（即总用电费用）不变。因而可以将工件分配到电价区间中来建模 UPMSEC 问题，而不必确定每个工件的确切开始（或停止）加工时刻。相关问题参数与决策变量列举如下：

问题参数：

- $\mathcal{M}$：可用机器集合；
- $\mathcal{J}$：待加工工件集合；
- $\mathcal{K}$：电价区间序号集合；
- M：机器的个数；
- N：工件的个数；
- K：时间区间的个数；
- B：制造期上限；
- T_k：第 k 个电价区间的时长；
- PR_k：第 k 个电价区间的电价（单位电量的价格）；
- $p_{i,j}$：工件 j 在机器 i 上的加工时间；
- $q_{i,j}$：工件 j 在机器 i 上的加工功率（单位时间的电量消耗）。

决策变量：

- TEC：总用电费用；
- $t_{i,j,k}$：连续变量，第 k 个电价区间内工件 j 在机器 i 上的加工时长；
- $x_{i,j,k}$：0-1 变量，第 k 个电价区间内工件 j 在机器 i 上加工则为 1，否则为 0；
- $z_{i,j,k}$：0-1 变量，第 k 个电价区间内机器 i 完全由工件 j 加工占用则为 1，否则为 0；
- $\delta_{i,j,k}$：0-1 变量，工件 j 于第 k 个电价区间内在机器 i 上完成加工为 1，否则为 0；
- $w_{i,j,k}$：0-1 变量，工件 j 在机器 i 上的加工跨越了第 k 个和第 $k+1$ 个电价区间则为 1，否则为 0。

新的规划模型所面临的最大挑战是如何采用基于时间区间的决策变量严格描述机器独占性约束与工件加工连续性约束。值得注意的是，同一个优化问题的混合整数规划模型可以有很多不同的形式。一般情况下，模型约束"紧"的时候，规划问题求解效率更高。因此，在完整给出规划模型前，先分别讨论如何基于时间区间变量尽量紧地描述机器独占性与工件加工连续性约束。

A. 机器独占性约束：

$$\sum_{j \in \mathcal{J}} t_{i,j,k} \leqslant T_k, \ \forall i \in \mathcal{M}, k \in \mathcal{K} \tag{2-1}$$

$$w_{i,j,k} \geqslant x_{i,j,k} + x_{i,j,k+1} - 1, \ \forall i \in \mathcal{M}, \ \forall j \in \mathcal{J}, \ k \in \mathcal{K} \backslash \{K\} \tag{2-2}$$

$$\sum_{j \in \mathcal{J}} w_{i,j,k} \leqslant 1, \ \forall i \in \mathcal{M}, \ k \in \mathcal{K} \backslash \{K\} \tag{2-3}$$

上述约束原理如下。一方面，式 (2-1) 表明在第 k 个电价区间内机器 i 的繁忙时间不超过 T_k，这意味着存在一个可行调度，使得任意机器在单个电价区间同时加工的工件不超过 1 个，保证了电价区间内的机器独占性。另一方面，式 (2-2)~ 式 (2-3) 表明对于任意一台机器，至多只有一个工件可以跨越某两个连续的电价区间进行加工，从而保证了相邻电价区间的跨越时刻机器独占性要求。基于上面的讨论，约束式 (2-1)~ 式 (2-3) 可以确保任意机器在任意时刻至多加工一个工件，即满足了机器独占性要求。

B. 工件加工连续性约束：

$$\delta_{i,j,k} \geqslant x_{i,j,k} - x_{i,j,k+1}, \ i \in \mathcal{M}, \ \forall j \in \mathcal{J}, \ k \in \mathcal{K} \tag{2-4}$$

$$x_{i,j,K+1} = 0, \ \forall i \in \mathcal{M}, \ \forall j \in \mathcal{J} \tag{2-5}$$

$$\sum_{i \in \mathcal{M}} \sum_{k \in \mathcal{K}} \delta_{i,j,k} = 1, \ \forall j \in \mathcal{J} \tag{2-6}$$

$$z_{i,j,k} \geqslant x_{i,j,k-1} + x_{i,j,k} + x_{i,j,k+1} - 2, \ \forall i \in \mathcal{M}, \ \forall j \in \mathcal{J}, \ k \in \mathcal{K} \backslash \{1\} \tag{2-7}$$

$$t_{i,j,k} \geqslant z_{i,j,k} T_k, \ \forall i \in \mathcal{M}, \ \forall j \in \mathcal{J}, \ k \in \mathcal{K} \tag{2-8}$$

约束式 (2-4)~ 式 (2-6) 中，通过式 (2-4) 引入变量 $\delta_{i,j,k}$ 与 $x_{i,j,k}$ 的关系，结合式 (2-6) 的要求可知，每个工件只能在单台机器上的连续电价区间内加工，从而保证了时间区间级别的加工连续性。值得注意的是，仅仅满足式 (2-4)~ 式 (2-6) 三个约束并不能保证整体加工连续性，这是因为工件可能在某个加工区间内部任意时刻中断。因此，引入约束式 (2-7)～式 (2-8) 以确保电价区间内的加工连续性：工件如果在某台机器上跨越 3 个（或以上）电价区间加工，那么该机器上所跨越的电价区间必然完全被该工件占满。综合以上两点，模型可以保证在整个时间轴任意时刻的加工连续性要求。基于上述讨论，整体规划模型如下给出。

基于时间区间变量的混合整数线性规划模型：

$$\min \quad \text{TEC} \tag{2-9}$$

$$\text{s.t.} \quad \text{TEC} = \sum_{i \in \mathcal{M}} \sum_{j \in \mathcal{J}} \sum_{k \in \mathcal{K}} t_{i,j,k} q_{i,j} \text{PR}_k \tag{2-10}$$

$$t_{i,j,k} \leqslant x_{i,j,k} p_{i,j}, \ \forall \, i \in \mathcal{M}, \ \forall j \in \mathcal{J}, \ k \in \mathcal{K} \tag{2-11}$$

$$\sum_{i \in \mathcal{M}} \sum_{k \in \mathcal{K}} t_{i,j,k}/p_{i,j} = 1, \ \forall j \in \mathcal{J} \tag{2-12}$$

$$\sum_{j \in \mathcal{J}} t_{i,j,k} \leqslant T_k, \ \forall i \in \mathcal{M}, k \in \mathcal{K} \tag{2-13}$$

$$w_{i,j,k} \geqslant x_{i,j,k} + x_{i,j,k+1} - 1, \ \forall \, i \in \mathcal{M}, \ \forall j \in \mathcal{J}, \ k \in \mathcal{K} \backslash \{K\} \tag{2-14}$$

$$\sum_{j \in \mathcal{J}} w_{i,j,k} \leqslant 1, \ \forall i \in \mathcal{M}, \ k \in \mathcal{K} \backslash \{K\} \tag{2-15}$$

$$\delta_{i,j,k} \geqslant x_{i,j,k} - x_{i,j,k+1}, \ i \in \mathcal{M}, \ \forall j \in \mathcal{J}, \ k \in \mathcal{K} \tag{2-16}$$

$$x_{i,j,K+1} = 0, \ \forall \, i \in \mathcal{M}, \ \forall j \in \mathcal{J} \tag{2-17}$$

$$\sum_{i \in \mathcal{M}} \sum_{k \in \mathcal{K}} \delta_{i,j,k} = 1, \ \forall j \in \mathcal{J} \tag{2-18}$$

$$z_{i,j,k} \geqslant x_{i,j,k-1} + x_{i,j,k} + x_{i,j,k+1} - 2, \ \forall \, i \in \mathcal{M},$$
$$\forall j \in \mathcal{J}, \ k \in \mathcal{K} \backslash \{1\} \tag{2-19}$$

$$t_{i,j,k} \geqslant z_{i,j,k} T_k, \ \forall \, i \in \mathcal{M}, \ \forall j \in \mathcal{J}, \ k \in \mathcal{K} \tag{2-20}$$

$$x_{i,j,k}, \ w_{i,j,k}, \ z_{i,j,k}, \ \delta_{i,j,k} \in \{0,1\}, \ \forall \, i \in \mathcal{M}, \ \forall j \in \mathcal{J}, \ k \in \mathcal{K} \tag{2-21}$$

$$t_{i,j,k} \geqslant 0, \ \forall \, i \in \mathcal{M}, \ \forall j \in \mathcal{J}, \ k \in \mathcal{K} \tag{2-22}$$

上述规划模型中，目标函数中的总用电成本 TEC 由式 (2-10) 计算得出，即根据每个工件在每台机器每个电价区间上的加工时间，结合该电价区间的电价计算得出。式 (2-11) 描述了连续变量 $t_{i,j,k}$ 与 0-1 变量 $x_{i,j,k}$ 之间的约束关系，即只有 $x_{i,j,k} = 1$ 时，在第 k 个电价区间内工件 j 在机器 i 上的处理时间才可为正值。式 (2-12) 表示所有工件都必须在完工期限前完成其加工。式 (2-13)~式 (2-15) 给出了机器独占性约束，而工件加工的连续性约束则由式 (2-16)~式 (2-20) 表示。

注释 2.1　提出的规划模型中并未将制造期上限 B 这一重要问题参数显式地考虑到模型当中。模型之所以仍能成立，是考虑到电价区间的个数以及每个电价区间的持续时间由能源供应商预先确定。因此，必然存在某个 $K_B \in \mathcal{K}$，使得下式成立：

$$\sum_{k=1}^{K_B-1} T_k < B \leqslant \sum_{k=1}^{K_B} T_k$$

其中，K_B 即为制造期上限 B 所在电价区间的序号。通过定义 $T'_k = T_k, \forall k \in \{1, 2, \cdots, K_B - 1\}$ 以及 $T'_{K_B} = B - \sum_{k=1}^{K_B-1} T_k$，构造出了一个新的电价区间数组 $T'_k, \forall k \in \{1, 2, \cdots, K_B\}$，使得所有电价区间的时长总和恰好等于制造期上限 B（即 $B = \sum_{k=1}^{K_B} T'_k$）。这意味着只要在这些新的电价区间内加工所有的工件，即可满足制造期上限的限制。为了叙述简洁，在书中采用变量 T_k 而不是 T'_k 进行问题描述，并假设 $B = \sum_{k=1}^{K} T_k$，从而将制造期上限约束隐含地转化到电价区间的设定上来。

基于时间索引变量的模型需要 $O(MNL)$ 个 0-1 决策变量，而本书提出的基于时间区间变量的模型只需 $O(MNK)$ 个 0-1 变量。以北京市商业用电分时电价标准为例[60]：按照时间索引变量模型，一天被离散化为 $L = 1440\text{min}$，而电价区间的数量不超过 $K = 8$。因此提出的规划建模思路可显著减小模型规模，提升求解效率。值得指出的是，模型规模只是评价模型优劣的一个方面，所提出的模型由于不涉及工件排序等"或"型约束，因此约束较为紧凑，这是其求解性能较高的另一原因。

2.2.2 问题复杂度

本节从计算复杂度理论的角度证明 UPMSEC 问题的强 NP 难特性。计算复杂度证明的一般思路是基于已知强 NP 难问题的归约。下面将证明大于或等于 3 台机器的并行机制造期优化问题[141]（即 Pm$||C_{\max}$）的任一问题实例，都可在多项式时间内归约为一个 UPMSEC 问题实例。考虑到 Pm$||C_{\max}$ 问题是强 NP 难问题，因而这里的 UPMSEC 问题也是强 NP 难问题。

定理 2.1   由式 (2-9)∼ 式 (2-22) 定义的 UPMSEC 问题是强 NP 难问题。

证明：Pm$||C_{\max}$ 问题定义如下：N 个独立工件 $\mathcal{J} = \{1, 2, \cdots, N\}$ 在 M 台相同并行机 $\mathcal{M} = \{1, 2, \cdots, M\}$ 上进行加工。每个工件必须选择唯一一台机器进行加工，工件加工时间为 a_j，加工过程不可中断；每台机器在同一时刻至多只能加工一个工件。优化目标是最小化这 N 个工件的最大制造期 $C_{\max}$。

给定 Pm$||C_{\max}$ 问题的任意实例 $\mathcal{P}_1$，UPMSEC 问题的决策类型实例 $\mathcal{P}_2$ 构造如下：在 M 个相同的并行机上加工 N 个工件 $\mathcal{J} = \{1, 2, \cdots, N\}$。在任意机器 $i \in \mathcal{M}$ 上，工件 $j \in \mathcal{J}$ 的加工时间为 $p_{i,j} = a_j$，加工功率为 $q_{i,j} = 1$。电价区间只有一个，该区间电价定为 $PR_1 = 0$。决策问题为：是否存在一个 $\mathcal{P}_2$ 的可行解，使得目标函数值 TEC 小于或等于预先给定的阈值 $G = 0$。

上述归约显然可以在多项式时间内完成。易于证明，当且仅当 Pm$||C_{\max}$ 问题实例 $\mathcal{P}_1$ 存在一个可行解使得 $C_{\max} \leqslant B$ 时，可以找到 UPMSEC 问题实例 $\mathcal{P}_2$ 的一个可行解，使其目标函数值小于或等于 $G = 0$。因此，可将 $\mathcal{P}_1$ 的决策问题归约为 $\mathcal{P}_2$ 的决策问题，由此证明 UPMSEC 问题是强 NP 难问题。

虽然基于时间区间变量的规划模型大幅减少了决策变量数目，但考虑到 UPMSEC 问题的强 NP 难本质，当问题规模持续增大时，通用求解器的效果仍然会变得很差，甚至得不到问题的可行解。为了在合理的计算时间内近优求解本问题，将在下一节中介绍一类列生成启发式算法，该算法从并行机模型的可分结构性质出发，将原问题转化为集合划分主问题与单机调度子问题并进行迭代求解。

2.3　模型分解与优化

对 UPMSEC 的问题约束与优化目标进行分析可以发现，一旦给定 N 个工件在 M 台机器上的分配方案（即给定每个工件所选择的加工机器），问题即可分解为 M 个相互独立的单机调度问题，优化目标为单机用电成本。基于这一可分结构，可利用 Dantzig-Wolfe 分解方法将原问题转化为集合划分主问题与 M 个独立单机子问题。该分解方法的思想是通过遍历所有可能的工件分配方案，从而得到问题最优解。考虑到可行分配方案个数随问题规模指数增长（例如 N 个工件在 M 台机器上的分配方式共有 M^N 种），因此无法通过一般规划方法求解。实践中一般采用专用的列生成（column generation, CG）算法来求解 Dantzig-Wolfe 分解下的线性松弛问题。

2.3.1　Dantzig-Wolfe 分解方法

令 Ω^i 表示机器 $i \in \mathcal{M}$ 上所有可行工件分配方案的集合，令 f^i_ω 表示机器 i 上某个工件分配方案 $\omega \in \Omega^i$ 对应的最优总用电成本 TEC。对于任意工件 $j \in \mathcal{J}$，令参数 $a^i_{j\omega}$ 表示工件分配方案 $\omega \in \Omega^i$ 中是否包含工件 j（包含则 $a^i_{j\omega} = 1$，反之则为 0）。基于上述设定，定义 0-1 决策变量 y^i_ω 如下：

$$y^i_\omega = \begin{cases} 1, & 机器 i 上的工件分配方案选为 \omega \\ 0, & 机器 i 上的工件分配方案不选 \omega \end{cases}$$

基于上述设定与决策变量，UPMSEC 问题可以重新建模为如下集合划分形式的规划问题：

$$\min \quad \sum_{i \in \mathcal{M}} \sum_{\omega \in \Omega^i} f^i_\omega y^i_\omega \tag{2-23}$$

$$\text{s.t.} \quad \sum_{i \in \mathcal{M}} \sum_{\omega \in \Omega^i} a^i_{j\omega} y^i_\omega = 1, \;\; \forall j \in \mathcal{J} \tag{2-24}$$

$$\sum_{\omega \in \Omega^i} y^i_\omega \leqslant 1, \;\; \forall i \in \mathcal{M} \tag{2-25}$$

$$y^i_\omega \in \{0, 1\}, \;\; \forall i \in \mathcal{M}, \; \forall \omega \in \Omega^i \tag{2-26}$$

目标函数 (2-23) 为所有机器上的 TEC 加和最小化。约束式 (2-24) 保证了每个工件都被分配给一台机器，而约束式 (2-25) 则表明每台机器至多选取一种工件分配方案。在这一模型中，每一列对应于某台机器上一个可行的工件分配方案。考虑到任意机器 i 上可行工件分配方案（即 $|\Omega^i|$）为指数多个，显式列出模型中所有列是不可行的。因此采用列生成算法可以在不必写出完整模型的情形下，直接求解该问题的线性主问题（linear master problem, LMP）。通过对式 (2-23)～ 式 (2-26) 中所有 0-1 变量 y_ω^i 做线性松弛，可以得到如下线性主问题。

线性主问题 (LMP)：

$$\min \quad \sum_{i \in \mathcal{M}} \sum_{\omega \in \Omega^i} f_\omega^i y_\omega^i \tag{2-27}$$

$$\text{s.t.} \quad (\pi_j) \quad \sum_{i=1}^{M} \sum_{\omega \in \Omega^i} a_{j\omega}^i y_\omega^i = 1, \ \forall j \in \mathcal{J} \tag{2-28}$$

$$(\sigma_i) \quad \sum_{\omega \in \Omega^i} y_\omega^i \leqslant 1, \ \forall i \in \mathcal{M} \tag{2-29}$$

$$0 \leqslant y_\omega^i \leqslant 1, \ \forall i \in \mathcal{M}, \ \forall \omega \in \Omega^i \tag{2-30}$$

其中，$\pi_j \ (j \in \mathcal{J})$ 和 $\sigma_i \ (i \in \mathcal{M})$ 分别是式 (2-28) 和式 (2-29) 所对应的对偶变量。

基本列生成算法通过迭代的方式求得 LMP 的最优解：在第 τ 次迭代中，不考虑所有可行子调度的集合 Ω^i，而是考虑 Ω^i 一个子集 $\Omega_\tau^i \subseteq \Omega^i$ 所对应的决策变量 $y_\omega^i \ (i \in \mathcal{M})$，并将这一问题称为受限线性主问题（linear restricted master problem, LRMP）。由于 LRMP 规模相对较小，且可基于上一轮迭代的线性规划结果增量式求解，因而在实践中求解效率很高。LRMP 最优求解的同时也得到了其对偶变量的取值，接下来利用对偶变量检验是否存在 $y_\omega^i \in \Omega^i, i \in \mathcal{M}$（对应于机器 i 上可行的工件分配方案）使得 LMP 检验数为负。考虑到 LMP 问题可行 y_ω^i 有指数多个，这一检验数的判断过程是通过求解所研究问题的子问题而得到的（子问题的确定与求解将在 2.3.2 节中详细阐释）。如果存在使得检验数为负的工件分配方案 ω_τ^i，就将 ω_τ^i 纳入集合 Ω_τ^i 中：

$$\Omega_{\tau+1}^i = \Omega_\tau^i \cup \{\omega_\tau^i\}$$

并开始新一轮的迭代。

基本列生成算法的流程图如图 2.2 所示。如果读者希望进一步了解列生成算法的原理、推导与算法实现等详细信息，推荐参阅 Lübbecke 和 Desrosiers 关于这一方法的综述论文[107]。

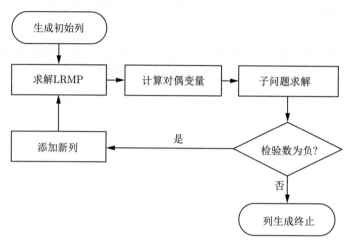

图 2.2   基本列生成算法的流程图

2.3.2   单机调度子问题

列生成算法基于对原问题特定子问题求解，找到 Ω^i 中使得 LRMP 检验数最小的那一列（即机器 i 上的工件分配方案）。在本书背景下，需要在每次迭代中分别求解 M 个单机子问题，每个子问题的求解用于确定每台机器上是否存在某个工件分配方案使得 LRMP 检验数为负。如果所有 M 个子问题对应的最小检验数均非负，则列生成过程终止，此时 LMP 已最优求解。给定 LRMP 某轮迭代求解出的对偶变量 π_j, $j \in \mathcal{J}$ 和 σ_i, $i \in \mathcal{M}$，某台机器 i 上可行子调度 $\omega \in \Omega^i$ 所对应的 LRMP 检验数 r^i_ω 可如下计算得出：

$$r^i_\omega = f^i_\omega - \sum_{j \in \mathcal{J}} a^i_{j\omega} \pi_j - \sigma_i, \quad \forall i \in \mathcal{M} \tag{2-31}$$

基于式 (2-31)，待优化的单机子问题可表述如下：对于某台机器 i，希望找到工件集合 $\mathcal{J}$ 的一个子集，并确定该集合中每个工件的具体加工时刻，在保证这些工件最大完工时间不超过制造期上限 B 的条件下，最小化这些工件 TEC 与对应对偶变量的差值（即 $f_\omega^i - \sum_{j=1}^N a_{j\omega}^i \pi_j$）。上述子问题优化不用考虑对偶变量 σ_i 取值，这是因为对于机器 i 上所有可行的工件分配方案 σ_i 取值均相同，因而可认为其是常数不用考虑到优化目标当中。

需要指出的是，虽然上述方法将并行机调度简化为单机问题求解，但这里所描述的子问题仍然是强 NP 难问题。这是因为，可以将已知强 NP 难问题在分时电价背景下的单机调度问题[62] 归约为本问题。具体地，对于机器 i 设定 $B = \sum_{j=1}^N p_{i,j}$，并设定充分大的对偶变量取值 $\pi_j > p_{i,j} \cdot \max_{k=1,2,\cdots,K} \mathrm{PR}_k, \forall j \in \mathcal{J}$，即可保证所有 N 个工件必然需要在该机器上进行加工，所以问题可转化为分时电价背景下单机上 N 个工件如何确定其加工时刻的强 NP 难问题。

2.3.2.1　可中断单机调度子问题

2.3.1 节对于单机调度子问题的强 NP 难特性的分析表明，即使通过 Dantzig-Wolfe 分解方法将并行机调度简化，子问题的高效求解仍是困难的。因此这里并不直接优化原始子问题，而是松弛工件加工连续性约束，转化为可中断单机调度子问题（preemptive single machine subproblems, SP-PRMP）求解。SP-PRMP 的最优求解可以为原始子问题提供很好的下界，此外也可根据求解所获得的机器工件分配方案构建原始子问题的近似最优解。

值得注意的是，可中断单机调度子问题是常规 NP 难问题，但可通过设计伪多项式时间复杂度的动态规划（dynamic programming, DP）算法对其最优求解。下面首先基于一个已知的 NP 完全问题（划分问题，partition problem[142]）的归约给出其 NP 难证明，其次提出动态规划求解算法。

定理 2.2　分时电价背景下的 SP-PRMP 是常规 NP 难问题。

证明： 划分问题定义如下：给定集合 $\mathcal{S} = \{1, 2, \cdots, N\}$ 与整数数组 $b_1, b_2, \cdots, b_N$，给定整数 A 满足 $2A = \sum_{j=1}^N b_j$。那么是否存在集合 $\mathcal{S}$ 的一

个子集 $\mathcal{S}_0 \subseteq \mathcal{S}$，使得 $\sum\limits_{j \in \mathcal{S}_0} b_j = \sum\limits_{j \in \mathcal{S} \setminus \mathcal{S}_0} b_j = A$ 成立。

给定一个划分问题实例 $\mathcal{P}_1$，机器 $i \in \mathcal{M}$ 上 SP-PRMP 决策类型的问题实例 $\mathcal{P}_2$ 构造如下：

- 工件集合：$\mathcal{J} = \mathcal{S} = \{1, 2, \cdots, N\}$；
- 加工时间：$p_{i,j} = b_j, \ j = 1, 2, \cdots, N$；
- 工件加工功率：$q_{i,j} = q_0, \ j = 1, 2, \cdots, N$；
- 制造期上限：$B = 2A$；
- 分时电价设定：有两个电价区间 $K = 2$，区间持续时间为 $T_1 = T_2 = A$。第一个区间电价为 $\mathrm{PR}_1 = c_0 > 0$，第二个区间电价为 $\mathrm{PR}_2 = Mc_0$，其中 M 是满足 $M > 2 \max\limits_{j=1,2,\cdots,N} p_{i,j}$ 的任意大数；
- 对偶变量取值：$\pi_j = 2p_{i,j}q_0c_0$；
- 阈值：$Y = -Aq_0c_0$。

对于 $\mathcal{J}$ 的任意子集 $\mathcal{J}_0 \subseteq \mathcal{J}$，可断言在第二个电价区间上进行 $\mathcal{J}_0$ 中任何工件的任何部分加工都不是 $\mathcal{P}_2$ 的最优解。这是因为在第二个电价区间内对任意工件 $j \in \mathcal{J}_0$ 进行单位时间的加工都将使得目标函数中的用电成本部分增加 Mq_0c_0，而在集合中引入元素 j 所带来的目标函数减少为 $\pi_j = 2p_{i,j}q_0c_0$，所以在第二个电价区间对工件 j 进行单位时间加工将使得目标函数至少增加 $-2p_{i,j}q_0c_0 + Mq_0c_0 > 0$。这表明，将工件 j 在第二个电价区间加工所得到的目标函数值，相比于直接从集合 $\mathcal{J}_0$ 中删除元素 j 要更大，因此 $\mathcal{P}_2$ 最优解中不会有任何工件在第二个电价区间内加工。

根据问题参数设定，第一个电价区间内任意工件 j 的加工都将使得目标函数值减少 $p_{i,j}q_0c_0 - \pi_j = -p_{i,j}q_0c_0$，第二个电价区间内必然没有任何工件进行加工。因此，对于任意工件集合 $\mathcal{J}_0 \subseteq \mathcal{J}$ 所形成的任意调度方案，以下不等式都成立：

$$F(\mathcal{J}_0) \geqslant -Aq_0c_0, \quad \forall \mathcal{J}_0 \subseteq \mathcal{J}$$

其中，$F(\mathcal{J}_0)$ 表示工件集合 $\mathcal{J}_0$ 所有加工方案的最优函数值取值。显然，当且仅当 $\sum\limits_{j \in \mathcal{J}} p_{i,j} = A$ 时，以上不等式中的等号成立。

综上所述，当且仅当划分问题实例 $\mathcal{P}_1$ 存在一个子集 $\mathcal{S}_0 \subseteq \mathcal{S} =$

$\{1, 2, \cdots, N\}$，使得

$$\sum_{j \in \mathcal{S}_0} b_j = \sum_{j \in \mathcal{S} \setminus \mathcal{S}_0} b_j = A$$

即可构造出 SP-PRMP 问题实例 $\mathcal{P}_2$ 目标函数值不大于 Y 的可行解。由实例 $\mathcal{P}_1$ 构造出实例 $\mathcal{P}_2$ 显然可在多项式时间内完成，则归约完成。结合 2.3.2.2 节最优求解 SP-PRMP 的伪多项式时间动态规划算法，SP-PRMP 的常规 NP 难特性得证。

2.3.2.2　子问题结构性质

根据 SP-PRMP 目标函数表达式 (2-31)，其最优解可以如下方式获得：第一步是最优选择该机器上加工的工件集合，第二步是最优调度这些工件的具体加工时刻。下面通过命题 2.1 和命题 2.2 说明第二步中的工件加工时刻优化问题可以高效求解。

命题 2.1　在电价单调增设定下：

$$\mathrm{PR}_1 < \mathrm{PR}_2 < \cdots < \mathrm{PR}_K \tag{2-32}$$

基于"最高功率优先"（highest power first, HPF）的调度策略可以得到不可中断单机问题最优化总用电费用（该问题记为 SM-INC）的最优解。

证明： 采用反证法。假设存在某个非 HPF 调度方案 ψ 是问题最优解，则 ψ 中必然存在某两个相邻工件 j 和 l（工件 l 在工件 j 紧后面加工），使得下式成立：

$$q_{i,j} < q_{i,l} \tag{2-33}$$

将 j 和 l 加工顺序互换可生成新的调度方案 ψ'，且这样的交换不会影响其他工件的开工与停工时间，因此调度方案 ψ 与 ψ' 之间唯一的差异是工件 j 和 l 的加工开始时间与加工能耗。令 c_t 表示 t 时刻的电价，那么工件 j 和 l 在 ψ 和 ψ' 两种调度方案下的电力成本分别由以下两式给出：

$$\mathrm{EC}_1 = \sum_{t=t_0}^{t=t_0+p_{i,j}-1} q_{i,j} c_t + \sum_{t=t_0+p_{i,j}}^{t=t_0+p_{i,j}+p_{i,l}-1} q_{i,l} c_t \tag{2-34}$$

$$\mathrm{EC}_2 = \sum_{t=t_0}^{t=t_0+p_{i,l}-1} q_{i,l} c_t + \sum_{t=t_0+p_{i,l}}^{t=t_0+p_{i,j}+p_{i,l}-1} q_{i,j} c_t \tag{2-35}$$

其中，t_0 表示在调度方案 ψ 中工件 j 的开始加工时间。基于上述表达式，调度方案 ψ 和 ψ' 的 TEC 差异可计算如下：

$$\text{TEC}(\psi) - \text{TEC}(\psi')$$

$$= \text{EC}_1 - \text{EC}_2$$

$$= (q_{i,j} - q_{i,l}) \left(\sum_{t=t_0}^{t=t_0+\min\{p_{i,j},p_{i,l}\}-1} c_t - \sum_{t=t_0+\max\{p_{i,j},p_{i,l}\}}^{t=t_0+p_{i,j}+p_{i,l}-1} c_t \right)$$

$$= (q_{i,j} - q_{i,l}) \left(\sum_{t=t_0}^{t=t_0+\min\{p_{i,j},p_{i,l}\}-1} \left(c_t - c_{t+\max\{p_{i,j},p_{i,l}\}} \right) \right)$$

注意到 $q_{i,j} < q_{i,l}$，且 c_t 关于 t 单调非减（即 $c_{t+\max\{p_{i,j},p_{i,l}\}} \geqslant c_t$），可以得出：

$$\text{TEC}(\psi) - \text{TEC}(\psi') \geqslant 0 \tag{2-36}$$

式 (2-36) 中的等号当且仅当工件 j 和 l 在相同的电价区间内处理时成立。

当式 (2-36) 为严格不等号时，我们找到了一个新的调度方案 ψ'，其目标函数值相比 ψ 更小，这与 ψ 是最优解的假设矛盾。当式 (2-36) 中等号成立时，可以通过一系列相邻工件交换操作得到满足 HPF 顺序的最优调度，其目标函数值与 ψ 相同。综上可以证明 HPF 排序策略得到的调度方案必然为该问题的最优解。

命题 2.2 任意分时电价背景下（每个电价区间的时长为 $T_1, T_2, \cdots,$ T_K；电价为 $\text{PR}_1, \text{PR}_2, \cdots, \text{PR}_K$）的可中断单机总用电费用优化问题（此问题记为 SM-PRMP），等价于电价区间重排为单调增方案下的不可中断单机调度问题（即 SM-INC）。具体地，重排电价方案如下：

$$\text{PR}_{(1)} < \text{PR}_{(2)} < \cdots < \text{PR}_{(K)} \tag{2-37}$$

其中，$\text{PR}_{(k)}$ 表示 SM-INC 第 k 个区间的电价，且对于任意 $k \in \{1, 2, \cdots, K\}$ 都存在某个 $k' \in \{1, 2, \cdots, K\}$，使得 $\text{PR}_{(k)} = \text{PR}_{k'}$，$T_{(k)} = T_{k'}$ 成立。

证明： 由于 SM-PRMP 中工件加工可任意中断，电价区间排列顺序不影响最优目标值。因此对 SP-PRMP 电价区间重排，使得每个区间的电价如式 (2-37) 所示单调上升。这一设定下，SM-PRMP 和 SM-INC 共享相同的电价方案，两者唯一区别是工件加工是否允许中断。下面证明 SM-INC 问题的 HPF 最优调度，同样也是 SM-PRMP 问题的最优解。

仍然采用反证法：假设 HPF 顺序非中断加工方案不是 SM-PRMP 问题的最优解，则必然存在某个可中断非 HPF 调度方案 ψ 的最优解，使得总电力成本更低。因此，ψ 中必然存在满足 $q_{i,j} < q_{i,l}$ 关系的两个工件 j 和 l，其中 j 的某个加工片段后紧邻着 l 的某个加工片段。将这两个加工片段互相交换加工顺序，可以得到一个新的调度方案 ψ'。应用命题 2.1 证明类似的推导方法可以得出：

$$\text{TEC}(\psi) - \text{TEC}(\psi') \geqslant 0 \tag{2-38}$$

式 (2-38) 等号成立的充要条件是工件 j 和 l 的上述加工片段在同一电价区间内加工。当式 (2-38) 为严格不等号时，找到了一个新的调度方案 ψ'，其目标函数值相比 ψ 更小，与 ψ 最优解假设矛盾。当式 (2-38) 中等号成立时，可通过一系列相邻工件片段交换位置操作得到 HPF 顺序的最优调度，其目标函数值与 ψ 相同。综上可证 HPF 排序得到的调度方案必然为问题最优解，从而 SM-PRMP 与 SM-INC 等价。

根据上述性质，按照递增方式对电价区间重排，并以 HPF 顺序无中断地加工各工件，即可得到给定工件分配方案下的最优调度。下面给出伪多项式动态规划算法最优求解工件分配方案。

2.3.2.3　动态规划算法

首先将电价区间按式 (2-37) 递增重排，并根据以下规则重新给定工件序号：

$$q_{i,1} \geqslant q_{i,2} \geqslant \cdots \geqslant q_{i,N} \tag{2-39}$$

这一设定下，序列 $(1, 2, \cdots, N)^{\mathrm{T}}$ 即为 HPF 顺序。令 $U = \min\left\{\sum_{j=1}^{N} p_{i,j}, B\right\}$ 表示最大可能完成时间，令 $E(j, t)$ 表示工件 j 在 t 时刻完工该工件的用电成本，令 $F(j, t)$ 表示工件集合 $\{1, 2, \cdots, j\}$ 任意子集在 t 时刻完工调度方案中的最小目标函数值。基于上述符号定义，动态规划初始值设定、核心递归公式以及具体算法流程如下给出。

(1) 初始值设定：

$$F(0, t) = 0, \quad \forall t = 0, 1, \cdots, U \tag{2-40}$$

$$F(j,t) = \infty, \quad \forall t < 0, \quad j \in \mathcal{J} \cup \{0\} \tag{2-41}$$

(2) 递归公式：

$$F(j,t) = \min\{F(j-1, t-p_{i,j}) + E(j,t) - \pi_j, \ F(j-1,t)\},$$
$$\forall t \in \{1, 2, \cdots, U\}, \ j \in \mathcal{J} \tag{2-42}$$

算法 2.1 中给出了该动态规划算法的具体流程。算法第 1 行对 $F(j,t)$ 初始化；第 2~7 行迭代求解动态规划，并确定 $F(j,t)$；第 8~16 行通过反向推演计算出最优调度中的工件集合与工件开始加工时刻。第 2~7 行为算法复杂度的决定性部分，考虑到共有 NU 个不同状态，所以算法时间复杂度为 $O(NU)$。注意这里参数 U 的输入长度为 $\log U$（而 N 个工件信息输入长度至少为 $N \log p_{\max}$，其中 $p_{\max}$ 表示单个工件的最大可能加工时长），因而该算法为伪多项式时间复杂度。

算法 2.1　SP-PRMP 的动态规划算法

输入: 机器编号 i，工件加工时长 $p_{i,j}$, $(j \in \mathcal{J})$，用电成本参数 $E(j,t)$, $(j \in \mathcal{J}, t \in \{1, 2, \cdots, U\})$

1: 根据式 (2-40)、式 (2-41) 设定 $F(j,t)$ 初始值，工件集合初始化为空集 $\mathcal{J}_O \leftarrow \varnothing$
2: **for** $j = 1, 2, \cdots, N$ **do**
3:　　**for** $t = 1, 2, \cdots, U$ **do**
4:　　　　$F(j,t) \leftarrow \min\{F(j-1, t-p_{i,j}) + E(j,t) - \pi_j, \ F(j-1,t)\}$
5:　　**end for**
6: **end for**
7: 计算最优目标值 F_b 及最优调度的完工时间 t_b:
$$F_b \leftarrow \min_{t \in \{0,1,\cdots,U\}} F(N,t), \quad t_b \leftarrow \arg\min\nolimits_{t \in \{0,1,\cdots,U\}} F(N,t)$$
8: 令 $j' \leftarrow N, t' \leftarrow t_b$
9: **while** $j' > 0$ 且 $t' > 0$ **do**
10:　　**if** $F(j',t') - F(j'-1, t'-p_{i,j'}) - E(j',t') + \pi_{j'} = 0$ **then**
11:　　　　将工件 j' 纳入集合 $\mathcal{J}_O$ 中: $\mathcal{J}_O \leftarrow \mathcal{J}_O \cup \{j'\}$
12:　　　　令 $j' \leftarrow j' - 1, t' \leftarrow t' - p_{i,j'}$
13:　　**else**
14:　　　　令 $j' \leftarrow j' - 1$
15:　　**end if**
16: **end while**

输出: 最优工件选择集合 $\mathcal{J}_O$ 与最优目标函数值 F_b

注释 2.2   参数 $E(j,t)$, $j \in \mathcal{J}$, $t \in \{1,2,\cdots,U\}$ 的取值与具体调度方案无关，因此可提前计算所有 $E(j,t)$ 的取值以加速动态规划算法。假设工件 j 在第 k_s 个电价区间内开始加工，并在第 k_e 个电价区间内停止加工（$k_s \leqslant k_e$），即：

$$\sum_{k=1}^{k_s-1} T_{(k)} < t - p_{i,j} - 1 \leqslant \sum_{k=1}^{k_s} T_{(k)}, \qquad \sum_{k=1}^{k_e-1} T_{(k)} < t \leqslant \sum_{k=1}^{k_e} T_{(k)}$$

因此，对于任意 $j \in \mathcal{J}$, $t \in \{1,2,\cdots,U\}$, $E(j,t)$ 可以根据下式提前计算得出：

$$E(j,t) = \mathrm{PR}_{(k_s)} \cdot \left(\sum_{k=1}^{k_s} T_{(k)} - (t - p_{i,j} - 1) \right) +$$
$$\sum_{k=k_s+1}^{k_e} \mathrm{PR}_{(k)} \cdot T_{(k)} - \mathrm{PR}_{(k_e)} \cdot \left(\sum_{k=1}^{k_e} T_{(k)} - t \right)$$

2.3.3 列生成启发式算法

列生成算法旨在优化线性松弛主问题 LMP，而 LMP 最优解可能不是整数解，从而并不是原问题可行解。非整数解常用的解决思路是将列生成方法嵌入分支定界策略中，即所谓的分支定价方法[143-144]。另一解决思路是基于生成列的信息，以启发式思路构造近优解[145-147]。考虑到不可中断单机调度子问题的强 NP 难特性，分支定价方法将受制于子问题求解效率，导致算法整体收敛缓慢。因此，我们考虑加工可中断子问题，对其最优求解可为原问题提供近优工件分配方案，基于这些方案设计启发式算法，完成原问题的求解。

提出的列生成启发式算法的流程图如图 2.3 所示。初始列生成方法如下：将工件按其在所有机器上的平均加工功率以非增方式排序，在生产期限约束下按排序依次将工件分配到最低功率机器上。若两台机器对该工件的加工功率相同，则优先分配到占用率低的机器上。迭代过程由内循环与外循环构成。内循环中，基于 SP-PRMP 实现列生成算法①。当内循环

---

① 基于 SP-PRMP 实现列生成算法，指的是在列生成迭代过程中，采用可中断单机调度子问题 SP-PRMP 所求得的目标函数值 f_{ω}^i 与工件分配方案 $a_{j\omega}^i$。由于同一工件分配方案下 SP-PRMP 与原始子问题的目标函数值不同，我们在算法外循环中设计评价方案予以解决。

终止时，每个生成列对应于一个可行工件分配方案。在外循环中，采用深潜启发式 (diving heuristic)[148] 方法的思想构造问题的整数近优解。具体地，每轮外循环迭代将固定一台机器上的工件分配方案，因此外循环至多执行 $M - 1$ 次即可终止。

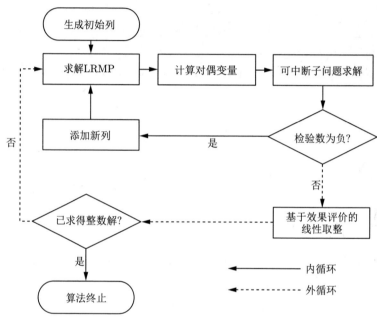

图 2.3 列生成启发式算法流程图

值得注意的是，由于内循环子问题求解松弛了加工连续性约束，外循环中不但需要固定工件分配方案，还需决策工件具体开工时刻。因此对深潜思路进行了改进，以同时决策工件分配方案与开工时刻。我们将这一改进策略称为"基于效果评价的线性取整策略（evaluation-based LP rounding）"。令 z^τ 和 $z^{\tau'}$ 分别表示外循环第 τ 轮迭代时，在某个机器 $i^\tau \in M$ 上固定工件分配方案 ω^τ 之前和之后的最佳目标函数值。在机器 i^τ 上固定加工工件集合对应于在式 (2-27)～ 式 (2-30) 给出的 LRMP 模型增加一条新的约束 $y_{\omega^\tau}^{i^\tau} = 1$，因此 $z^\tau \leqslant z^{\tau'}$。固定工件分配方案后对应的 LRMP 最优值增加为：$\text{INC}_f = z^{\tau'} - z^\tau$。下面需要进一步确定这些工件在机器 i^τ 非松弛最优目标函数值。令 $f_{\omega^\tau}^{i^\tau}$ 和 $f_{\omega^\tau}^{i^{\tau'}}$ 分别表示 ω^τ 在机器 i^τ 上采用可中断与不可中断加工方式所取得的最优用电成本，加工连续性约束所导致的目标函数增量值为：$\text{INC}_r = f_{\omega^\tau}^{i^{\tau'}} - f_{\omega^\tau}^{i^\tau}$。

根据上述定义，线性取整策略描述如下：当外循环开始时，选择 n_c 个 y_ω^i 最接近于 1 的列，其中 n_c 是预先确定的算法参数[①]。对每列分别计算 LRMP 增量 INC_f 与连续性约束增量 INC_r。INC_f 通过线性规划求解，而 INC_r 通过基于时间区间变量的混合整数规划模型进行最优求解。值得注意的是，基于时间区间变量的规划模型可以高效求解单机问题，这是因为算例规模相比于原并行机问题大幅减少。目标函数总体增量 INC 如下计算：

$$\text{INC} = \text{INC}_f + \text{INC}_r \tag{2-43}$$

而后从 n_c 列中选择目标函数增量最少的列并将其对应决策变量固定为 1，记录该工件分配方案下的最优无中断调度。完成本轮外循环后，算法再次进入内循环，利用列生成算法求解新的 LRMP 问题。当整个过程迭代终止时，即可完成问题求解。

2.3.4　多目标优化模型求解

实际生产中，决策者往往更关心多个优化目标间的折中方案，以便能够在生产效率与能源成本间取得较好权衡。为了给决策者提供决策依据，可以通过求解制造期 $C_{\max}$ 与总能源成本 TEC 的多目标优化来构造该问题的近似帕累托最优解集。

易于证明，更严格的制造期上限（即更小的 B）必然导致更高的总用电成本，因此可通过不同制造期上限设定下一系列 UPMSEC 问题的求解，得到该多目标问题的近似帕累托前沿，这对应于多目标优化中常用的 $\epsilon-$ 约束方法。具体优化形式如下：

$$\min \quad \text{TEC}(\psi) \tag{2-44}$$

$$\text{s.t.} \quad \psi \in \Psi, \quad C_{\max}(\psi) \leqslant B_l \tag{2-45}$$

其中，B_l 表示第 l 次优化求解时设定的制造期上限，Ψ 表示所有可行调度 ψ 的集合，而 $\text{TEC}(\psi)$ 和 $C_{\max}(\psi)$ 分别表示调度方案 ψ 对应的总用电成本和制造期。

[①] 这 n_c 列按以下方式选择：首先选择决策变量最为接近 1 的列，从而可以确定出这一列所对应的加工机器，然后在同一台机器上选择决策变量最接近于 1 的剩下 $n_c - 1$ 列。

直接求解多个单目标优化非常耗时,会导致算法运行效率很低。然而我们注意到这些优化问题有很大相关性:较小制造期限制(例如 $C_{\max} \leqslant B_0$)问题中所生成的工件分配方案也是相对更大制造期限制(例如 $C_{\max} \leqslant 1.1B_0$)问题的高质量可行工件分配方案。因此在后者的列生成过程中,直接继承前者的生成列可引导算法快速收敛,提高这一系列优化的求解速度。值得注意的是,继承列所对应的目标函数值必须重新计算。制造期上限 B 修改后,继承列的工件分配方案(即 $a_{j\omega}$)不变,但 f^i_ω 值改变。事实上,对于某个给定的工件分配方案,其目标函数值是制造期上限 B 的函数,记为 $f^i_\omega(B)$。由于 B 并不显式地出现在 UPMSEC 模型中,所以修改 B 对应于修改电价区间设定,目标函数值 $f^i_\omega(B)$ 基于新的电价区间设定得出。

图 2.4给出了设计的拓展列生成算法(extended column generation,ECG)流程图,该算法旨在求解不同制造期限制下的一系列 UPMSEC 问

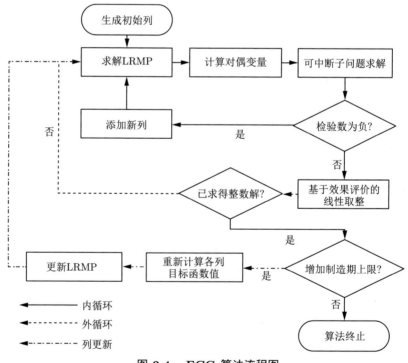

图 2.4 ECG 算法流程图

题。算法内循环和外循环迭代方式与 2.3.3 节的描述相同。当外循环迭代停止时，某个加工期限限制下的 UPMSEC 问题已近优求解，并将其记录为近似帕累托前沿上的一个数据点。继而小幅增加制造期上限 $B_{l+1} \leftarrow B_l + \Delta B$，而后进入列更新循环。在本层循环中，基于新的制造期上限 B_{l+1} 重新计算所有列对应的目标函数值并更新 LRMP，而后重新进入内循环求解 UPMSEC 问题。

2.4　计 算 实 验

计算实验从两个角度展开。一是从模型与算法效果验证角度，比较了混合整数规划模型与列生成启发式算法的求解性能，并针对不同规模、不同设定下的具体算例应采用何种求解策略给出建议。二是从模型的实际应用价值角度，分析了模型求解结果对于生产管理与环境保护的启示。所设计的算法均采用 C++ 编码实现，其中线性规划和混合整数规划部分采用商业求解器 IBM ILOG CPLEX 12.6 求解。计算实验在操作系统为 Windows 7、处理器配置为 Intel Core i5-3210M 2.5GHz、内存配置为 8GB 的个人计算机上展开。

2.4.1　测试数据生成

通常情况下，制造企业在引进新机型的同时也会保留部分旧的手动机器以降低设备升级成本，这些机器通常具有显著不同的运行速度和功率。Dahmus 和 Gutowski[4] 分析了四类机型的加工速率与功率。这四类机型属于三个不同的操作等级：加工中心、自动铣床和手动铣床。表 2.1 给出了上述四类机型的能耗和铣削速度分析结果。这些统计数据是工业现场设备加工功率、速率的典型代表，测试实例基于这些数据生成。

具体而言，测试数据生成方式如下：每台机器 $i \in \mathcal{M}$ 从表 2.1 中给出的四类机型中随机选择，具有该机型对应的处理速度 v_i (cm³/min) 和功率 ER_i [(kW·h)/min]。每个工件 $j \in \mathcal{J}$ 的总移除量 TRA_j (cm³) 预先给定，为 $[100, 5000]$ 内的均匀分布随机数。工件 j 在机器 i 上的期望处理时间为 $E_{i,j}^p = \mathrm{TRA}_j / v_i$、期望功率为 $E_{i,j}^q = \mathrm{ER}_i$。实际加工时间

表 2.1　四种铣床的能耗与加工速度分析 [4]

	加工中心 (2000)	数控铣床 (1998)	数控铣床 (1988)	手动铣床 (1985)
加工材料类型	钢	钢	钢	钢
切削速率/(cm³/min)	282	72	72	21
单位切削能耗/(kJ/cm³)	60	10	20	21
能耗功率/[(kW·h)/min]	4.7	0.2	0.4	0.1225

$p_{i,j}$(min) 为区间 $[(1-\epsilon_1)E_{i,j}^p, (1+\epsilon_1)E_{i,j}^p]$ 内的随机整数，实际加工功率 $q_{i,j}[(\text{kW·h})/\min]$ 为区间 $[(1-\epsilon_2)E_{i,j}^q, (1+\epsilon_2)E_{i,j}^q]$ 内的随机整数，其中 ϵ_1 和 ϵ_2 是反映工件加工时间、加工能耗随机性的参数。制造期上限 B 选

择为 $B = \alpha \cdot \dfrac{\sum\limits_{i=1}^{M}\sum\limits_{j=1}^{N} p_{i,j}}{M^2}$，其中 α 是控制生产紧急程度的参数。所有问题

参数在表 2.2中列出。

表 2.2　测试数据参数设置

参数	取值	取值类型数
工件数量 (N)	50/100/150/200	4
机器数量 (M)	5/10/20	3
加工速度 (v_i)	(282/72/72/21)/(cm³/min)	1
能耗功率 (ER_i)	(4.7/0.2/0.4/0.1225)/[(kW·h)/min]	1
总加工量 (TRA_j)	区间 [100,5000] 上的均匀分布 /cm³	1
加工时长随机性参数 (ϵ_1)	0.3	1
加工能耗随机性参数 (ϵ_2)	0.2	1
生产紧急程度参数 (α)	1.5	1

　　分时电价政策的具体设定在不同国家或地区之间差异很大，但一般可以分为两大类：第一类是一天内电力价格只有少数几次变化，第二类是短时间内电价频繁波动（例如每半小时变化一次）。本书第 1 章中描述的北京市商业化分时电价标准正是第一类设定的典型案例，我们将北

京市冬季电力价格如图 2.5(a) 所示，作为两种分时电价方案之一，在后续计算实验中以 TOU1 表示。在能源市场高度发达的欧洲国家经常采取第二类电价政策。例如意大利能源市场按照每半小时变化的价格向客户供电[61]，如图 2.5(b) 所示，后续计算实验中称为 TOU2。值得一提的是，两

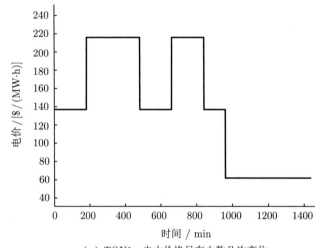

（a）TOU1：电力价格只有少数几次变化

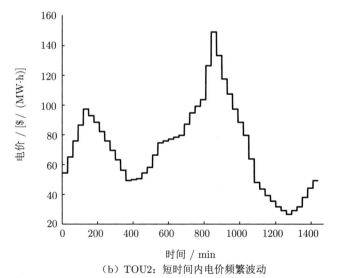

（b）TOU2：短时间内电价频繁波动

图 2.5　测试算例分时电价设定

类电价曲线的时间零点均选取为当天上午 7 时，结束时刻为次日上午 7 时，这是因为制造商通常在清晨而不是午夜开始生产加工。

2.4.2 模型与算法性能测试

为了评价所提出的模型与算法的性能表现，在不同分时电价（即 TOU1 和 TOU2）与问题规模（即不同 M 和 N）设定下测试了混合整数规划模型和列生成启发式算法的有效性。虽然问题参数 ϵ_1，ϵ_2 与 α 的取值也会影响优化性能，但初步计算评估表明模型算法求解效率主要受问题规模和分时电价设置的影响。这一结果与规划模型规模一致：基于时间区间变量模型的决策变量数量与 M, N 和 K 成正比，与其他参数无关。为了简洁起见，将 N 个工件、M 台机器的问题算例简化表示为 $N \times M$ 算例，每个设定下分别生成五个独立算例。混合整数规划模型采用 CPLEX 12.6 默认参数设置求解，求解时间上限为 3600s。

为了评价两种方法求解效果的优劣，首先定义最优解下界 BB。该下界根据规划模型求解过程和列生成过程得到的下界共同计算得出：

$$\mathrm{BB} = \max\ \{\mathrm{LB_{MILP}}, \mathrm{LB_{CG}}\} \tag{2-46}$$

其中，$\mathrm{LB_{MILP}}$ 由 CPLEX 求解器在分支切割过程中的模型线性松弛给出，而 $\mathrm{LB_{CG}}$ 则是根据列生成过程第一次内循环时 LMP 求解结果给出。基于下界定义，最优解间隙由式 (2-47) 给出：

$$\mathrm{Gap} = \frac{\mathrm{BV} - \mathrm{BB}}{\mathrm{BB}} \times 100\% \tag{2-47}$$

其中，BV 表示由混合整数规划模型或列生成算法得到的目标函数值。

表 2.3给出了电价变化不频繁时（TOU1）的算法效果评估，表中数值为五个算例的平均性能。根据表中数据可以看出，TOU1 设定下混合整数规划模型不论在求解速度还是优化效果方面均优于列生成启发式算法。模型可在给定时限内完成所有测试算例求解，200 个工件规模算例的最优解间隙也不超过 0.03%。这一结果表明：基于时间区间变量的混合整数规划模型可以非常有效地求解电价变化不频繁情形下的 UPMSEC 问题。

表 2.3　分时电价方案 TOU1 设定下算法性能比较

规模	CPLEX (混合整数规划模型)					列生成启发式算法			
	BB	LB	BV	Gap/%	耗时/s	LB	BV	Gap/%	耗时/s
50×5	11 049	11 049	11 049	0.00	7	11 049	11 052	0.03	8
50×10	5 964	5 964	5 964	0.00	12	5 962	5 970	0.09	12
50×20	6 094	6 094	6 095	0.00	130	6 087	6 114	0.34	23
100×5	11 134	11 133	11 135	0.00	152	11 134	11 134	0.00	174
100×10	9 232	9 232	9 232	0.00	188	9 232	9 234	0.02	144
100×20	9 648	9 647	9 649	0.00	57	9 648	9 701	0.56	57
150×5	16 501	16 499	16 503	0.00	431	16 501	16 501	0.00	2 844
150×10	11 705	11 704	11 706	0.00	13	11 705	11 716	0.09	922
150×20	14 564	14 561	14 568	0.03	3 295	14 564	14 632	0.47	418
200×5	29 143	29 143	29 145	0.00	121	29 143	29 155	0.04	5 009
200×10	13 263	13 262	13 265	0.00	909	13 263	13 299	0.27	2 713
200×20	16 743	16 737	16 746	0.02	3 600	16 743	16 868	0.75	1 627

表 2.4 给出了电价频繁变化时（TOU2）的算法效果评估。结合表 2.3 数据可知，电价区间个数增多显著影响了规划模型求解性能。对于工件数量不超过 100 的算例，模型无法在给定时限内最优求解，但可找出问题可行解，解的最优解间隙在 0.44%~1.99% 变化。对于 150 个工件以上规模算例，求解器甚至无法在限定时间内给出问题可行解。与之相比，列生成启发式算法的表现则稳定很多，它可为所有问题算例构造出可行解，对于所有规模算例最优解间隙均不超过 1%。这一计算结果表明，列生成启发式算法在频繁波动的能源价格下仍能很好地解决 UMPSEC 问题。值得一提的是，当 N/M 比值较小时（例如小于 15），列生成算法收敛迅速，200×20 这一最大规模算例的求解仅耗时 580.7s。另外，当 N/M 相对较大时（例如大于 30），算法收敛速度减慢，200×5 算例的求解需要 9080.7s 才可最终收敛。这一现象源于列生成算法的退化效应[107]：由于每台机器上需要加工大量的工件，因此工件所对应的对偶变量信息并不准确，致使算法收敛缓慢。

表 2.4　分时电价方案 TOU2 设定下算法性能比较

	CPLEX (混合整数规划模型)				列生成启发式算法			
规模	BB	LB	BV	Gap/%	耗时/s	LB	BV	Gap/%	耗时/s
50×5	8 340	8 340	8 399	0.71	3 600	8 329	8 344	0.05	64
50×10	3 640	3 640	3 656	0.44	3 600	3 619	3 645	0.15	15
50×20	2 474	2 464	2 495	0.86	3 600	2 474	2 491	0.68	9
100×5	8 719	8 719	8 892	1.99	3 600	8 718	8 725	0.07	935
100×10	5 210	5 210	5 282	1.38	3 600	5 209	5 224	0.26	145
100×20	4 708	4 704	4 766	1.22	3 600	4 708	4 728	0.42	49
150×5	12 927	12 927	NA	NA	3 600	12 926	12 935	0.12	3 403
150×10	8 081	8 077	NA	NA	3 600	8 081	8 105	0.30	1 064
150×20	6 590	6 585	NA	NA	3 600	6 590	6 621	0.46	123
200×5	20 842	20 841	NA	NA	3 600	20 842	20 868	0.11	9 081
200×10	9 962	9 959	NA	NA	3 600	9 962	9 986	0.25	4 258
200×20	9 776	9 769	NA	NA	3 600	9 776	9 815	0.40	581

2.4.3　多目标优化实验效果

ECG 算法通过解决一系列不同完工时间限制下的 UPMSEC 问题获得 $C_{\max}$ 与 TEC 多目标优化的近似帕累托前沿。算法设计思路中，继承列方法可以加速列生成过程的执行。本节首先从算法运行时间角度验证 ECG 算法的有效性。假设可能的最小制造期上限是 $B_{\min} = B_0$，而最大允许的制造期上限默认为 $B_{\max} = 1440$。制造期递增步长设置为 $\Delta B = 0.1 \times (B_{\max} - B_{\min})$。因此可通过求解一系列 $\left(\dfrac{B_{\max} - B_{\min}}{\Delta B} + 1 \right) = 11$ 个不同制造期限制下的 UPMSEC 问题，获得近似帕累托前沿。根据 ECG 算法原理，只有第一个 UPMSEC 问题（即制造期上限为 B_0 的问题）需要经历完整的列生成过程，而其余 10 个问题均采用继承列的方式加速求解。

图 2.6 给出了解决所有 11 个 UPMSEC 问题时 ECG 中列生成部分的执行时间比较。由于问题规模多达 24 个，所以只给出 TOU2 设定下 50×5 和 200×20 这两类算例的执行时间结果分析，它们分别是小规模与大规模算例的代表。从图中可以清楚地看出，第一个 UPMSEC 问题的

求解耗时显著高于其他 10 个问题。这表明所提出的 ECG 方法确实加速了列生成过程的收敛，在实际场景有限计算资源的限制下，这一加速可以提高算法的实用性。

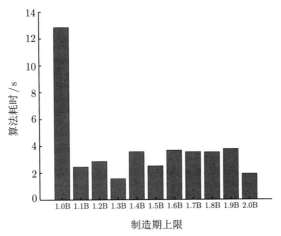

（a）小规模算例：50×5

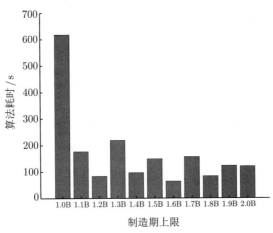

（b）大规模算例：200×20

图 2.6　ECG 算法中不同制造期限制时列生成过程的执行时间

图 2.7给出了 50×5 和 200×20 这两类算例的近似帕累托前沿。图中可以看出制造期和能源成本之间的明显折中。实际决策过程中，制造商可以在近似帕累托前沿上做出合适选择，从而在生产效率与能源成本之间找到一个合理的均衡。

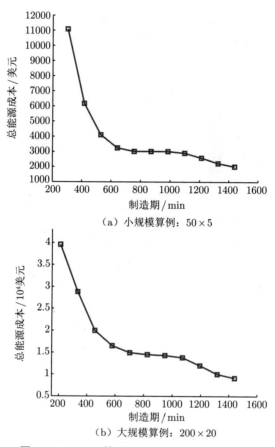

（a）小规模算例：50×5

（b）大规模算例：200×20

图 2.7 ECG 算法所求得的近似帕累托前沿

2.4.4 管理启示和环境影响

本节基于优化模型求解结果讨论分时电价背景下的生产管理启示，以及制造业针对分时电价做出响应后的潜在环境影响。具体而言，以 TOU1 设定下中规模算例 100×10 的求解结果为基础，回答以下两个问题：

1. 决策者应如何确定制造期上限？
2. 如果制造商以模型求解结果给出的调度方式对分时电价政策作出响应，可能的环境影响是什么？

A. 制造期上限决策

图 2.8 描述了 100×10 算例 $C_{\max}$ 与 TEC 之间的权衡。从图中可以

看出，随着制造期上限的逐渐放宽，能源成本呈现明显的下降趋势。整个
参数变化过程能源成本变动大致可划分为三个阶段：快速下降阶段、平稳
阶段与缓速下降阶段。

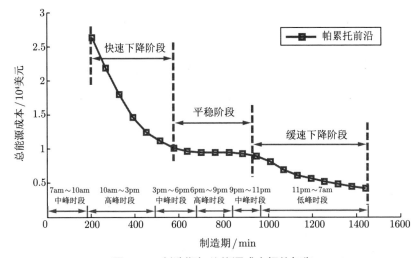

图 2.8   制造期与总能源成本间的权衡

在制造期上限增长的初始阶段，能源成本随着制造期约束的放宽而
显著下降。考虑到这一阶段电价相对较高，能源成本下降的主要原因是
将工件调度在更加节能的机型上进行加工。一般而言，这些机器加工速
度较慢，但能耗也较低，制造期上限放宽可充分利用这类机型的低能耗特
性。快速下降阶段后，能源成本曲线趋于稳定。这一现象的出现是由于平
稳阶段的能源价格较高，且能量效率高的机型已被充分利用，继续放宽制
造期限制带来的能源成本下降有限。稳定阶段持续到电价高峰期的结束，
此后能源成本曲线呈现平稳下降趋势，这一下降是因为制造期上限进入
电价非高峰期时段，带来了用电成本的优化空间。

生产指标和能耗指标权衡的三阶段曲线为生产管理提供了启示，可
帮助制造商更加合理地决策分时电价背景下的制造期上限。在第一阶段，
分时电价不应成为决策者主要关注的问题。只要放宽加工时间上限限制，
必然可以保证能源效率高的机器得到更充分的利用，从而降低能源成本。
在第二、第三阶段，决策者必须适当地对电价设定方案作出反应，这是因
为不同电价方案将导致不同的稳定阶段持续时间。如果稳定阶段持续时

间较长（例如图 2.8中的示例曲线），则应将加工期限设置在稳定阶段的起始点，更宽松的制造期对于能源成本下降意义不大。另外，如果稳定阶段只持续很短时间（甚至消失），那么决策者就必须更详细地分析近似帕累托前沿曲线，以在两类指标间达成合理折中。

B. 能源消耗与环境影响

下面将对所有机器的能耗总和进行整体考虑，通过描绘车间整体能耗曲线，分析模型求解方案下制造商在宏观上如何对分时电价方案作出响应。

图 2.9给出了宏观意义上所有加工操作的实时能耗功率曲线。由图中可以看出，高峰时段（10am～3pm，6pm～9pm）与中峰时段（7am～10am，3pm～6pm，9pm～11pm）的实时功耗较低，而非高峰时段（11pm～7am）的实时功率显著升高。这样的能耗曲线与智能电网中负载管理的思想一致：通过电价的波动，鼓励消费者（即制造商）将用电由高峰时段转移到非高峰时段，从而缓解电网压力，提高整体能源利用效率。

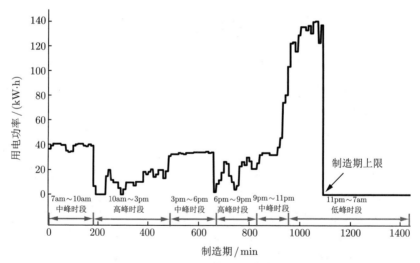

图 2.9　分时电价背景下不同时刻的车间整体用电功率

基于上述观察，可以证实本章提出的调度模型与算法策略具有潜在的积极环境影响，制造商对"分时电价"政策的积极响应有助于将能源需求保持在基本负荷设备足以满足需求的水平。如本书第 1 章所述，备用发电设备的碳排放量高于基本发电设备的碳排放量，因此从智能电网的角度来看，制造商的需求响应可以降低电网的整体碳排放水平，对于减缓全球变暖现象有一定意义。

2.5　小　　结

本章研究了分时电价背景下并行机制造系统的能源成本优化问题。针对该问题，提出了基于时间区间变量的混合整数规划模型与基于 Dantzig-Wolfe 分解方法的列生成算法。在电力价格长时间保持稳定的分时电价设定下（例如每 3~5h 电价变化一次），所提出的规划模型可以完成所有测试算例的求解，200 个工件规模算例的最优解间隙不超过 0.03%。当能源价格波动频繁（每半小时变化一次）时，规划模型的性能显著恶化，甚至无法为大型、中型算例给出可行解。与之相比，列生成启发式算法在不同的分时电价设定下表现稳定，给出了所有算例的近似最优解，最优解间隙不超过 1%。

通过求解一系列不同制造期上限的能源成本优化问题，可以得到同时优化制造期与能源成本的多目标优化问题的近似帕累托前沿。书中采用继承列的思路加速了列生成算法运算速度，并基于计算实验分析了不同制造期上限设定与总能源成本之间的关系。分析结果显示，随着制造期的逐渐放宽，能源成本的变化趋势可归类为三个阶段：快速下降阶段、平稳阶段和缓速下降阶段。这一分析有助于决策者在生产效率与能源成本之间达成合理折中。

第 3 章　峰值功率约束下的制造期调度优化

本章研究峰值功率上限约束下的并行机调度问题。具体地，这一问题指的是通过合理决策工件的加工机器与开工时间，从而在保证任意时刻车间总加工功率不超过上限 Q 的条件下，最小化制造期 $C_{\max}$。该问题与传统调度优化有着显著不同，核心难点是对每一时刻车间功率的刻画。

问题建模方面，提出了三类混合整数线性规划模型：时间离散化模型、离散事件点模型与基于排序的离散事件点模型。优化方法方面，分析了最优解的无间断结构性质，基于分解优化思路将原问题转化为工件排序主问题以及给定排序下开工时刻优化子问题。针对子问题，设计前沿更新策略将求解时间复杂度由 $O(N^3)$ 降低到 $O(MN)$[①]；针对主问题，设计基于邻域搜索策略的贪婪迭代算法。计算实验结果表明，时间离散化模型对于优化下界的估计较为准确，但模型规模受工件加工时长的影响很大，求解性能不稳定；两类离散事件点模型求解效率受加工时间的影响较小，稳定性更高。基于分解优化思路的贪婪迭代算法在小规模算例上的求解质量与运行时间方面均优于规划模型，且可求得所有已知最优解问题算例的最优解，在大规模算例上的求解性能也明显优于其他对比算法。最后分析了不同峰值能耗水平下制造期的变化趋势，探究了峰值能耗与制造期之间的权衡。

3.1　引　　言

节能生产调度领域最为常见的优化目标是总能耗最小化[26]，或者对分时电价背景下的企业能源成本进行优化[62]，而对峰值功率约束下调度

---

① 这里 M 表示机器数量，N 表示工件数量，且一般有 $M \ll N$。

问题的研究相对较少。考虑到电网往往会对制造企业的峰值能耗进行限制以保证全网稳定,因此对此类调度问题的研究有着重要的实际意义。对于生产调度而言,引入峰值功率约束需要计算每个工件加工过程中的能耗情况,这一设定明显不同于传统生产调度问题,需要设计全新的数学模型与优化算法对问题进行求解。此外在计算机处理器调度领域,由于峰值功率对处理器的供电与散热有重要影响,所以通过调节处理器运转速度以优化峰值功率的问题同样受到了广泛的研究关注[84-86]。由于并行机调度与并行处理器能耗优化调度的相似性,因此本章的工作对于该领域的调度问题也有一定的参考价值。

已有文献中考虑峰值功率背景的生产调度问题可分为两类,一类将峰值功率作为调度约束条件,另一类将峰值功率作为优化目标。对峰值功率进行约束方面,Bruzzone 等[81] 与方侃等[43] 展开了峰值能耗约束下的流水车间调度问题研究,Stock 等[82] 则探讨了该背景下的柔性加工车间调度问题。以峰值功率作为优化目标方面,Lorenz 等[83] 考虑了工业机器人驱动的生产系统的峰值功率优化问题。更为详细的文献回顾可参见本书第 1 章中的二级能源节能部分。从目前情况看,峰值功率约束下的并行机调度研究仍属空白。

就问题模型角度而言,虽然尚无文献研究峰值功率约束下的并行机调度问题,但本问题与一类带有额外资源约束的并行机调度问题有很强的相关性。Edis 等[149] 对这类问题进行了非常详尽的描述。从资源类型的角度,这类问题可分为单一资源约束[150] 与多类型资源约束[151];从加工属性的角度,可分为加工时间固定与加工时间随资源数量变化[152]。基于这一分类依据,本章中研究的问题属于加工时间固定的单一资源约束问题。上述文献为便于优化建模,通常假设资源数量为 1 或其他离散取值,而用电峰值能耗显然是连续取值,因此本章模型并不基于资源离散化假设。

就优化求解角度而言,峰值功率约束下的并行机调度问题与二维装箱问题[153] 和矩形条带装箱问题[154] 求解有一些相似之处。二维装箱问题指的是将一系列不同大小的矩形物品装入固定大小的矩形箱中,目标函数是使用尽量少的箱体完成所有物品装箱;二维矩形条带装箱问题指的是某个固定宽度的箱体,通过最小化箱体长度以将所有物品装入该箱内。对应于本问题，当机器数量无穷多时，可将工件视为矩形物品（宽为加工功率，长为加工时间），目标是将这些矩形物品装入宽度为峰值功率上限的箱体中，最小化制造期则对应于最小化二维矩形条带装箱问题中的箱体长度。注意到调度问题与装箱问题的这一对应关系，Fanju-Peyro 等[155] 将装箱问题模型的数学模型拓展到了资源约束下的并行机调度问题中，并基于这一模型设计了多种启发式算法进行问题求解。另外，Pedro 等[156] 研究了如何将调度问题数学模型拓展到装箱问题中，以提高装箱问题的求解效率。值得注意的是，调度问题中机器数量有限，需要引入机器独占性约束，因此等价的装箱问题也会发生变化，无法采用二维装箱问题的经典算法进行高效求解。相反地，本书设计的问题模型与求解算法只需取消机器独占性约束（或直接假设机器数量足够多），即可拓展到矩形条带装箱问题求解，从而为这一经典问题的求解提供了新的优化思路。

峰值功率约束下调度优化问题的核心难点在于对每一时刻车间功率的刻画，这导致所有工件的加工时刻决策相互耦合。为了克服这一难点，本章分别从基于模型最优求解与基于分解优化思路近优求解两个角度提出解决方案。相比于现有文献，主要贡献总结如下：

- 问题建模方面，现有研究多为额外资源约束下的并行机调度，大多采用时间离散化思路建模[149]。这一建模方案下，模型规模受工件加工时长影响，求解性能不稳定。我们注意到，仅对开工事件点所对应时刻引入功率上限约束即可刻画峰值功率约束，进而提出了两类离散事件点模型，保证了模型规模的鲁棒性，并通过计算实验验证了这两类模型的优化性能。

- 优化方法方面，现有研究多为基于装箱问题求解的简单构造型算法[155] 或无法保证优化性能的进化计算方法[157]。本书首先分析了最优解的无间断特性，继而采用将复杂问题转化、分解的求解思路，创新性地将高度耦合的复杂优化问题转化为简单的排序问题与开工时刻优化问题，并迭代求解，最后通过计算实验验证了这一优化思路在小规模算例上的最优性以及在大规模算例上的有效性。

3.2　问 题 建 模

3.2.1　问题描述

考虑峰值功率约束下的并行机调度问题 (parallel machine scheduling problem with peak power constraint, PMSPPC)。具体地，峰值功率约束指的是给定某个用电功率上限 Q, 并行机系统在加工过程中任意时刻的总用电功率均不能超过 Q。

并行机制造系统描述如下。考虑 N 个独立工件 $\mathcal{J} = \{1, 2, \cdots, N\}$ 在 M 台相同并行机 $\mathcal{M} = \{1, 2, \cdots, M\}$ 上加工处理的问题。对于工件而言，每个工件必须选择唯一一台机器进行加工，且满足加工连续性约束（即某个工件一旦开始加工就必须不间断地加工直至其完工）。对于机器而言，其加工必须满足加工独占性约束（即每台机器在同一时刻至多只能加工一个工件）。工件 $j \in \mathcal{J}$ 在任意机器上的加工时间为 p_j 的整数值，加工功率为 q_j。优化目标是在保证任意时刻用电功率不超过 Q 的约束下，最小化所有工件的最大完成时间（即制造期）[①]。

例 3.1　图 3.1中以 2 台机器, 6 个工件的 PMSPPC 问题为例，分别给出了不考虑峰值功率约束与考虑该约束情形下的最优调度甘特图及与其对应的功率曲线。从图中可以看出，是否考虑峰值功率约束极大地改变了问题解的结构。对于不考虑峰值功率约束的传统并行机调度问题，只需决策工件在机器上的最优分配方案，工件的加工开始时刻尽量早即可；而对于考虑峰值功率约束的并行机调度，不但需要决策工件分配方案，还需决策工件加工的先后顺序以及具体的开始加工时刻，以保证任意时刻的能耗功率均小于预先给定值 Q。

正如例 3.1 所示，将峰值功率约束考虑到优化模型当中将使新的调度问题明显不同于传统调度问题，而已有文献中少有数学模型对这一点进行刻画和比较。接下来针对该问题提出了三类混合整数线性模型：时间离散化模型、离散事件点模型和基于工件排序的离散事件点模型。这三类

---

① 本章模型中无须考虑机器的空转能耗，缘由如下：给定峰值功率上限 Q、每台机器空转状态功率 Q_0, 以及任意工件 $j \in \mathcal{J}$ 的加工功率 $q_j > Q_0$, 则可通过假设 $\hat{Q} = Q - MQ_0, \hat{q}_j = q_j - Q_0$, 将问题等价地转化为机器空转功率为 0, 工件功率为 $\hat{q}_j$, 峰值功率为 $\hat{Q}$ 的 PMSPPC 问题。

模型各有优劣，后续的计算实验中将对各类模型的适用范围进行探讨。

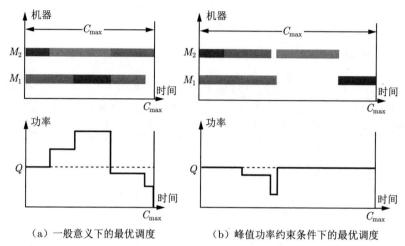

（a）一般意义下的最优调度　　　　　（b）峰值功率约束条件下的最优调度

图 3.1　　峰值功率约束对于调度结果的影响

3.2.2　时间离散化模型

第一个介绍的模型是时间离散化模型，这也是该问题求解最为直观的思路。首先对时间进行离散化处理，而后对离散化后的所有时间点引入加工功率上限约束。这一建模思路与 Edis 等关于资源约束背景下的并行机调度综述论文中提到的方法相近[149]。涉及的问题参数、决策变量以及时间离散化模型具体内容如下所示：

问题参数：

- $\mathcal{M}$：可用机器集合；
- $\mathcal{J}$：待加工工件集合；
- M：机器的个数；
- N：工件的个数；
- Q：峰值功率上限；
- p_j：工件 j 的加工时间；
- q_j：工件 j 加工过程中单位时间的能耗（功率）；
- B：制造期上限值。

决策变量：

- $C_{\max}$：连续变量，所有工件的最大完成时间（即制造期）；

- C_j：连续变量，工件 j 的完工时刻；
- y_{jt}：0-1 变量。当工件 j 在 t 时刻完成加工时为 1，否则为 0。

时间离散化模型：

$$\min \quad C_{\max} \tag{3-1}$$

$$\text{s.t.} \quad C_j \leqslant C_{\max}, \quad \forall j \in \mathcal{J} \tag{3-2}$$

$$C_j - \sum_{t=p_j}^{B} t y_{jt} = 0, \quad \forall j \in \mathcal{J} \tag{3-3}$$

$$\sum_{j \in \mathcal{J}} \sum_{s=t}^{\min\{t+p_j-1,\ B\}} y_{js} \leqslant M, \quad \forall t = 1, 2, \cdots, B \tag{3-4}$$

$$\sum_{t=p_j}^{B} y_{jt} = 1, \quad \forall j \in \mathcal{J} \tag{3-5}$$

$$\sum_{j \in \mathcal{J}} \sum_{s=t}^{\min\{t+p_j-1, B\}} q_j y_{js} \leqslant Q, \quad \forall t = 1, 2, \cdots, B \tag{3-6}$$

$$y_{jt} \in \{0, 1\}, \quad j \in \mathcal{J}, \quad \forall t = 1, 2, \cdots, B \tag{3-7}$$

该模型的优化目标式 (3-1) 为最小化制造期 $C_{\max}$，式 (3-2) 表明 $C_{\max}$ 下界为 $\max_{j \in \mathcal{J}} C_j$，决策变量 C_j 与决策变量 y_{jt} 的关系在式 (3-3) 中给出。考虑到 $C_{\max}$ 不受任何其他约束影响，因此最优决策下必然有 $C_{\max} = \max_{j \in \mathcal{J}} C_j$，这与制造期的定义一致。式 (3-4) 为机器独占性约束，表明任意时刻同时加工的工件数量不超过 M 个，之所以不单独对每台机器考虑独占性约束是注意到所有并行机都相同，因此无需对工件加工机器区分对待。式 (3-5) 为工件加工连续性约束，表明任意工件有且仅有一个完工时刻。模型中式 (3-6) 即为最核心的峰值功率约束，原理如下：由于工件加工不可中断，因此如果工件 j 在 $[t, t+p_j)$ 时间区间内完成加工①，那么在 t 时刻该工件必然处于加工状态，该时刻的功率需要累加 q_j。保证任意时刻所有工件加工状态的总功率之和不超过 Q，即可满足峰值功率约束。

---

① 注意，我们要求工件加工时长取整数值，因此开工时刻在 $[t, t+p_j)$ 区间内取值与开工时刻在 $[t, t+p_j-1]$ 区间内取值等价。

尽管时间离散化模型思路直观，对任意时刻功率刻画清楚，但该模型存在一个明显的弊端：模型规模随着加工时间上限的增大而增大。具体地，当工件加工时间较长时，制造期可能的上限 B 显著增大。考虑到模型中 0-1 决策变量数目为 NB，模型的计算效率严重依赖于算例中的工件加工时长数据，因此该模型性能并不稳定。为了克服这一弊端，后续介绍的两个模型不再对加工时刻进行离散化处理。

3.2.3　离散事件点模型

3.2.2 节中通过时间离散化的思路，保证所有时刻的加工功率均不超过功率上限 Q，从而满足峰值功率约束。然而从图 3.1 中可以看出，绝大多数时刻的加工功率值与前后时刻相同，只有当某个工件恰好开始或完成加工时，加工功率才会发生变化。又注意到工件完成加工必然带来整体加工功率的下降，不会违反峰值功率约束，因此只需工件开始加工这一事件对应时刻整体加工功率不超过 Q 即可。考虑到工件开始加工事件只发生 N 次，不再与制造期上限 B 有关，这将大大减少决策变量数目，使得模型对于工件加工时长不再敏感。根据这一思路，提出了下述基于离散事件点的混合整数线性规划模型。

决策变量：

- S_j：连续变量，工件 j 开始加工时刻；
- C_j：连续变量，工件 j 完成加工时刻；
- w_{jk}：0-1 变量，当工件 j 在工件 k 加工过程中开始加工时为 1，否则为 0；
- u_{jk}：0-1 变量，当工件 j 的开工时间大于或等于工件 k 的开工时间时（即 $S_j \geqslant S_k$）为 1，否则为 0；
- v_{jk}：0-1 变量，当工件 j 的开工时间小于工件 k 的完工时间时（即 $S_j \leqslant C_k - 1$）为 1，否则为 0。

离散事件点模型：

$$\min \quad C_{\max} \tag{3-8}$$

$$\text{s.t.} \quad C_j \leqslant C_{\max}, \quad \forall j \in \mathcal{J} \tag{3-9}$$

$$C_j = S_j + p_j, \quad \forall j \in \mathcal{J} \tag{3-10}$$

$$S_k - S_j \leqslant B(1 - u_{jk}), \quad \forall j, k \in \mathcal{J}, \ k \neq j \tag{3-11}$$

$$S_j - S_k \leqslant Bu_{jk} - 1, \quad \forall j, k \in \mathcal{J}, \quad k \neq j \tag{3-12}$$

$$S_j - C_k \leqslant B(1 - v_{jk}) - 1, \quad \forall j, k \in \mathcal{J}, \quad k \neq j \tag{3-13}$$

$$C_k - S_j \leqslant Bv_{jk}, \quad \forall j, k \in \mathcal{J}, \quad k \neq j \tag{3-14}$$

$$w_{jk} = u_{jk} + v_{jk} - 1, \quad \forall j, k \in \mathcal{J}, \quad k \neq j \tag{3-15}$$

$$\sum_{k \in \mathcal{J} \setminus \{j\}} w_{jk} \leqslant M - 1, \quad \forall j \in \mathcal{J} \tag{3-16}$$

$$q_j + \sum_{k \in \mathcal{J} \setminus \{j\}} w_{jk} q_k \leqslant Q, \quad \forall j \in \mathcal{J} \tag{3-17}$$

$$w_{jk}, u_{jk}, v_{jk} \in \{0, 1\}, \quad \forall j, k \in \mathcal{J}, \quad k \neq j \tag{3-18}$$

$$S_j \geqslant 0, C_j \geqslant 0, \quad \forall j \in \mathcal{J} \tag{3-19}$$

模型中的式 (3-8)~ 式 (3-9) 为目标函数 $C_{\max}$ 的定义，这与时间离散化模型中的定义方式相同。式 (3-10) 给出了完工时刻 C_j 与开始加工时刻 S_j 的数值关系，保证工件加工不可中断。式 (3-11)~ 式 (3-12) 保证了连续变量 S_j、S_k 与 0-1 变量 u_{jk} 的相对关系正确。这两式表明，当且仅当 $u_{jk} = 1$ 时，$S_k \leqslant S_j$。类似地，式 (3-13)~ 式 (3-14) 保证了连续变量 S_j、C_k 与 0-1 变量 v_{jk} 的相对关系正确。式 (3-15) 定义了 0-1 变量 w_{jk} 与 u_{jk}、v_{jk} 之间的关系，当且仅当 $u_{jk} = v_{jk} = 1$ 时（即 $S_k \leqslant S_j \leqslant C_k - 1$）才有 $w_{jk} = 1$，否则 $w_{jk} = 0$。值得注意的是，该约束中隐含地使用了 u_{jk} 和 v_{jk} 必然不同时为 0 这一问题性质。式 (3-16) 表示任意时刻同时加工的工件数量不超过 M 个，这保证了机器的加工独占性约束。式 (3-17) 是峰值功率的核心约束，表示在每个工件开始加工这一事件点时刻，所有正在加工工件的功率不超过 Q。考虑到整体车间最高功率时刻必然为这 N 个事件点时刻之一，因此该约束即可保证峰值功率不超过 Q。

模型改进

上述模型虽然正确，但仍存在一定程度的冗余。直观上来看，两个工件 j 和 k 的加工开始时刻必然存在先后关系，即 $u_{kj} + u_{jk} = 1$。但上述模型中无法纳入这一约束，这是因为两个工件的开工时刻可能完全相同，即 $S_j \geqslant S_k$ 与 $S_k \geqslant S_j$ 同时成立，从而使得 $u_{kj} + u_{jk} = 2$。下面对原模型进行修正，并通过分析问题性质使得模型进一步精简，而后给出模型的有效不等式。

首先考虑两个工件在相同时刻开始加工的问题。可以注意到，虽然 $S_j \geqslant S_k$ 与 $S_k \geqslant S_j$ 可以同时成立，但正是由于二者加工开始时刻相同，所以 j 和 k 开始加工这两个事件点对应的峰值约束只需考虑一次即可。这里约定如果两个工件同时开始加工，则默认序号小的工件在序号大的工件之前开始加工。修正后的决策变量 u'_{jk} 定义如下：

$$u'_{jk} = \begin{cases} 1, & \text{如果 } S_j > S_k \text{ 或} S_j = S_k, \text{ 且 } j > k \\ 0, & \text{否则} \end{cases}$$

基于 u'_{jk}，给出改进的模型如下。

改进的离散事件点模型：

$$\min \quad C_{\max} \tag{3-20}$$

$$\text{s.t.} \quad C_j \leqslant C_{\max}, \quad \forall j \in \mathcal{J} \tag{3-21}$$

$$C_j = S_j + p_j, \quad \forall j \in \mathcal{J} \tag{3-22}$$

$$u'_{jk} + u'_{kj} = 1, \quad \forall j, k \in \mathcal{J}, \ j > k \tag{3-23}$$

$$S_k - S_j \leqslant B(1 - u'_{jk}), \quad \forall j, k \in \mathcal{J}, \ j > k \tag{3-24}$$

$$S_j - S_k \leqslant Bu'_{jk} - 1, \quad \forall j, k \in \mathcal{J}, \ j > k \tag{3-25}$$

$$S_j - C_k \leqslant B(1 - v_{jk}) - 1, \quad \forall j, k \in \mathcal{J}, \ k \neq j \tag{3-26}$$

$$C_k - S_j \leqslant Bv_{jk}, \quad \forall j, k \in \mathcal{J}, \ k \neq j \tag{3-27}$$

$$w_{jk} = u'_{jk} + v_{jk} - 1, \quad \forall j, k \in \mathcal{J}, \ k \neq j \tag{3-28}$$

$$\sum_{k \in \mathcal{J} \setminus \{j\}} w_{jk} \leqslant M - 1, \quad \forall j \in \mathcal{J} \tag{3-29}$$

$$q_j + \sum_{k \in \mathcal{J} \setminus \{j\}} w_{jk} q_k \leqslant Q, \quad \forall j \in \mathcal{J} \tag{3-30}$$

$$u'_{jk} \in \{0, 1\}, \quad \forall j, k \in \mathcal{J}, \ j > k \tag{3-31}$$

$$w_{jk}, v_{jk} \in \{0, 1\}, \quad \forall j, k \in \mathcal{J}, \ k \neq j \tag{3-32}$$

$$S_j \geqslant 0, C_j \geqslant 0, \quad \forall j \in \mathcal{J} \tag{3-33}$$

该模型与修正前的模型仅有式 (3-23)～ 式 (3-25) 不同，这三个约束与 u'_{jk} 定义相一致，从而必然有 $u'_{jk} + u'_{kj} = 1$ 成立。上述模型之所以生效，是因为如果若干个工件在同一时刻开始加工时，那么这些工件中序号最大的工件所对应的 w_{jk} 值必然是准确的，则式 (3-29)～ 式 (3-30) 可正确反映该事件点所对应时刻的峰值功率约束。

基于改进的模型，可给出下列命题引入有效不等式，从而使得模型约束更紧，提高求解效率。

命题 3.1 以下不等式为混合整数规划模型式 (3-20)～ 式 (3-33) 的有效不等式：

$$w_{jk} + w_{kj} \leqslant 1, \quad \forall j, k \in \mathcal{J}, \ j > k \tag{3-34}$$

证明： 由于 w_{jk} 和 w_{kj} 均为 0-1 决策变量，所以 $w_{jk} + w_{kj}$ 的取值只可能是 0、1、2 三种情况，证明此命题只需证明 w_{jk} 和 w_{kj} 不同为 1 即可。下面采用反证法证明。

假设 $w_{jk} = w_{kj} = 1$，根据式 (3-28) 可知 $u'_{jk} + v_{jk} = u'_{kj} + v_{kj} = 2$。由于 u'_{jk} 和 v_{jk} 均为 0-1 决策变量，则必然有 $u'_{jk} = v_{jk} = u'_{kj} = v_{kj} = 1$，所以 $u'_{jk} + u'_{kj} = 2$。这与式 (3-23) 给出的 $u'_{jk} + u'_{kj} = 1$ 的约束相矛盾，命题得证。

命题 3.2 以下不等式为混合整数规划模型式 (3-20)～ 式 (3-33) 的有效不等式：

$$v_{kj} \geqslant u'_{jk}, \quad \forall j, k \in \mathcal{J}, \ j > k, \tag{3-35}$$

证明： 由于 v_{kj} 和 u'_{jk} 均为 0-1 决策变量，所以当 $u'_{jk} = 0$ 时，此约束恒成立。因此，只需证明当 $u'_{jk} = 1$ 时必然有 $v_{kj} = 1$ 即可。下面采用反证法证明。

假设存在某个可行解中的某对工件 j、k $(j > k)$ 满足 $v_{kj} = 0, u'_{jk} = 1$。因为 $u'_{jk} = 1$，所以由式 (3-24) 可知 $S_k \leqslant S_j$；因为 $v_{kj} = 0$，所以由式 (3-27) 可知 $S_k \geqslant C_j$，从而可以推出 $C_j \leqslant S_j$。根据 $C_j = S_j + p_j$ 且 $p_j > 0$，即可得出矛盾，命题得证。

命题 3.3 以下不等式为混合整数规划模型式 (3-20)～ 式 (3-33) 的有效不等式：

$$v_{jk} + v_{kj} \geqslant 1, \quad \forall j, k \in \mathcal{J}, \ j > k, \tag{3-36}$$

$$u'_{jk} + v_{jk} \geqslant 1, \quad \forall j, k \in \mathcal{J}, \ j > k, \tag{3-37}$$

证明： 首先证明式 (3-36)。采用反证法，假设存在某个可行解中的某对工件 j, k $(j > k)$，使得 $v_{jk} = v_{kj} = 0$ 成立。由式 (3-27) 可知，$C_k \leqslant S_j$

且 $C_j \leqslant S_k$。所以 $C_j = S_j + p_j \leqslant S_k = C_k - p_k \leqslant S_j - p_k$，即 $p_j + p_k \leqslant 0$。这与 $p_j, p_k > 0$ 矛盾，故而式 (3-36) 得证。

接下来证明式 (3-37)。同样采用反证法，假设存在某个可行解中的某对工件 j, k $(j > k)$，使得 $u'_{jk} = v_{jk} = 0$ 成立。由式 (3-25) 可知 $S_j \leqslant S_k - 1$，由式 (3-27) 可知 $S_j \geqslant C_k$。所以 $C_k \leqslant S_j \leqslant S_k - 1$，显然矛盾，故而式 (3-37) 得证。

相比时间离散化模型，离散事件点模型的核心优势在于式 (3-29)～式 (3-30) 中对机器独占性和峰值功率的处理。时间离散化模型中需要引入 $2B$ 个约束来刻画这两项约束，而本模型中只需 $2N$ 个约束，所以本模型在减少决策变量的同时减少了约束数量。值得注意的是，该模型也存在一些弊端：式 (3-24)～式 (3-27) 中引入了 $3N(N-1)$ 个涉及大数 B 的约束条件，影响了模型的求解效率。为了进一步降低涉及大数 B 的约束条件数量，使得模型变紧，接下来介绍基于工件排序的离散事件点模型。

3.2.4　基于工件排序的离散事件点模型

为了进一步减少涉及大数 B 的约束条件数量，需要引入工件开始加工时间顺序，并基于该顺序的序号进行问题建模。基于这一排序信息，只需关注排序顺序满足一定关系的部分工件加工时刻相对关系，无需对所有工件执行计算。由于本节引入的决策变量都与排序信息有关，这里统一增加上标 p，以与前述模型进行区分。为了模型表述简洁，定义加工位置集合 $\mathcal{P} = \{1, 2, \cdots, N\}$。

决策变量：

- S_l^p：连续变量，第 l 个开工工件的开始加工时刻；
- C_l^p：连续变量，第 l 个开工工件的完成加工时刻；
- x_{lj}^p：0-1 变量，第 l 个开始加工的是工件 j 时为 1，否则为 0；
- w_{lh}^p：0-1 变量。当排序 l 的工件在排序 h 的工件加工过程中开始加工时为 1（即 $S_h^p \leqslant S_l^p \leqslant C_h^p - 1$），否则为 0；
- z_{lhj}^p：0-1 变量。当排序 l 的工件在排序 h 的工件 j 加工过程中开始加工时为 1（即 $x_{hj}^p = 1, w_{lh}^p = 1$），否则为 0。

基于上述与排序顺序有关的决策变量，一般情形下排序 l 的工件的开工时刻不会与后续排序 $h(h > l)$ 的工件的加工过程相重叠，唯一的例

外是排序 l 与排序 h 的工件的开工时刻完全相同。考虑到开工时刻完全相同的情形下只需保证某个工件的功率计算正确即可，这类似于 3.2.3 节中提到的简化方法，因此这里只需定义 w_{lh}^p $(l > h)$ 即可。下面给出具体数学模型。

基于工件排序的离散事件点模型:

$$\min \quad C_{\max} \tag{3-38}$$

$$\text{s.t.} \quad C_l^p \leqslant C_{\max}^p, \quad \forall l \in \mathcal{P} \tag{3-39}$$

$$C_l^p = S_l^p + \sum_{j \in \mathcal{J}} p_j x_{lj}^p, \quad \forall l \in \mathcal{P} \tag{3-40}$$

$$\sum_{j \in \mathcal{J}} x_{lj}^p = 1, \quad \forall l \in \mathcal{P} \tag{3-41}$$

$$\sum_{l \in \mathcal{P}} x_{lj}^p = 1, \quad \forall j \in \mathcal{J} \tag{3-42}$$

$$S_l^p \leqslant S_{l+1}^p, \quad \forall l \in \mathcal{P} \backslash \{N\} \tag{3-43}$$

$$S_l^p - C_h^p \leqslant B(1 - w_{lh}^p) - 1, \quad \forall l, h \in \mathcal{P}, \ l > h \tag{3-44}$$

$$C_h^p - S_l^p \leqslant B w_{lh}^p, \quad \forall l, h \in \mathcal{P}, \ l > h \tag{3-45}$$

$$\sum_{h=1}^{l-1} w_{lh}^p \leqslant M - 1, \quad \forall l \in \mathcal{P} \tag{3-46}$$

$$z_{lhj}^p \geqslant x_{hj}^p + w_{lh}^p - 1, \quad \forall l, h \in \mathcal{P}, \ l > h, \quad \forall j \in \mathcal{J} \tag{3-47}$$

$$\sum_{j \in \mathcal{J}} q_j x_{lj}^p + \sum_{h=1}^{l-1} \sum_{j \in \mathcal{J}} z_{lhj}^p q_j \leqslant Q, \quad \forall l \in \mathcal{P} \tag{3-48}$$

$$w_{lh}^p \in \{0, 1\}, \quad \forall l, h \in \mathcal{P}, \ l > h \tag{3-49}$$

$$z_{lhj}^p \in \{0, 1\}, \quad \forall l, h \in \mathcal{P}, \ l > h, \quad \forall j \in \mathcal{J} \tag{3-50}$$

$$S_j^p \geqslant 0, C_j^p \geqslant 0, \quad \forall j = 1, 2, \cdots, N \tag{3-51}$$

模型中的式 (3-38)～式 (3-39) 定义了目标函数 $C_{\max}$ 与不同位置完工时刻的关系，而式 (3-40) 定义了不同位置工件开始加工时刻与完工时刻的关系。式 (3-41)～式 (3-42) 表示每个位置只有一个工件加工，每个工件也只选择一个位置，这保证了 N 个工件与排序中 N 个位置的一一对应关系。式 (3-43) 对不同位置间工件开工时刻的相对关系给出定义，而式

(3-44)~ 式 (3-45) 定义了工件开始时刻与前序工件加工过程的重叠关系。如 3.2.3 节讨论的那样，因为峰值功率计算不受影响，所以前序与后序工件开工时刻完全相同的情形无需单独考虑。类似于离散事件点模型，机器独占性约束在式 (3-46) 中给出，而峰值功率约束在式 (3-47)~ 式 (3-48) 中给出。

上述模型中通过引入基于开工时刻相对关系的变量，显著降低了不紧的约束个数。具体地，本模型中只有式 (3-44)~ 式 (3-45) 涉及大数 B，此类约束共有 $N(N-1)$ 个，仅为离散事件点模型此类约束数目的 1/3，因此模型相对更紧。虽然如此，这一模型仍然存在弊端：由于无法根据位置序号直接确定有重叠关系的工件编号，因此需要额外引入 0-1 决策变量 z_{lhj}^p 以计算重叠时刻的加工功率，这将显著地增加模型中 0-1 变量数目，降低模型求解效率。

综合上述三类模型的讨论，每类模型均有其优势与弊端。时间离散化模型约束更紧，但整数决策变量与约束数量过多，线性松弛问题很难高效求解；离散事件点模型的决策变量数目少，但模型约束不紧，分支切割过程运算缓慢；基于工件排序的离散事件点模型通过增加决策变量数目使得模型约束变紧，但大幅增加了优化过程中的可行分支数量，仍不能解决大规模问题算例。后续将在计算实验章节对这三类模型进行测试、分析与评价。

3.3 问题性质与分解

3.2 节中设计了 PMSPPC 问题的三类混合整数线性规划模型，但每类模型都有其弊端，显然不适用于大规模算例的求解。事实上，PMSPPC 是强 NP 难问题，基于规划模型的精确求解算法必然随着算例规模的增大而失效。本节将分析该调度问题结构性质，找出在多项式时间内可解的子问题，并设计高效算法对该子问题进行求解。

3.3.1 结构性质分析

定理 3.1 机器数量不小于 3 的 PMSPPC 问题是强 NP 难问题。

证明：令 $Q = \sum\limits_{j \in \mathcal{J}} q_j$，则任意工件的加工无需考虑加工功率问题，此

时 PMSPPC 问题与经典并行机调度问题等价。由于 P3||$C_{\max}$ 是强 NP 难问题，所以 PMSPPC 问题也是强 NP 难问题。

为了克服规划模型随着算例规模变大而必然失效的问题，本节将首先分析问题的结构性质，并基于此对原问题进行分解，然后提出分解后子问题的多项式时间最优求解算法。

定义 3.1　在 PMSPPC 问题的某个可行调度方案 ψ 中，如果任意工件 $j \in \mathcal{J}$ 都满足：

- 开始加工时间 $S_j = 0$，或
- 存在某个工件 $k \in \mathcal{J}$ 且 $k \neq j$，使得工件 j 的开工时刻恰好等于工件 k 的完工时刻，即 $S_j = C_k$

则称 ψ 为一个无间断调度方案。

换言之，如果引入一个在 0 时刻完工的虚拟工件，无间断调度方案表明每个工件的开工时刻必然等于另一个工件的完工时刻。由于只有在工件完工时刻系统的整体功率才可能下降，所以无间断调度本质上是一类时间优先加工策略（即工件在可行范围内尽早开始加工）。基于该定义，给出最优调度方案结构性质如下。

命题 3.4　任意 PMSPPC 问题算例都存在一个无间断调度最优解。

证明： 可以通过证明任意有间断调度方案 ψ 都可以转化为一个目标函数 $C_{\max}$ 不变差的无间断调度方案 ψ' 来证明任意 PMSPPC 问题算例必然存在一个无间断调度最优解。

对于有间断调度方案 ψ，其中必然存在某个工件 $j \in \mathcal{J}$，使得 $S_j > 0$ 且 $S_j \neq C_k$，$\forall k \in \mathcal{J} \backslash \{j\}$。定义集合 $\mathcal{J}_j = \{k \in \mathcal{J} | C_k \leqslant S_j\}$ 为工件 j 开工时已经完成加工的工件集合，则该工件开工前最后一个完成加工工件的完工时刻为

$$\underline{t_j} = \max \left\{ \max_{k \in \mathcal{J}_j} C_k, \ 0 \right\}$$

下面证明如果将 j 的开工时刻修改为 $S_j' = \underline{t_j}$，则得到的新调度方案 ψ' 仍为原问题的可行调度。

为了便于理解，在图 3.2中给出了工件 j 加工时刻调整前后对比示例图。令 $P_w(t)$、$P_w'(t)$ 分别表示原调度方案与调整后的调度方案在 t 时刻的总功率。根据 $\underline{t_j}$ 的定义可知，在区间 $[\underline{t_j}, S_j - 1]$ 上没有任何一个工件

完成加工，所以该区间上 $P_{\mathrm{w}}(t)$ 必然单调非减，即

$$P_{\mathrm{w}}(t) \leqslant P_{\mathrm{w}}(S_j - 1), \quad \forall t \in [\underline{t_j}, S_j - 1] \tag{3-52}$$

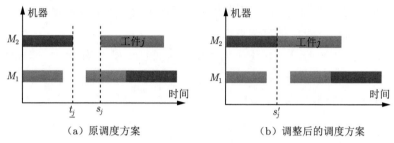

（a）原调度方案　　　　　　　　　　　（b）调整后的调度方案

图 3.2　调整前后的调度方案对比示例

由于 $S_j \neq C_k, \forall k \in \mathcal{J} \backslash \{j\}$，所以在 S_j 时刻仍没有工件完成加工，由此可知 $P_{\mathrm{w}}(S_j - 1) + q_j \leqslant P_{\mathrm{w}}(S_j)$。结合式 (3-52) 可得：

$$P_{\mathrm{w}}(t) \leqslant P_{\mathrm{w}}(S_j) - q_j, \quad \forall t \in [\underline{t_j}, S_j - 1] \tag{3-53}$$

下面考虑调整后的调度方案在不同时刻的总功率 $P'_{\mathrm{w}}(t)$。由于只有工件 j 的加工时刻提前，其他工件的加工时刻不变，因此 $t \geqslant S_j$ 区间的加工功率必然不增，仅需考虑 $t \in [\underline{t_j}, S_j - 1]$ 区间的功率。因为该区间内任意时间点的功率至多上升 q_j，同时结合式 (3-53) 可得：

$$P'_{\mathrm{w}}(t) \leqslant P_{\mathrm{w}}(t) + q_j \leqslant P_{\mathrm{w}}(S_j) \leqslant Q, \quad \forall t \in [\underline{t_j}, S_j - 1] \tag{3-54}$$

所以调整后的调度方案仍为问题可行解，且制造期不会增加。如果调整后的调度方案 ψ' 仍为有间断调度，则不断重复上述调整方案，直至 ψ' 转化为无间断调度。因此，任意可行调度方案 ψ 都可通过上述调整过程转化为一个目标函数值不变差的无间断调度方案，这说明必然存在一个无间断的最优调度方案。

例 3.2　为了进一步说明命题 3.4 证明中提到的可行解调整过程，在图 3.3 中给出了图 3.2 示例问题的后续调整过程。如图所示，所谓的无间断并不是指所有机器上的加工过程都是无间断的（例如图 3.3(b) 中的机器 M_1），而是整个车间视角下的加工无间断。这一性质给出了最优调度中工件开工时刻与完工时刻的关系，大幅度减小了优化决策空间。接下来基于全局最优解的无间断性质，进一步分析局部最优解的构造方案。

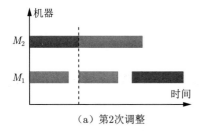

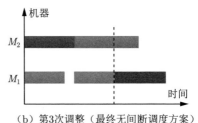

（a）第2次调整　　　　　　（b）第3次调整（最终无间断调度方案）

图 3.3　　方案调整过程

定义工件加工顺序向量 $\boldsymbol{\pi} = (\pi_1, \pi_2, \cdots, \pi_N)^{\mathrm{T}}$，其中 π_l 表示整个车间第 l 个开始加工工件的序号。基于该定义可知，给定开工顺序 $\boldsymbol{\pi}$，待加工的 N 个工件的开工时间必然满足 $S_{\pi_1} \leqslant S_{\pi_2} \leqslant \cdots \leqslant S_{\pi_N}$。下面的命题指出，贪心算法可以构造出已知工件开工顺序的 PMSPPC 问题最优解。

命题 3.5　　给定任意置换序列 $\boldsymbol{\pi}$，考虑所有满足

$$S_{\pi_1} \leqslant S_{\pi_2} \leqslant \cdots \leqslant S_{\pi_N} \tag{3-55}$$

的调度方案集合 $\Psi_{\boldsymbol{\pi}}$。那么在不违反机器独占性与峰值能耗约束条件下，按照顺序 $\boldsymbol{\pi}$ 依次为每个工件选择加工机器并保证该工件尽早开工所得到的调度方案 $\psi_{\boldsymbol{\pi}}^*$，就是可行调度集合 $\Psi_{\boldsymbol{\pi}}$ 中的最优调度方案。

证明：记上述构造过程中得到的调度方案为 $\psi_{\boldsymbol{\pi}}$。根据命题 3.5 中构造过程的定义可知，$\psi_{\boldsymbol{\pi}}$ 不会违反机器独占性与峰值功率约束，必然为问题可行解。下面证明该调度是集合 $\Psi_{\boldsymbol{\pi}}$ 中的最优解。值得一提的是，由于所有机器都相同，所以这里的调度方案无需确定工件具体在哪台机器上进行加工，在不违反机器独占性的条件下任意安排即可。

给定某个可行解 $\psi \in \Psi_{\boldsymbol{\pi}}$，按照命题中给出的贪心构造过程，依次判断 ψ 中各个工件开工时刻是否已经为最早。注意这里的判断并不考虑后续工件的加工情况。如果存在某个工件 π_l 的开工时刻 S_{π_l} 可以提前，则调整该工件的开工至最早可提前的时刻，并记调整后的调度方案为 ψ'。显而易见，调度方案 ψ' 在 S_{π_l} 时刻后任意时间点的总功率必然不增，且同时加工的工件数量也必然不增，从而满足机器独占性与峰值能耗约束，所以 ψ' 仍为问题可行解。不断重复上述调整过程，则可在所有工件完工时间不增的条件下将 ψ 转化成 $\psi_{\boldsymbol{\pi}}^*$，所以有：

$$C_{\max}(\psi_{\boldsymbol{\pi}}^*) \leqslant C_{\max}(\psi), \quad \forall \psi \in \Psi_{\boldsymbol{\pi}} \tag{3-56}$$

其中，$C_{\max}(\psi)$ 表示调度方案 ψ 的制造期。命题得证。

3.3.2　子问题求解

根据定理 3.1 与命题 3.5 可知，虽然 PMSPPC 问题是强 NP 难问题，但给定工件开工顺序的 PMSPPC 问题可采用贪心算法最优求解。因此，可将原问题优化转化为主问题与子问题的迭代求解。具体地，主问题优化排序方案 $\boldsymbol{\pi}$：

$$\min_{\boldsymbol{\pi} \in \Pi} C_{\max}(\psi_{\boldsymbol{\pi}}^*) \tag{3-57}$$

而子问题则在给定 $\boldsymbol{\pi}$ 的条件下，在解集 $\Psi_{\boldsymbol{\pi}}$ 中求取最优调度 $\psi_{\boldsymbol{\pi}}^*$：

$$\psi_{\boldsymbol{\pi}}^* = \arg\min_{\psi \in \Psi_{\boldsymbol{\pi}}} C_{\max}(\psi) \tag{3-58}$$

特别值得一提的是，虽然贪心算法可以在多项式时间内求得集合 $\Psi_{\boldsymbol{\pi}}$ 中的最优调度，但考虑到子问题需要迭代求解多次，其计算效率直接决定了算法的整体复杂度。如果严格按照贪心算法的定义进行实现，工件 π_l 的开工时刻则有 $C_{\pi_1}, C_{\pi_2}, \cdots, C_{\pi_{l-1}}$ 以及 0 时刻共计 l 个选项；而判断每个时刻是否满足机器独占性与峰值能耗约束，需要遍历前序的 $l-1$ 个工件。简单分析可知，这一实现方案复杂度为 $O(N^3)$。下面在算法 3.1 中给出贪心算法的高效实现。

算法 3.1　前沿更新算法

输入：工件开工顺序 $\boldsymbol{\pi}$

1: 初始化各台机器最早可行开工时间 $\mathrm{Cs}_i \leftarrow 0, i = 1, 2, \cdots, M$, 初始化该时刻其他机器加工功率总和 $\mathrm{Qs}_i \leftarrow 0, i = 1, 2, \cdots, M$

2: **for** $l = 1$ to N **do**

3: 　**for** $i = 1$ to M **do**

4: 　　**if** 工件 π_l 可在机器 i 上加工，即 $q_{\pi_l} + \mathrm{Qs}_i \leqslant Q$ **then**

5: 　　　更新机器 i 前沿相关临时变量：$\mathrm{CsNew} \leftarrow \mathrm{Cs}_i + p_{\pi_l}$, $\mathrm{QsNew} \leftarrow 0$, $\mathrm{Pos} \leftarrow M$

6: 　　　**for** $h = 1$ to $i - 1$ **do**

7: 　　　　更新机器 h 的前沿信息：$\mathrm{Cs}_h \leftarrow \mathrm{Cs}_i$, $\mathrm{Qs}_h \leftarrow q_{\pi_l} + \mathrm{Qs}_i$

8: 　　　**end for**

9: 　　　**for** $h = i + 1$ to M **do**

10: 　　　　**if** $\mathrm{Cs}_h < \mathrm{CsNew}$ **then**

11:　　　　　　　　　更新机器 h 的前沿信息：$\mathrm{Qs}_h \leftarrow \mathrm{Qs}_h + q_{\pi_l}$

12:　　　　　**else if** $\mathrm{Cs}_h = \mathrm{CsNew}$ **then**

13:　　　　　　　　　更新机器 i 前沿相关临时变量：$\mathrm{QsNew} \leftarrow \mathrm{Qs}_h$, $\mathrm{Pos} \leftarrow h$, break

14:　　　　　**else**

15:　　　　　　　　　更新机器 i 前沿相关临时变量：$\mathrm{QsNew} \leftarrow \mathrm{Qs}_{h-1} - q_{\pi_l} \cdot 1_{\{h \neq i+1\}}$,

　　　　　　　　　$\mathrm{Pos} \leftarrow h$, break

16:　　　　　**end if**

17:　　　**end for**

18:　　　更新机器 i 的前沿信息：$\mathrm{Cs}_i \leftarrow \mathrm{CsNew}$, $\mathrm{Qs}_i \leftarrow \mathrm{QsNew}$

19:　　　**for** $h = i$ to $\mathrm{Pos} - 1$ **do**

20:　　　　　$\mathrm{swap}(\mathrm{Cs}_h, \mathrm{Cs}_{h+1})$; $\mathrm{swap}(\mathrm{Qs}_h, \mathrm{Qs}_{h+1})$

21:　　　　**end for**

22:　　　break

23:　　**end if**

24:　**end for**

25: **end for**

输出： 开工顺序 $\boldsymbol{\pi}$ 下的最优制造期 $C_{\max}(\psi_{\boldsymbol{\pi}}^*) = \mathrm{Cs}_M$

　　算法 3.1 的整体思路如下：针对每台机器 i，记录前沿位置时刻 Cs_i（前沿位置是指满足机器独占性约束与开工时刻顺序约束时，该机器上的最早可行开工时间）与该时刻其他工件的总加工功率 Qs_i。每调度一个新的工件 π_l，则按照前沿时刻 Cs_i 非减的顺序依次判断 $\mathrm{Qs}_i + q_{\pi_l}$ 是否小于峰值功率 Q，并将工件 π_l 的开工时刻确定为首个满足峰值约束的前沿时间点。继而更新 Cs_i 和 Qs_i，迭代调度下一个工件 π_{l+1}。值得注意的是，迭代过程中始终保证前沿时刻随机器序号单调增，即 $\mathrm{Cs}_1 \leqslant \mathrm{Cs}_2 \leqslant \cdots \leqslant \mathrm{Cs}_M$，以快速确定最早可调度的时刻。

　　算法 3.1 流程中，核心步骤是对 Cs_i 和 Qs_i 的更新。为了对算法原理进行辅助说明，在图 3.4 中以 5 台机器算例为例，给出了第 $l = 7$ 轮循环时算法中不同机器前沿时刻 Cs_i, $i = 1, 2, \cdots, M$ 的物理意义。虚线框为本轮循环所确定的工件 π_l 的具体加工时段，实线框部分为前序迭代中已确定的工件加工信息。算法第 4~5 行基于 Cs_i 和 Qs_i 判断工件 π_l 最早的可行开工机器 i，并更新机器 i 新的前沿相关临时变量 CsNew，如图 3.4 所示。由于工件开工时刻必须满足顺序 $\boldsymbol{\pi}$，算法第 6~8 行将前沿时刻小于 Cs_i 的机器前沿调整为 Cs_i，并基于 Qs_i 与 q_{π_l} 对这些机器前沿能耗进行更新。图 3.4 中机器 1 的前沿时刻 $Cs_1 = Cs_2$ 是在前序迭代过程中调整后的结果，因而大于机器 1 上最后一个工件的完工时刻。

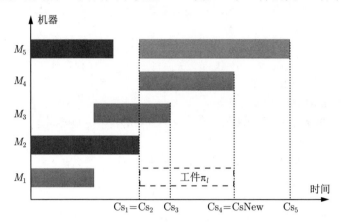

图 3.4　　前沿更新算法示例图（前附彩图）

　　算法 3.1 第 9~18 行对前沿时刻大于或等于 Cs_i 的机器前沿信息进行更新。图 3.4 中机器 3、机器 4、机器 5 的前沿时刻分别对应于算法中考虑的三种相对关系的可能性。三种情况分别分析如下：

（1）　机器 h 的前沿满足 $Cs_h < CsNew$。图 3.4 中，机器 $h = 3$ 对应于这一情形。根据图 3.4 可知，此情形下机器 3 的前沿位置与工件 π_l 重叠，因此更新其前沿功率为 $Qs_h = q_{\pi_l} + Qs_i$，如算法第 10~11 行所示。

（2）　机器 h 的前沿满足 $Cs_h = CsNew$。图 3.4 中，机器 $h = 4$ 对应于这一情形。根据图 3.4 可知，此情形下机器 h 的前沿功率恰好不受影响，无需更新。进一步地，由于前沿时刻相等，即 $CsNew = Cs_h$，可知工件 π_l 所在机器 i 的前沿功率必然也相等，即 $QsNew = Qs_h$，如算法 3.1 第 12~13 行所示。算法中的 break 指的是结束并跳出当前循环。

（3）　机器 h 的前沿满足 $Cs_h > CsNew$。图 3.4 中，机器 $h = 5$ 对应于这一情形。与上一种情形类似，机器 h 的前沿功率无需更新，唯一的不同点在于 $QsNew$ 的计算上。考虑到开工时间顺序约束，在前沿 Cs_{h-1} 与 Cs_h 之间必然没有工件开工；基于前沿的定义可知，Cs_{h-1} 与 Cs_h 之间也必然没有工件完工，所

以工件 π_l 所在机器 i 的前沿功率与 $h-1$ 机器前沿功率相等：$\mathrm{QsNew} = \mathrm{Qs}_{h-1} - q_{\pi_l} \cdot 1_{\{h \neq i+1\}}$，其中减去 $q_{\pi_l} \cdot 1_{\{h \neq i+1\}}$ 一项是考虑到前序机器前沿功率可能已经经由算法更改，不再表示 π_l 插入前的功率信息。具体实现如算法第 14~15 行所示。

完成所有前沿信息更新后，在第 19~21 行给出了前沿顺序的快速调整方案。算法中的 Pos 变量表示机器 i 在前沿更新后的排序，而 i 表示前沿更新前机器 i 的前沿排序，所以排序发生变化的仅有 i 与 Pos 之间的机器。通过对这一区间的机器前沿进行两两互换，即可得到前沿更新后的正确排序。

该算法的高效性主要基于前沿更新方法以及前沿排序的高效实现。算法的计算复杂度分析如下：考虑到第 22 行中的 break 操作，可知对于任意 $l \in \{1, 2, \cdots, N\}$，第 6~8 行、第 9~18 行、第 19~21 行的循环至多完整执行 1 次，一次循环的计算复杂度为 $O(M)$。由于 l 共有 N 种取值，所以整体计算复杂度为 $O(MN)$。相比于贪心算法 $O(N^3)$ 的时间复杂度，这一前沿更新算法大幅提高了子问题的计算效率[①]，使其可以有效处理大规模问题。3.4 节中将给出 PMSPPC 问题的完整优化算法。

3.4　贪婪迭代算法

基于命题 3.5，我们将 NP 难的原问题优化转化成主问题与子问题的迭代求解。由 3.3 节分析可知，子问题可以采用所提出的前沿更新算法高效求解。在本节中，我们将给出主问题的迭代型元启发式解决方案：贪婪迭代（iterated greedy, IG）算法。该算法旨在通过迭代优化当前解，以搜索得到最优或近优的排序方案 π。具体地，这一算法分为三部分：初始解生成过程、解构重构过程与邻域搜索过程，其中解构重构与邻域搜索过程将不断循环迭代执行，直至满足算法的终止条件。本节首先对上述三个过程以及算法的终止条件进行描述，而后给出 IG 算法的完整流程。

---

① 一般情况下，工件数 N 的取值远大于机器数 M。如果算例中出现 $M > N$ 的情况，考虑到每个工件只能选择一台机器加工，则至少有 $M - N$ 台机器上不调度任何工件，从而问题等效地转化为 N 个工件，N 台机器的问题。因此，可以默认 $M \leqslant N$。

3.4.1 初始解生成过程

每个待加工工件 $j \in \mathcal{J}$ 都有两个属性：加工功率 q_j 与加工时长 p_j，因此可将该工件表示为一个长为 p_j、宽为 q_j 的矩形，该矩形面积为 $p_j \cdot q_j$。一个制造期不超过 $C_{\max}$ 的可行调度要求将所有工件无重叠地布局在长为 $C_{\max}$、宽为 Q 的矩形内，且任意时刻同时加工的工件数不超过 M。为了优化 $C_{\max}$，直观上可以优先考虑面积较大的矩形布局，而后将面积较小的矩形填充到大矩形布局的空位中。基于这一思路，给出能耗排序构造算法：

算法 3.2　能耗排序构造算法

输入： 工件加工时长 p_j，$j \in \mathcal{J}$；加工功率 q_j，$j \in \mathcal{J}$，机器数量 M，功率上限 Q

1: 对所有工件按照对应的矩形面积非增排序，记排序后的工件序列为 π^{NI}
2: 初始化可选开工时刻集合为 $\mathcal{U} \leftarrow \{0\}$
3: **for** $l = 1$ to N **do**
4: 　　在集合 $\mathcal{U}$ 中确定工件 π_l^{NI} 的最早可行开工时刻 $te, (te \in \mathcal{U})$
5: 　　更新工件 π_l^{NI} 的开工时刻：$S_{\pi_l^{NI}} \leftarrow te$
6: 　　更新集合 $\mathcal{U}$：$\mathcal{U} \leftarrow \mathcal{U} \cup \{S_{\pi_l^{NI}} + p_{\pi_l^{NI}}\}$
7: **end for**
8: 计算调度方案制造期 $C_{\max} \leftarrow \max_{te \in \mathcal{U}} te$
9: 对所有工件按照开工时刻排序，记这一工件排序为 π

输出： 开工时刻顺序 π，制造期 $C_{\max}(\pi)$

考虑到工件所对应的矩形面积恰好等于该工件的总加工能耗，这里将初始解生成过程称为能耗排序构造算法。算法第 1~2 行将工件按总加工能耗非增排序为 π^{NI}，并初始化可选开工时刻集合 $\mathcal{U}$。算法第 3~7 行按照 π^{NI} 的顺序依次确定各工件开工时刻，并更新集合 $\mathcal{U}$。集合 $\mathcal{U}$ 的更新原理基于命题 3.4：最优方案中任意工件的开工时刻为 0 时刻或其他某个工件的完工时刻。完成所有工件开工时刻计算后，算法第 8~9 行计算车间制造期，并给出工件的开工时刻顺序 π。该序列 π 将作为后续迭代的初始解，通过不断执行解构重构、邻域搜索过程对其进行改进。

3.4.2 解构重构过程

解构重构是 IG 算法的核心步骤；顾名思义，该过程由解构阶段与重构阶段构成。算法执行过程中，首先将一些工件从当前解序列中移出，继而将这些工件依次插入到当前解序列中的最佳位置以重构出新的完整解序列。解构过程的核心思想是对当前解的扰动，而重构过程则是保证这一扰动不至过大，从而在全局探索与局部提升之间取得均衡。具体流程如算法 3.3所示。

算法 3.3　　解构重构过程

输入: 序列 $\boldsymbol{\pi}$

1: 初始化序列 $\boldsymbol{\pi}^R$ 和序列 $\boldsymbol{\pi}^D$: $\boldsymbol{\pi}^R = \varnothing$, $\boldsymbol{\pi}^D = \boldsymbol{\pi}$

2: **for** $k = 1$ to d **do**

3:　　在序列 $\boldsymbol{\pi}^D$ 中随机选择一个位置 $l \in \{1, 2, \cdots, N-k+1\}$，将该位置工件 π_l^D 从序列 $\boldsymbol{\pi}^D$ 中移出，并插入到序列 $\boldsymbol{\pi}^R$ 的末尾

4: **end for**

5: **for** $k = 1$ to d **do**

6:　　**for** $l = 1$ to $N - d + k$ **do**

7:　　　　通过算法 3.1给出的前沿更新算法评价将工件 π_k^R 插入到序列中第 l 个位置时的制造期

8:　　**end for**

9:　　将工件 π_k^R 插入到序列 $\boldsymbol{\pi}^D$ 中使得制造期最小化的位置

10: **end for**

输出: 序列 $\boldsymbol{\pi}^D$，制造期 $C_{\max}(\boldsymbol{\pi}^D)$

算法 3.3第 2~4 行为解构阶段，首先在当前解序列 $\boldsymbol{\pi}$ 中随机选择 $d, (d \in \{1, 2, \cdots, N-1\})$ 个工件，并从当前解中移出，将这一包含 $N-d$ 个工件的新序列记为 $\boldsymbol{\pi}^D$。此外，按照工件移出顺序，构建长度为 d 的序列 $\boldsymbol{\pi}^R$。算法第 5~10 行重构阶段，该阶段将序列 $\boldsymbol{\pi}^R$ 中的工件依次重新插入到 $\boldsymbol{\pi}^D$ 中，插入位置选择最小化制造期的位置。解构重构过程的主要计算复杂度在重构阶段，需采用前沿更新算法评价 $O(Nd)$ 个可行解，该过程的整体计算复杂度为 $O(MN^2d)$。

3.4.3　邻域搜索过程

重构后的解序列仍有优化的空间，可以采用组合优化中最为常用的邻域搜索策略对该解进一步优化。考虑到单一邻域搜索的局限性，设计了基于插入与互换操作的两类邻域结构，并设计了变邻域搜索（variable neighbor search, VNS）方法。

插入邻域和交换邻域分别基于两类基本的序列调整操作：插入操作与交换操作。这里首先给出两类操作的具体定义。

定义 3.2　插入操作指的是给定置换序列 $\boldsymbol{\pi}$，首先将序列中第 x 个位置的工件 π_x 移出，而后重新插入到原序列的第 y 个位置上 $(x \neq y)$。令 $\boldsymbol{\pi}_I(x,y)$ 表示执行上述操作后的新序列，则有：

$$
\boldsymbol{\pi}_I(x,y)
$$
$$
= \begin{cases} (\pi_1, \pi_2, \cdots, \pi_{y-1}, \pi_x, \pi_y, \cdots, \pi_{x-1}, \pi_{x+1}, \cdots, \pi_N)^{\mathrm{T}}, & \text{如果} x > y \\ (\pi_1, \pi_2, \cdots, \pi_{x-1}, \pi_{x+1}, \cdots, \pi_{y-1}, \pi_x, \pi_y, \cdots, \pi_N)^{\mathrm{T}}, & \text{如果} x < y \end{cases}
$$

定义 3.3　交换操作指给定置换序列 $\boldsymbol{\pi}$，将序列中第 x 个与第 y 个位置的工件进行互换 $(x > y)$。令 $\boldsymbol{\pi}_S(x,y)$ 表示执行上述操作后的新序列，则有：

$$
\boldsymbol{\pi}_S(x,y) = \begin{cases} (\pi_1, \pi_2, \cdots, \pi_{y-1}, \pi_x, \pi_y, \pi_{x+1}, \cdots, \pi_N)^{\mathrm{T}}, & \text{如果 } x = y+1 \\ (\pi_1, \pi_2, \cdots, \pi_{y-1}, \pi_x, \pi_{y+1}, \cdots, \\ \quad \pi_{x-1}, \pi_y, \pi_{x+1}, \cdots, \pi_N)^{\mathrm{T}}, & \text{如果 } x > y+1 \end{cases}
$$

基于上述定义，序列 $\boldsymbol{\pi}$ 的插入邻域指的是集合：

$$
\Pi_I(\boldsymbol{\pi}) = \{\boldsymbol{\pi}_S(x,y) \mid x,y \in \{1, 2, \cdots, N\}, x \neq y\} \tag{3-59}
$$

而交换邻域则指的是集合：

$$
\Pi_S(\boldsymbol{\pi}) = \{\boldsymbol{\pi}_S(x,y) \mid x,y \in \{1, 2, \cdots, N\}, x > y\} \tag{3-60}
$$

算法 3.4　变邻域搜索过程

输入： 序列 $\boldsymbol{\pi}$

1: 初始化计数变量 Count $\leftarrow 0$
2: **while** Count < 2 **do**
3: 　采用前沿更新算法评价 $\Pi_I(\boldsymbol{\pi})$ 中的所有序列，记其中制造期最短的序列为 $\boldsymbol{\pi}'$
4: 　**if** $C_{\max}(\boldsymbol{\pi}') < C_{\max}(\boldsymbol{\pi})$ **then**
5: 　　更新序列与计数：$\boldsymbol{\pi} \leftarrow \boldsymbol{\pi}'$, Count $\leftarrow 0$
6: 　**else**
7: 　　更新计数：Count $\leftarrow$ Count $+ 1$
8: 　　**if** Count $\geqslant 2$ **then**

9:　　　　break;
10:　　　end if
11:　　end if
12:　　采用前沿更新算法评价 $\Pi_S(\boldsymbol{\pi})$ 中的所有序列，记其中制造期最短的序列为 $\boldsymbol{\pi}'$
13:　　**if** $C_{\max}(\boldsymbol{\pi}') < C_{\max}(\boldsymbol{\pi})$ **then**
14:　　　更新序列与计数：$\boldsymbol{\pi} \leftarrow \boldsymbol{\pi}'$, $\mathrm{Count} \leftarrow 0$
15:　　**else**
16:　　　更新计数：$\mathrm{Count} \leftarrow \mathrm{Count} + 1$
17:　　**end if**
18: **end while**
输出：序列 $\boldsymbol{\pi}$，该序列制造期 $C_{\max}(\boldsymbol{\pi})$

序列 $\boldsymbol{\pi}$ 的邻域解共 $O(N^2)$ 个，前沿更新方法可在 $O(MN)$ 运算量内求得给定开工顺序 $\boldsymbol{\pi}$ 时的最优调度方案，因而邻域搜索的计算复杂为 $O(MN^3)$。变邻域搜索的具体流程在算法 3.4中给出，其输出必然是局部最优解。

3.4.4　接受准则与终止条件

邻域搜索完成后，需要决策新生成序列 $\boldsymbol{\pi}'$ 是否可以替代 $\boldsymbol{\pi}$ 进入下一轮迭代。为了兼顾全局探索与局部优化，这里采用类似于模拟退火算法的接受准则。具体地，对于任意 $\boldsymbol{\pi}'$，以概率 prob 接受它作为下一轮迭代的初始解。这一概率定义如下：

$$\mathrm{prob} = \min\left\{ \exp\left(\frac{C_{\max}(\boldsymbol{\pi}) - C_{\max}(\boldsymbol{\pi}')}{\mathrm{Tem}} \right), 1 \right\} \tag{3-61}$$

其中，参数 Tem 是控制退火温度参数，随算法的执行过程逐渐下降。不同算例背景下，这一温度参数设定不同，根据式 (3-61) 中的 $[C_{\max}(\boldsymbol{\pi}) - C_{\max}(\boldsymbol{\pi}')]/\mathrm{Tem}$ 一项可知，制造期越大，则对应的温度参数应越高。这里基于制造期下界 $C_{\max}^{\mathrm{LB}}$ 设定初始温度 $\mathrm{Tem}_s = T_0 \cdot C_{\max}^{\mathrm{LB}}$，其中 T_0 为待调节参数。该下界定义如下：

$$C_{\max}^{\mathrm{LB}} = \max\left\{ \frac{\sum\limits_{j \in \mathcal{J}} q_j p_j}{Q}, \frac{\sum\limits_{j \in \mathcal{J}} p_j}{M} \right\} \tag{3-62}$$

为了方便与其他算法的性能进行对比，采用最大执行时间 $t_{\max}$ 作为运行终止条件。考虑到实际迭代次数未知，这一终止条件对于温度更新过程有一定的影响。但注意到每轮迭代的计算量相当，因此可以在算法执行过程中对总迭代次数进行估算。下面给出迭代次数估算思路的自适应温度控制方法：

$$\beta_k = \frac{t(k)}{k} \cdot \frac{1/\text{Tem}_f - 1/\text{Tem}(k)}{t_{\max} - t(k)} \tag{3-63}$$

$$\frac{1}{\text{Tem}(k+1)} = \frac{1}{\text{Tem}(k)} + \beta_k \tag{3-64}$$

其中，$\text{Tem}(k)$ 表示第 k 轮迭代时的温度参数值，$t(k)$ 表示前 k 轮迭代的总执行时间。起始温度设置为 $\text{Tem}(1) = \text{Tem}_s = T_0 \cdot C_{\max}^{\text{LB}}$，终止温度设定为 $\text{Tem}_f = 1$。这一调温策略中，$t(k)/k$ 是基于前序迭代信息对迭代耗时的估算，而 $[1/\text{Tem}_f - 1/\text{Tem}(k)]$ 表示剩余迭代的期望温降速率。基于此动态控制方法，可针对不同规模、不同上限执行时间的算例求解给出合适的温降曲线，以便在全局探索与局部优化间保持均衡。

3.4.5 算法完整流程

基于前述对算法各模块的分析，这里在算法 3.5 中给出 IG 算法的完整流程。

算法 3.5　　贪婪迭代算法

1: (**初始解生成**)：采用能耗排序构造算法（算法 3.2）构造初始解，记该初始解对应的开工时刻序列为 $\boldsymbol{\pi}$

2: 初始化 $\text{Tem}(1) \leftarrow T_0 \cdot \min \left\{ \dfrac{\sum\limits_{j \in \mathcal{J}} q_j p_j}{Q}, \dfrac{\sum\limits_{j \in \mathcal{J}} p_j}{M} \right\}; \; k \leftarrow 0; \; t(0) \leftarrow 0$

3: **while** $t(k) < t_{\max}$ **do**

4:　　更新迭代次数：$k \leftarrow k + 1$

5:　　(**解构重构**)：采用解构重构过程（算法 3.3）对当前解序列 $\boldsymbol{\pi}$ 进行扰动，重构后的序列记为 $\boldsymbol{\pi}'$

6:　　(**变邻域搜索**)：采用基于插入邻域、交换邻域的变邻域搜索方法（算法 3.4）对解序列 $\boldsymbol{\pi}'$ 进行改进，完成邻域搜索后的序列记为 $\boldsymbol{\pi}''$

7:　　(**接受准则**)：以概率 prob 将序列 $\boldsymbol{\pi}$ 更新为：$\boldsymbol{\pi} \leftarrow \boldsymbol{\pi}''$。概率 prob 计算如下：

$$\text{prob} = \begin{cases} 1, & \text{若 } \Delta < 0 \\ \mathrm{e}^{-\Delta/\text{Tem}(k)}, & \text{若 } \Delta \geqslant 0 \end{cases}$$

其中 $\Delta = C_{\max}(\boldsymbol{\pi}'') - C_{\max}(\boldsymbol{\pi})$

8:　　记录截至当前的算法运行时间 $t(k)$。采用下式更新温度参数 $\text{Tem}(k)$:

$$\beta_k = \frac{t(k)}{k} \cdot \frac{1/\text{Tem}_f - 1/\text{Tem}(k)}{t_{\max} - t(k)}$$

$$\text{Tem}(k+1) = \frac{\text{Tem}(k)}{1 + \beta_k \text{Tem}(k)}$$

9: **end while**

输出: 算法运行过程中找出的最优解序列 $\boldsymbol{\pi}^{\text{Best}}$ 及其对应的制造期 $C_{\max}(\boldsymbol{\pi}^{\text{Best}})$

3.5　计　算　实　验

　　计算实验从三个角度展开。一是对比提出的三类混合整数线性规划模型的求解效率与适用情形;二是分析提出的 IG 算法在小规模、大规模算例上的实验效果以及与其他相关算法的性能比较;三是探讨不同峰值能耗水平对于制造期的影响。所设计的算法采用 C++ 编码实现,其中混合整数规划模型部分采用商业求解器 IBM ILOG CPLEX 12.6 求解。计算实验在操作系统为 Windows 7、处理器配置为 Intel Core i5-3210M 2.5GHz、内存配置为 8GB 的个人计算机上展开。

　　计算实验中考虑了不同机器数量、工件个数、峰值功率上限设定以及加工时间分布下的算法性能比较。其中工件个数 N 与加工时间 p_j 的分布参数对模型求解效果尤为重要,因此在后续实验中将有针对性地具体制定,这里首先给出通用参数的设置方法。

- 机器数量 M: $M \in \{2, 4, 8\}$;
- 加工能耗 q_j: 区间 $[1, 20]$ 上的独立均匀分布;
- 峰值功率上限 Q: $Q \in \{Q_{\text{L}}, Q_{\text{H}}\}$,其中 $Q_{\text{L}} = 25$, $Q_{\text{H}} = 50$。

　　为了叙述简洁,文中将 N 个工件、M 台机器、峰值功率为 Q_{L} (Q_{H}) 的算例简称为 N-M-Q_{L} (N-M-Q_{H}) 算例。此外,每个规模的算例随机生成 5 个,以保证算法性能比较结果的可信度。

3.5.1　规划模型性能比较

　　为了对比三类规划模型的优劣及适用情形,我们有针对性地设计了两类小规模问题算例。第一类算例中工件加工时间较短,所有工件的加工

时间 p_j 为区间 $[1, 10]$ 上的离散均匀分布；第二类算例中工件加工时间较长，加工时间 p_j 为区间 $[1, 100]$ 上的离散均匀分布。考虑到问题的强 NP 难特性，因此选择较小的工件个数以对模型性能进行对比。具体地，本节中工件个数 N 的可选集合为 $\{5, 10, 20, 30\}$。

为了在不同规模、不同难度的算例下对三类模型进行合理比较，我们采用最优解下界作为模型性能对比的参考，所有模型求解时间上限统一设定为 3600s。基于三类模型的求解过程与结果，给定特定问题算例后，优化下界 BB 如下计算：

$$\text{BB} = \max \left\{ \text{LB}_{\text{TI}}, \ \text{LB}_{\text{DE}}, \ \text{LB}_{\text{SDE}}, \ \frac{\sum\limits_{j \in \mathcal{J}} q_j p_j}{Q}, \ \frac{\sum\limits_{j \in \mathcal{J}} p_j}{M} \right\} \tag{3-65}$$

其中，LB_{TI}、LB_{DE}、LB_{SDE} 分别表示时间离散化模型、离散事件点模型与基于排序的离散事件点模型求解过程中，基于线性松弛方法所得到的问题下界。最后两项 $\dfrac{\sum\limits_{j \in \mathcal{J}} q_j p_j}{Q}$ 与 $\dfrac{\sum\limits_{j \in \mathcal{J}} p_j}{M}$ 分别对应基于峰值能耗约束的下界估计与基于机器独占性约束的下界估计。对于某个模型 A 给出的制造期 V_A，最优解间隙定义如下：

$$\text{Gap} = \frac{V_A - \text{BB}}{\text{BB}} \times 100\% \tag{3-66}$$

根据该定义，显然 Gap 值越小，模型性能越好。

表 3.1中给出了工件加工时间取值区间为 $[1, 10]$ 时规划模型的性能比较。该情形下工件加工时间的离散化程度高，通常出现于加工数据记录不精确或由于工艺特点导致加工时长有一定波动性的生产环境中。根据表中的实验数据可知，此情形下时间离散化模型的优化性能最佳，最优求解了 92% 的问题算例，平均最优解间隙仅为 0.16%，绝大多数问题算例在 1min 内完成最优求解。相反地，两类离散事件点模型虽然也能最优求解大部分问题算例，但平均耗时较长，且平均最优解间隙（分别为 1.09% 和 3.85%）显著高于时间离散化模型。这一计算结果与直观推测相吻合，时间离散化建模思路下的模型规模正比于车间制造期上限，然而这里考虑的算例制造期普遍不超过 100，并未带来模型规模的显著增大。

表 3.1　工件加工时间取值区间为 $[1, 10]$ 时规划模型性能比较

算例规模	BB	时间离散化模型			离散事件点模型			排序离散事件点模型		
		LB	Gap/%	耗时/s	LB	Gap/%	耗时/s	LB	Gap/%	耗时/s
5-2-Q_L	26.3	26.3	0.00	0.2	26.3	0.00	0.3	26.3	0.00	0.6
5-4-Q_L	21.9	21.9	0.00	0.4	21.9	0.00	0.3	21.9	0.00	0.4
5-8-Q_L	26.3	26.3	0.00	0.3	26.3	0.00	0.2	26.3	0.00	0.4
10-2-Q_L	36.2	36.2	0.00	1.4	36.2	0.00	4.5	34.6	0.00	3600
10-4-Q_L	41.7	41.7	0.00	2.0	41.7	0.00	16.3	41.7	0.00	799
10-8-Q_L	20.8	20.8	0.00	1.2	20.8	0.00	6.1	20.8	0.00	345
20-2-Q_L	60.3	60.3	0.00	1.2	26.9	0.00	3600	41.6	0.00	3600
20-4-Q_L	54.9	54.9	0.00	47.6	43.9	0.00	3600	11.0	2.00	3600
20-8-Q_L	36.2	36.2	0.00	61.2	36.2	0.00	1347	11.0	6.06	3600
30-2-Q_L	90.0	90.0	0.00	31.2	21.3	0.00	3600	34.2	0.00	3600
30-4-Q_L	98.7	98.7	0.00	262	29.6	5.56	3600	8.6	15.56	3600
30-8-Q_L	69.1	69.1	0.00	58.5	35.1	3.17	3600	6.4	17.46	3600
5-2-Q_H	14.3	14.3	0.00	0.2	14.3	0.00	0.3	14.3	0.00	0.4
5-4-Q_H	11.0	11.0	0.00	0.1	11.0	0.00	0.3	11.0	0.00	0.4
5-8-Q_H	24.1	24.1	0.00	0.5	24.1	0.00	0.2	24.1	0.00	0.4
10-2-Q_H	31.8	31.8	0.00	0.4	31.8	0.00	309	31.3	0.00	3600
10-4-Q_H	24.1	24.1	0.00	0.5	24.1	0.00	1.6	24.1	0.00	210
10-8-Q_H	21.9	21.9	0.00	0.5	21.9	0.00	1.2	21.9	0.00	50.3
20-2-Q_H	65.8	65.8	0.00	17.5	37.5	0.00	3600	46.0	0.00	3600
20-4-Q_H	55.9	55.9	1.96	3600	29.6	3.92	3600	13.8	3.92	3600
20-8-Q_H	64.7	64.7	0.00	85.2	41.7	0.00	3600	11.0	3.39	3600
30-2-Q_H	93.2	93.2	0.00	8.3	39.5	0.00	3600	34.7	0.00	3600
30-4-Q_H	57.0	57.0	1.92	3600	27.5	9.62	3600	14.6	25.00	3600
30-8-Q_H	86.7	86.7	0.00	154	29.9	3.80	3600	11.0	18.99	3600
平均	–	–	0.16	331	–	1.09	1720	–	3.85	2159

另外，从表 3.1 中还可观察到不同规模、不同功率上限问题算例的最优求解难易度对比。可以观察到，功率上限设定较紧时（$Q_L = 25$），各类模型求解难度降低。以时间离散化模型为例，所有 Q_L 设定下的问题算例均在 300s 内最优求解，而 Q_H 设定下求解时长显著提升，20-4-Q_H 和

30-4-Q_H 无法最优求解。这是因为峰值功率约束宽松时，同时加工的工件组合可能性显著增多，在组合优化层面可行的解空间变大，从而增加了模型求解难度。从算例规模的角度考虑，工件数量越多模型求解难度越大，这符合直观推测且与经典调度结果一致。相反，模型求解难度并不与加工机器数量呈简单的正相关性，相同的工件、峰值功率设定下，4 台机器的问题算例求解难度高于 2 台或 8 台机器的问题算例。这一现象可能的解释是机器数量较多时机器不再是稀缺资源，模型优化过程可很大程度上忽略机器独占性约束，降低求解难度；机器数量较少时，可行的机器分配方案减少，解空间也因此变小。因此，机器数量适中的问题算例反而求解难度最大。

表 3.2 中给出了工件加工时间取值区间为 $[1, 100]$ 时规划模型的性能比较。该情形下工件加工时间的离散化程度低，是更为常见的数据形式。根据表中的实验数据可知，此情形下离散事件点模型优化性能最佳，平均最优解间隙为 24.5%；时间离散化模型性能最差，平均最优解间隙为 32.6%。注意这里的最优解间隙实际上是该间隙的上限值，其原因在于当前模型无法确切求解部分算例最优解，只能以线性松弛下界替代。然而这一下界并不准确，从而显得各算法所求得的最优解间隙较大。虽然时间离散化模型在问题求解方面稳定性较差，但该模型所给出的线性松弛下界最紧，可以作为其他算法优化性能的参考。

表 3.2   加工时间取值区间为 $[1, 100]$ 时规划模型性能比较

算例规模	BB	时间离散化模型			离散事件点模型			排序离散事件点模型		
		LB	Gap/%	耗时/s	LB	Gap/%	耗时/s	LB	Gap/%	耗时/s
5-2-Q_L	180	180	0.0	14.0	180	0.0	0.3	180	0.0	0.3
5-4-Q_L	167	167	0.0	5.1	167	0.0	0.1	167	0.0	0.4
5-8-Q_L	92	92	0.0	0.1	92	0.0	0.0	92	0.0	0.1
10-2-Q_L	343	343	0.0	818.5	343	0.0	16.9	343	0.0	60.6
10-4-Q_H	178	178	0.0	165.4	178	0.0	4.1	178	0.0	452.5
10-8-Q_L	162	162	0.0	14.7	162	0.0	5.1	138	0.0	3600
20-2-Q_L	462	462	63.9	3600	246	59.1	3600	254	59.1	3600
20-4-Q_L	367	367	22.7	3600	213	17.5	3600	125	25.4	3600
20-8-Q_L	416	416	76.6	3600	219	69.1	3600	110	73.5	3600
30-2-Q_L	475	475	91.2	3600	200	84.9	3600	241	84.9	3600

续表

算例规模	BB	时间离散化模型			离散事件点模型			排序离散事件点模型		
		LB	Gap/%	耗时/s	LB	Gap/%	耗时/s	LB	Gap/%	耗时/s
30-4-Q_L	378	378	214.9	3600	227	107.4	3600	50	116.4	3600
30-8-Q_L	408	408	157.4	3600	196	100.2	3600	49	103.9	3600
5-2-Q_H	119	119	0.0	1.1	119	0.0	0.3	119	0.0	0.3
5-4-Q_H	87	87	0.0	0.7	87	0.0	0.1	87	0.0	0.0
5-8-Q_H	80	80	0.0	1.9	80	0.0	0.4	80	0.0	0.7
10-2-Q_H	245	245	0.0	16.1	245	0.0	508.0	245	0.0	12.7
10-4-Q_H	164	164	0.0	4.6	164	0.0	194.7	164	0.0	104.9
10-8-Q_H	149	149	0.0	30.6	149	0.0	7.4	99	0.0	3600
20-2-Q_H	510	510	0.0	722.1	225	0.0	3600	360	0.0	3600
20-4-Q_H	273	273	0.0	403.3	159	0.0	3600	109	0.0	3600
20-8-Q_H	189	189	9.0	3600	162	5.3	3600	97	7.9	3600
30-2-Q_H	409	409	92.1	3600	208	83.6	3600	220	83.6	3600
30-4-Q_H	311	311	28.6	3600	139	28.6	3600	108	51.1	3600
30-8-Q_H	264	264	25.4	3600	142	32.6	3600	98	79.9	3600
平均	–	–	32.6	1592	–	24.5	1831	–	28.6	2126

　　综合上述规划模型的实验比较结果，可以得出如下结论。制造期上限
低时，推荐采用时间离散化模型进行建模求解，这一设定部分消除了由于
整数决策变量数目庞大而导致的线性松弛求解缓慢的问题。相反地，制造
期上限高时，推荐采用离散事件点模型进行建模求解，该模型求解效率受
加工时间分布影响较小，鲁棒性与稳定性更高。

3.5.2　贪婪迭代算法性能验证

　　对 IG 算法的验证需要考虑两类算例，一是通过与规划模型给出的
最优解对比，判断 IG 算法在小规模算例上的表现；二是通过与其他求
解算法的性能对比，判断 IG 算法在大规模算例上的性能表现。基于计
算实验的参数校准，算法参数取为 $d = \min\{6, N/2\}$，温度参数取值为
$T_0 = 0.01$。

A.　小规模算例求解性能分析

　　首先是小规模问题上 IG 算法的性能验证。由于提出的三类规划模型
可最优求解一部分小规模问题，对于难以求解的问题也给出了有意义的

下界，因此可以在相同数据集上对比 IG 算法求解结果与规划模型给出的最优解（或最优解下界）的差异，以验证书中分解方法与思路的正确性与有效性。为简洁起见，这里只考虑了工件加工时间取值区间为 $[1, 100]$ 时的算例，这一问题优化空间更大，求解难度更高，更有利于测试算法性能。

表 3.3 中给出了小规模算例规划模型与 IG 算法性能比较的计算实验统计结果，其中 BV 一列对应于三类规划模型（以及 IG 算法）在同一问题算例上所能达到的最佳目标函数值，IG 算法运行时间上限设定为 10s。首先观察规划模型中最优解间隙为 0 的算例。由表 3.3 中数据可知，针对这些算例，IG 算法均给出了完全相同的目标函数值，证明了分解方法的正确与高效。而后观察最优解间隙不为 0 的算例。逐项对比两类算法给出的 BV 值可知，IG 算法在所有算例上给出的优化结果均优于或等同于规划模型给出的优化结果，进一步证明了它的全局寻优能力。此外在运行时间方面，IG 算法平均用时 10s，远远小于规划模型近半小时（1592s）的平均运行时间。综上可知，虽然书中设计的 IG 算法为近似求解算法，并不保证全局最优性，但其在求解质量与运行时间方面的优化性能均优于规划模型，且已求得所有已知最优解问题算例的最优解。

表 3.3　小规模算例规划模型与 IG 算法性能比较

算例规模	BB	规划模型			IG 算法		
		BV	Gap/%	耗时/s	BV	Gap/%	耗时/s
5-2-Q_L	180	180	0.0	14.0	180	0.0	10
5-4-Q_L	167	167	0.0	5.1	167	0.0	10
5-8-Q_L	92	92	0.0	0.1	92	0.0	10
10-2-Q_L	343	343	0.0	818.5	343	0.0	10
10-4-Q_L	178	178	0.0	165.4	178	0.0	10
10-8-Q_L	162	162	0.0	14.7	162	0.0	10
20-2-Q_L	462	735	59.1	3600	735	59.1	10
20-4-Q_L	367	431	17.5	3600	422	15.0	10
20-8-Q_L	416	703	69.1	3600	703	69.1	10
30-2-Q_L	475	878	84.9	3600	878	84.9	10
30-4-Q_L	378	783	107.4	3600	712	88.6	10
30-8-Q_L	408	816	100.2	3600	816	100.2	10
5-2-Q_H	119	119	0.0	1.1	119	0.0	10

续表

算例规模	BB	规划模型			IG 算法		
		BV	Gap/%	耗时/s	BV	Gap/%	耗时/s
5-4-Q_H	87	87	0.0	0.7	87	0.0	10
5-8-Q_H	80	80	0.0	1.9	80	0.0	10
10-2-Q_H	245	245	0.0	16.1	245	0.0	10
10-4-Q_H	164	164	0.0	4.6	164	0.0	10
10-8-Q_H	149	149	0.0	30.6	149	0.0	10
20-2-Q_H	510	510	0.0	722.1	510	0.0	10
20-4-Q_H	273	273	0.0	403.3	273	0.0	10
20-8-Q_H	189	199	5.3	3600	198	4.8	10
30-2-Q_H	409	751	83.6	3600	751	83.6	10
30-4-Q_H	311	400	28.6	3600	399	28.2	10
30-8-Q_H	264	331	25.4	3600	305	15.5	10
平均	–	–	24.2	1592	–	22.9	10

B. 大规模算例求解性能分析

接下来讨论大规模问题上 IG 算法的表现。本节中工件完工时间取为区间 $[1, 100]$ 上的离散均匀分布值，工件数量取值集合为 $N \in \{50, 100, 200, 400\}$。所有待比较算法的上限运行时间都设定为 $t_{\max} = MN^2$ ms。

考虑到问题的下界较难求得，这里需要与文献中类似问题的求解算法进行对比。虽然直接考虑峰值功率约束条件下的并行机调度问题较少，但 Fanjul-Peyro 等[155] 在研究资源约束下并行机调度问题中所给出的机器指派算法（machine-assignment fixing algorithm, MAF）与贪心修正算法（greedy-based fixing, GBF）的核心思路可以类比拓展到本问题求解。此外，考虑到 MAF 与 GBF 算法中涉及的规划模型只适用于很小规模的并行机调度求解，不适用于本节的大规模问题。这里将文献 [155] 中的规划模型部分采用基于插入邻域与互换邻域的变邻域搜索方法进行替代。特别地，对于 MAF 算法我们首先进行机器分配，而后基于邻域搜索算法决策不同工件的开工时间；对于 GBF 算法，不断固定前序工件的调度序列，并通过变邻域搜索方法优化后续部分的开工时间顺序，变邻域搜索运行时间在每轮迭代中均匀分配。基于上述思路实现的方法记为改进 MAF 算法与改进 GBF 算法，以示与原始方法的区别。

需要注意的是，规划模型在大规模算例上求解性能较差，无法给出满意的最优解下界。为了更合理地对上述近似求解算法性能进行对比，下面采用调度领域常用的平均相对百分比偏差（average relative percentage deviation, ARPD）指标[158-159]对比各算法的性能优劣，具体定义如下：

$$ARPD = \frac{1}{R} \sum_{r=1}^{R} \frac{C_r - C_R^*}{C_R^*} \times 100 \tag{3-67}$$

其中，C_r 表示针对特定算例某个对比算法在第 r 次运行时所给出的目标函数值，而 C_R^* 则表示所有对比算法运行完成后所求得的最佳目标函数值。为保证算法运行效果的稳定性，运行次数 R 取值为 5，即对于任意算例每个对比算法均独立重复运行 5 次。基于这一定义可知 ARPD 值越小则表明算法的相对寻优能力越强。

表 3.4 中给出了改进 MAF 算法、改进 GBF 算法与 IG 算法的求解结果对比。由于这三种对比算法用时设定相同，在表中耗时一列中统一给出。表 3.4 中 C_R^* 一列表示同一问题算例下所有算法所搜索到的最佳已知解。由表 3.4 可知，在所有算例平均意义下，IG 算法的 ARPD 值仅为 0.05，远远小于改进 MAF 算法与改进 GBF 算法的 ARPD 结果，充分说明了 IG 算法的有效性。从上述数据中还可看出，机器数量很少时（$N = 2$）优化问题相对易解，三类算法求解效果差距不大，机器数增多后求解难度显著提升；然而继续增加机器数量，将机器数量由 4 台增加至 8 台后优化求解难度并没有显著变化。这一现象同样可基于 3.5.1 节中关于可行解优化空间大小以及机器稀缺程度的分析予以解释。

表 3.4　大规模算例 IG 算法与其他对比算法性能比较

算例规模	耗时/s	C_R^*	改进 MAF 算法		改进 GBF 算法		IG 算法	
			BV	ARPD	BV	ARPD	BV	ARPD
50-2-Q_L	10	1263	1277	1.17	1345	6.54	1263	0.00
50-4-Q_L	20	950	1005	5.71	1036	9.03	950	0.07
50-8-Q_L	40	907	978	7.84	984	8.48	907	0.10
100-2-Q_L	40	2320	2362	1.79	2413	3.99	2320	0.04
100-4-Q_L	80	2427	2591	6.77	2760	13.73	2427	0.19
100-8-Q_L	160	2092	2218	6.02	2310	10.44	2092	0.15
200-2-Q_L	160	5005	5060	1.11	5190	3.70	5005	0.00

续表

算例规模	耗时/s	C_R^*	改进 MAF 算法		改进 GBF 算法		IG 算法	
			BV	ARPD	BV	ARPD	BV	ARPD
200-4-Q_L	320	4273	4561	6.73	4654	8.90	4273	0.09
200-8-Q_L	640	4152	4324	4.14	4502	8.42	4152	0.08
400-2-Q_L	640	10597	10713	1.10	10984	3.65	10597	0.00
400-4-Q_L	1280	8830	9197	4.15	9568	8.35	8830	0.10
400-8-Q_L	2560	8263	8491	2.76	8766	6.09	8263	0.05
50-2-Q_H	10	1086	1098	1.09	1125	3.63	1086	0.00
50-4-Q_H	20	626	634	1.25	650	3.80	626	0.00
50-8-Q_H	40	557	577	3.66	589	5.89	557	0.12
100-2-Q_H	40	2656	2685	1.09	2753	3.63	2656	0.00
100-4-Q_H	80	1211	1225	1.17	1259	3.98	1211	0.00
100-8-Q_H	160	1107	1137	2.75	1181	6.66	1107	0.03
200-2-Q_H	160	5008	5062	1.09	5190	3.63	5008	0.00
200-4-Q_H	320	2533	2566	1.29	2625	3.63	2533	0.00
200-8-Q_H	640	2338	2399	2.62	2458	5.11	2338	0.10
400-2-Q_H	640	10315	10427	1.09	10690	3.63	10315	0.00
400-4-Q_H	1280	5050	5119	1.37	5243	3.82	5050	0.00
400-8-Q_H	2560	4263	4362	2.31	4476	4.98	4263	0.03
平均	496	–		2.92	–	5.99	–	0.05

3.5.3　峰值能耗水平对制造期的影响

　　本节中考虑不同峰值能耗水平下制造期的变化趋势,以此探究多目标优化背景下峰值能耗与制造期之间的权衡。考虑到峰值功率上限 Q 越高,对应的制造期必然越低,因此可以通过求解一系列不同峰值上限约束下的制造期优化问题,得到多目标优化的帕累托前沿。考虑到算例规模可能会对帕累托前沿形状产生影响,分别以 $N=20, M=2$ 与 $N=400, M=8$ 为小规模、大规模算例的代表绘制近似帕累托前沿。

　　图 3.5 给出了两类算例制造期与峰值能耗功率上限的关系,从图中可以看出制造期和峰值功率之间的明显折中。实际决策过程中,制造商可以在近似帕累托前沿上做出合适的选择,从而在生产效率与峰值能耗之间找到一个合理的均衡点。值得注意的是,当问题规模较小时,帕累托前沿并不光滑,且呈现明显的非凸形式。这是因为小规模问题中可行的工件排

列组合方式不多，因此功率上限的小幅变化可能带来制造期的较大程度跃变。这一现象随着算例规模增大而消失。

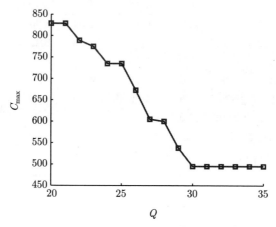

（a）小规模算例：$N=20$，$M=2$

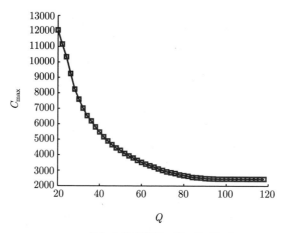

（b）大规模算例：$N=40$，$M=8$

图 3.5　峰值能耗水平对制造期的影响

3.6　小　　结

本章研究了峰值功率上限约束下的并行机调度问题。问题建模方面，提出了三类混合整数线性规划模型：时间离散化模型、离散事件点模型与基于排序的离散事件点模型，并通过计算实验对上述模型进行分析对比。制造期上限低时推荐采用时间离散化模型进行建模求解，这一设定部分消除了由于整数决策变量数目庞大而导致的线性松弛求解缓慢的问题。相反地，制造期上限高时推荐采用离散事件点模型进行建模求解，该模型求解效率受加工时间分布影响较小，鲁棒性与稳定性更高。

　　大规模算例求解方面，采用将复杂问题转化、分解的求解思路，将该复杂调度优化转化为简单的排序问题与给定排序下开工时刻优化问题的迭代求解，并基于此设计了贪婪迭代优化算法。在小规模算例上，其求解质量及运行时间性能均优于规划模型，且可求得所有已知最优解问题算例的最优解。大规模算例上，基于 ARPD 指标的比较证实，其求解质量显著优于改进 MAF 算法与改进 GBF 算法。最后分析了不同峰值能耗水平下制造期的变化趋势，探究了峰值能耗与制造期之间的关系。

第 4 章　制造期与总能耗的多目标调度优化

本章研究了同时优化生产效率指标（制造期）和能耗指标（总能耗）的机器可调速流水车间调度问题。问题建模方面，根据机器加工能耗与闲置能耗建立了多目标优化模型。优化方法方面，基于分解优化思路，将原问题优化转化为非支配解集更新主问题与多目标 NEH 插入操作子问题的迭代求解。算法所生成的近似帕累托前沿可以帮助决策者依据偏好，在制造期和总能耗之间实现合理折中。

该优化问题的核心难点在于可行解空间巨大，高质量优化求解对算法搜索效率要求很高。本章引入两类节能调速策略对经典 NEH 插入操作进行拓展。一是基于贪心思路的启发式调速方法，其优势在于计算复杂度低：经典 NEH 方法需要 $O(MN)$ 的计算量以排除 $O(N)$ 个非最优解，而提出的拓展操作可在 $O(MN \log S + N \log N)$ 时间内排除 $O(NS^M)$ 个劣解①，因此适用于当前解的快速改进；二是基于规划模型的局部最优调速方法，其优势在于规模小，求解难度低，适用于对算法得到的可行解进行局部精细优化。基于拓展 NEH 插入操作，设计了构造型启发式算法 MONEH 和迭代型元启发式算法 MMOIG。计算实验证实，MMOIG 算法在解集质量和多样性上均优于对比的 NSGA-II、AMGA 和 IGSA 算法；而 MONEH 算法可在明显更短的计算时间内达到与对比算法相当的求解效果。

4.1　引　　言

置换流水车间调度（permutation flowshop scheduling，PFS）是生产实践中最为常见的一种加工调度形式，同时也是生产调度领域中最受关

---

① 这里 M 表示机器数量，N 表示工件数量，S 表示设备速度档位数。

注的一类研究问题[160]。经典 PFS 问题多关注于加工制造期、总流经时
间、总拖期等生产指标调度优化，加工过程能耗优化并未受到足够重视。
近年来，部分研究者将"关闭空闲机器"策略[26] 应用到多类流水车间的
节能调度优化当中并实现了成功应用[33-38]（更为详细的文献回顾可参见
本书第 1 章中关于应用能源节能的综述）。考虑到很多实际生产环境下频
繁关闭、重启加工设备会带来显著地损耗，不利于生产稳定性，因此有必
要考虑其他节能框架下的调度优化问题。

　　本章基于机器加工速度可调的能耗优化框架[42]，研究了制造期与总
能耗的多目标优化。这一问题的最优求解十分困难：首先，PFS 问题是
强 NP 难问题①，且多个工件在相邻机器上约束耦合复杂，即便是仅包含
20~30 个工件的小规模问题也不易采用精确算法最优求解[110]。此外，加
工速度可调的设定大幅增加了可行解的搜索空间，同时多目标优化也会
进一步提升优化难度。因此直接设计规划模型或采用分支定界方法进行
精确求解前景渺茫，本书采用元启发式算法实现问题求解。

　　元启发式算法是求解 NP 难组合优化问题的一类常用优化思路，它可
在较短运算时间内得到优化问题的较佳解决方案。最为著名的多目标优
化启发式算法是非支配排序遗传算法 Ⅱ (non-dominated sorting genetic
algorithm Ⅱ, NSGA-Ⅱ)[162]。计算实验已经证实，NSGA-Ⅱ 是多个基准问
题的最有效优化方法[163]。尽管这一方法在测试算例上搜索效果较高，但
根据著名的 "No Free Lunch" 原理[132]，如果不对优化问题的具体特征进
行分析与利用，任何算法的效果都不会比完全随机搜索效果更佳。此外，
随着问题规模的增大，解空间规模也大幅增大，绝大多数元启发式算法收
敛速度显著变慢，在有限时间内很难给出高质量解决方案。因此，在搜索
过程中引入问题结构性质与一些加速方法，可以设计出针对该问题的更
为有效的优化方法。

　　基于问题结构性质与加速方法来提高元启发式算法性能的研究，在
能耗优化领域相对匮乏。以节能调度为主题的大部分研究工作更关注于
能耗建模与优化算法的形式创新，往往忽略了问题结构性质，因此优化
效果仍有很大提升空间。另外，有大量文献研究了传统单目标 PFS 问题

---

　　① 准确地说，当机器数量大于或等于 3 时，以制造期为优化目标的 PFS 问题是强 NP 难问
题[161]。

的邻域性质与加速搜索方法，并基于计算实验评估了这些方法对于元启发式算法表现效果的提升 [133,134,164]。Taillard 加速方法是 PFS 问题制造期优化最著名的加速方法，它可在 $O(MN)$ 计算时间内评估 M 台机器 PFS 问题由 NEH 插入过程生成的 $N+1$ 个候选解。虽然该方法原本是单目标无变速设定下 PFS 问题的加速方法，但由于本问题同样涉及制造期计算，所以对该算法进行适当拓展可以大幅简化目标函数的计算，进而提升优化性能。

多目标 PFS 问题节能调度优化的核心难点在于问题可行解空间巨大，高质量优化求解对算法搜索效率要求很高。为了克服这一优化难点，基于分解优化的思路将这一复杂问题求解转化为非支配解集更新主问题与多目标 NEH 插入操作子问题的迭代求解。由于子问题中需要考虑生产效率与能源消耗之间的权衡，不再具有简单的优化指标，对其进行合理建模与高效求解是优化算法成功的关键，因此重点讨论了如何对 NEH 插入操作进行合理拓展，使之适用于多目标节能调度优化。相比于现有文献，本书的主要贡献总结如下：

- 问题建模方面，由于各时刻的车间功率计算复杂，因此基于机器加工能耗与闲置能耗建立了多目标优化模型。在此基础上，针对子问题中的节能调速过程设计了最优求解规划模型。该模型中制造期与总能耗的计算仅由插入工件决定，不用考虑其他工件的加工信息。这大大缩小了模型规模，可以相当高效地实现局部最优机器调速。

- 优化方法方面，采用分解优化的思路将该原问题转化为非支配解集更新主问题与拓展 NEH 插入操作子问题。针对具有 S 个可选速度档位的子问题优化，结合最优解的结构性质设计了高效多目标 NEH 插入操作。经典 NEH 插入操作针对单目标优化，在 $O(MN)$ 计算时间内排除 $O(N)$ 个非最优解；提出的多目标 NEH 操作拓展到多目标能耗优化，整体计算复杂度为 $O(MN \log S + N \log N)$，排除的劣解数量为 $O(NS^M)$ 个，即以很少的计算资源增加实现了经典操作的有效拓展。针对主问题优化，分别设计了构造型启发式算法 MONEH 与迭代型元启发式算法 MMOIG，并基于计算实验从解集覆盖度、距离度量、分布间距等多个非支配解集评价指标验证了优化算法的有效性。

4.2　数学模型与问题性质

4.2.1　数学模型

多目标节能 PFS 问题描述如下：

- 流水车间基本设定：集合 $\mathcal{J} = \{1, 2, \cdots, N\}$ 中的 N 个工件在集合 $\mathcal{M} = \{1, 2, \cdots, M\}$ 中的 M 台机器上加工。任意工件 $j \in \mathcal{J}$ 都需要在所有机器上加工，且在机器上的流经顺序与机器序号一致。换言之，只有当工件 $j \in \mathcal{J}$ 在机器 $(i - 1) \in \mathcal{M}$ 上完成加工后，它才可以在机器 $i \in \mathcal{M}$ 上开始加工。

- 置换流水车间要求：对于任意工件 $j, j' \in \mathcal{J}$, $j \neq j'$，如果机器 1 上工件 j 在工件 j' 前序加工，那么在其他所有 $M - 1$ 台机器上，工件 j 也必须在 j' 前序加工。

- 机器独占性约束：任意机器 $i \in \mathcal{M}$ 在任意时刻至多加工一个工件。

- 加工连续性约束：任意工件 $j \in \mathcal{J}$ 在任意机器 $i \in \mathcal{M}$ 上加工过程不能中断。

- 设备调速范围：每台机器都有 s 种不同速度档位 $\mathcal{S} = \{1, 2, \cdots, S\}$，对应的加工速度分别为 $\{v_1, v_2, \cdots, v_S\}$。任意机器对任意工件的加工过程仅可以选择集合 $\mathcal{S}$ 中的某一档位。当工件 $j \in \mathcal{J}$ 在机器 $i \in \mathcal{M}$ 上以档位 $v \in \mathcal{S}$ 加工时，其加工时间为 p_{ijv}，而对应的单位时间能耗为 PP_{iv}。

- 在所有工件完成加工前，机器不会完全关闭。当某台机器 $i \in \mathcal{M}$ 空闲时（即不进行工件加工），可以认为处于待机模式，单位时间能耗为 SP_i。

- 第一个优化目标为加工制造期 $C_{\max}$，即最后一个工件在最后一台机器上的完工时间。第二个优化目标是整个加工过程的总能耗 TCE，这一能耗包括工件的加工能耗和机器待机时的能耗。

基于上述问题描述，将数学模型中涉及的问题参数、决策变量和具体混合整数线性规划模型如下给出。

问题参数：

- $\mathcal{M}$：工件流经的机器集合；
- $\mathcal{J}$：待加工工件集合；
- $\mathcal{S}$：机器速度档位集合；
- M：机器的个数；
- N：工件的个数；
- S：机器加工速度档位数；
- p_{ijv}：工件 j 在机器 i 上以速度档位 v 加工时的加工时间；
- PP_{iv}：机器 i 以速度档位 v 加工时单位时间能耗；
- SP_i：机器 i 待机模式下单位时间能耗。

决策变量：

- x_{jk}：0-1 变量，工件 j 在工件 k 之前加工为 1，反之为 0；
- y_{ijv}：0-1 变量，工件 j 在机器 i 上以速度 v 加工为 1，反之为 0；
- C_{ij}：连续变量，工件 j 在机器 i 上的完工时刻；
- S_{ij}：连续变量，工件 j 在机器 i 上的开工时刻；
- TCE：连续变量，总能耗；
- $C_{\max}$：连续变量，制造期。

混合整数线性规划模型：

$$\min \text{ TCE} \tag{4-1}$$

$$\min \ C_{\max} \tag{4-2}$$

$$\text{s.t.} \quad \text{TCE} = \sum_{i\in\mathcal{M}}\sum_{j\in\mathcal{J}}\sum_{v\in\mathcal{S}}\mathrm{PP}_{iv}y_{ijv} + \sum_{i\in\mathcal{M}}\mathrm{SP}_i\cdot\left(C_{\max} - \sum_{j\in\mathcal{J}}\sum_{v\in\mathcal{S}}p_{ijv}y_{ijv}\right) \tag{4-3}$$

$$C_{\max}\geqslant C_{mj}, \quad \forall j\in\mathcal{J} \tag{4-4}$$

$$x_{jk}+x_{kj}=1, \quad \forall j,k\in\mathcal{J}, j>k \tag{4-5}$$

$$x_{jk}+x_{kl}+x_{lj}\leqslant 2, \quad \forall j,k,l\in\mathcal{J}, j\neq k\neq l \tag{4-6}$$

$$\sum_{v\in\mathcal{S}}y_{ijv}=1, \quad \forall i\in\mathcal{M}, \ \forall j\in\mathcal{J} \tag{4-7}$$

$$C_{ij} = S_{ij} + \sum_{v \in S} p_{ijv} y_{ijv}, \quad \forall j \in \mathcal{J}, \ \forall i \in \mathcal{M} \tag{4-8}$$

$$S_{ij} \geqslant C_{i-1,j}, \quad \forall j \in \mathcal{J}, \ \forall i \in \mathcal{M} \backslash \{1\} \tag{4-9}$$

$$S_{ij} \geqslant C_{ik} - B x_{jk}, \quad \forall i \in \mathcal{M}; \ \forall j, k \in \mathcal{J}, j > k \tag{4-10}$$

$$S_{ik} \geqslant C_{ij} - B(1 - x_{jk}), \quad \forall i \in \mathcal{M}, \ \forall j, k \in \mathcal{J}, j > k \tag{4-11}$$

$$x_{jk} \in \{0, 1\}, \quad \forall j, k \in \mathcal{J}, j \neq k \tag{4-12}$$

$$y_{ijv} \in \{0, 1\}, \quad \forall i \in \mathcal{M}, \ \forall j \in \mathcal{J}, \ \forall v \in \mathcal{S} \tag{4-13}$$

$$S_{ij} \geqslant 0, \ C_{ij} \geqslant 0, \quad \forall i \in \mathcal{M}, \ \forall j \in \mathcal{J} \tag{4-14}$$

上述规划模型中，目标函数为最小化总能耗 TCE 与制造期 $C_{\max}$。式 (4-3) 和式 (4-4) 分别是总能耗 TCE 与制造期 $C_{\max}$ 的定义式，其中总能耗的表达式分为两部分，第一部分为所有工件加工过程的能耗总量，第二部分为机器待机状态时的能耗总量。式 (4-5) 表示任意两个工件加工的先后顺序，而式 (4-6) 保证了任意工件的加工顺序不会互相矛盾，这两式共同保证了所有工件的加工满足一定的先后顺序。式 (4-7) 表示每个加工操作只允许选择一种加工速度，式 (4-8) 则给出了在不同加工速度选择的可能性下工件的开工时间与完工时间的关系。式 (4-9) 给出了同一个工件在不同机器之间加工先后顺序下开工完工时间的约束关系，而式 (4-10)~式 (4-11) 给出了不同工件之间先后顺序下开工完工时间的约束关系。

例 4.1　图 4.1 中给出了上述理论模型的一个简单示例。示例为 3 个工件、4 台机器的 PFS 加工方案甘特图。图中 $C_{\max}$ 为最后一个工件在最后一台机器上的完工时间。这一 PFS 问题的实时功率曲线如图 4.2 所示，下面以时刻 t_0 为例来描述这一功率曲线是如何得出的。如图 4.1 所示，在 t_0 时刻机器 1 和机器 3 处于待机模式，这两台机器在此刻的加工功率为 SP_1 和 SP_3。假设此时机器 2 正在以速度 $u \in \mathcal{S}$ 加工，而机器 4 正在以速度 $v \in \mathcal{S}$ 加工，那么此时这两台机器的加工功率分别为 $\mathrm{PP}_{2,u}$ 和 $\mathrm{PP}_{4,v}$，因此这一时刻车间整体的功率消耗为 $\mathrm{SP}_1 + \mathrm{PP}_{2,u} + \mathrm{SP}_3 + \mathrm{PP}_{4,v}$。类似地，可以计算得出其他时刻车间的加工功率，总能耗 TCE 即为功率曲线与时间轴围成的区域面积。

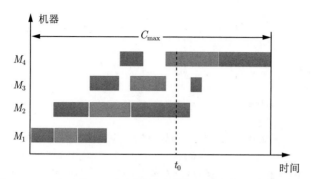

图 4.1   3 个工件、4 台机器流水车间调度甘特图（前附彩图）

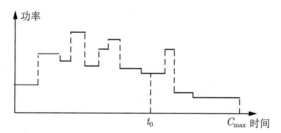

图 4.2   3 个工件、4 台机器流水车间能耗曲线

给定所有工件的加工顺序与加工速度，即可得到问题的一个可行解。因此，本章采用置换向量 $\boldsymbol{\pi}$ 与加工速度矩阵 $\boldsymbol{V}$ 来表示问题的解：

$$\boldsymbol{\pi} = (\pi_1, \pi_2, \cdots, \pi_N)^{\mathrm{T}}, \quad \boldsymbol{V} = \begin{bmatrix} v(1,1) & v(1,2) & \cdots & v(1,n) \\ v(2,1) & v(2,2) & \cdots & v(2,n) \\ \vdots & \vdots & \vdots & \vdots \\ v(m,1) & v(m,2) & \cdots & v(m,n) \end{bmatrix}$$

其中，$\pi_j \in \mathcal{J}$ 表示加工顺序 $\boldsymbol{\pi}$ 中第 j 个工件的序号，而 $v(i,j) \in \mathcal{S}$ 则表示工件 j 在机器 i 上的加工速度档位。后文中以 $(\boldsymbol{\pi}, \boldsymbol{V})$ 表示问题可行解，对应的制造期和总能耗分别记为 $C_{\max}(\boldsymbol{\pi}, \boldsymbol{V})$ 和 $\mathrm{TCE}(\boldsymbol{\pi}, \boldsymbol{V})$。因此原优化问题可如下改写：

$$\min \quad \mathrm{TCE}(\boldsymbol{\pi}, \boldsymbol{V}) \tag{4-15}$$

$$\min \quad C_{\max}(\boldsymbol{\pi}, \boldsymbol{V}) \tag{4-16}$$

$$\mathrm{s.t.} \quad \boldsymbol{\pi} \in \boldsymbol{\Pi}, \quad \boldsymbol{V} \in \mathbb{V} \tag{4-17}$$

其中，$\mathbf{\Pi}$ 和 $\mathbb{V}$ 分别表示可行置换序列与可行速度矩阵集合。根据可行解的表示方法可以计算可行解空间的规模，易知：

$$|\mathbf{\Pi}| = (N-1)!, \quad |\mathbb{V}| = S^{MN}$$

又注意到二者解空间相互独立，因此总体解空间大小为 $S^{MN} \cdot (N-1)!$。相比于经典流水车间调度问题 $(N-1)!$ 规模的解空间大小，本问题中可行搜索空间的显著增大对于算法计算效率提出了很大挑战。下面将重点研究这一多目标优化问题的结构性质与可行解评价的加速方法，以提高算法的搜索效率，从而利用有限计算资源，在超大规模解空间中求得高质量可行解。

4.2.2　结构性质分析

这一多目标优化问题中，由于制造期优化与总能耗优化之间存在一定的冲突，因而并不存在绝对意义上的最优解。相反地，可以在两个目标函数之间进行权衡，获得问题的一组帕累托（非支配）最优解集。本节将讨论问题的结构性质，分析非支配解的特性，这将有助于元启发式算法在运行过程中快速排除大量的支配解，从而提高算法搜索效率。在讨论问题的结构性质之前，给出下述基本假设：

假设 4.1　当工件 $j \in \mathcal{J}$ 在机器 $i \in \mathcal{M}$ 上以更快的加工速度加工时，该工件的加工时间变短，而其总加工能耗增加[①]。这意味着对于任意两个速度档位 $u, v, (u, v \in \mathcal{S}, \ u > v)$，下式成立：

$$p_{iju} < p_{ijv} \tag{4-18}$$

$$\mathrm{PP}_{iu} \cdot p_{iju} > \mathrm{PP}_{iv} \cdot p_{ijv} \tag{4-19}$$

定义 4.1　给定可行解 $(\boldsymbol{\pi}^1, \boldsymbol{V}^1)$ 与 $(\boldsymbol{\pi}^2, \boldsymbol{V}^2)$，若满足 $C_{\max}(\boldsymbol{\pi}^1, \boldsymbol{V}^1) \leqslant C_{\max}(\boldsymbol{\pi}^2, \boldsymbol{V}^2)$，$\mathrm{TCE}(\boldsymbol{\pi}^1, \boldsymbol{V}^1) \ \leqslant \ \mathrm{TCE}(\boldsymbol{\pi}^2, \boldsymbol{V}^2)$，且 $(C_{\max}(\boldsymbol{\pi}^1, \boldsymbol{V}^1),$ $\mathrm{TCE}(\boldsymbol{\pi}^1, \boldsymbol{V}^1)) \ \neq \ (C_{\max}(\boldsymbol{\pi}^2, \boldsymbol{V}^2), \mathrm{TCE}(\boldsymbol{\pi}^2, \boldsymbol{V}^2))$，则称 $(\boldsymbol{\pi}^1, \boldsymbol{V}^1)$ 支配 $(\boldsymbol{\pi}^2, \boldsymbol{V}^2)$，记为：

$$(\boldsymbol{\pi}^2, \boldsymbol{V}^2) \prec (\boldsymbol{\pi}^1, \boldsymbol{V}^1)$$

[①] 实际加工条件下，加工速度提高可导致加工时长变短，因而可能存在某些机器部分高速档位总能耗更低的情形。但这并不影响这一假设的正确性，只需对各台机器速度档位进行预处理，提前剔除被支配档位即可。

基于上述假设与定义，给出如下两个命题。

命题 4.1　　当所有加工操作的速度固定时，两个可行调度 (π^1, V^1) 与 (π^2, V^2) 中制造期较短的解必然支配另一个解。即，如果 $C_{\max}(\pi^1, V^1) > C_{\max}(\pi^2, V^2)$ 且 $V^1 = V^2$，则有：

$$(\pi^1, V^1) \prec (\pi^2, V^2)$$

证明：给定可行调度方案 (π^k, V^k)，$k = 1, 2$，该方案总能耗可如下表示：

$$\text{TCE}(\pi^k, V^k) = \text{TCE}^{\text{s}}(\pi^k, V^k) + \text{TCE}^{\text{p}}(\pi^k, V^k), \quad k = 1, 2 \qquad (4\text{-}20)$$

其中，$\text{TCE}^{\text{s}}(\cdot)$ 和 $\text{TCE}^{\text{p}}(\cdot)$ 分别表示待机模式和加工模式下的总能耗。因为 $V^1 = V^2$，显然两个解决方案中相同加工操作的加工时长与能耗均相同，因此加工模式下的总能耗必然相等：

$$\text{TCE}^{\text{p}}(\pi^1, V^1) = \text{TCE}^{\text{p}}(\pi^2, V^2) \qquad (4\text{-}21)$$

令 $t_i^{\text{s}}(\pi^k, V^k)$ 和 $t_i^{\text{p}}(\pi^k, V^k)$ 分别表示 (π^k, V^k) $(k = 1, 2)$ 在机器 i 上待机模式与加工模式时间的总时长，那么显然有：

$$t_i^{\text{s}}(\pi^k, V^k) + t_i^{\text{p}}(\pi^k, V^k) = C_{\max}(\pi^k, V^k), \quad \forall i \in \mathcal{M}, \ k \in \{1, 2\} \qquad (4\text{-}22)$$

考虑到 $t_i^{\text{p}}(\pi^1, V^1) = t_i^{\text{p}}(\pi^2, V^2)$，$\forall i \in \mathcal{M}$，以及 $C_{\max}(\pi^1, V^1) > C_{\max}(\pi^2, V^2)$，可进一步推出 $t_i^{\text{s}}(\pi^1, V^1) > t_i^{\text{s}}(\pi^2, V^2)$，$\forall i \in \mathcal{M}$，因此有：

$$\begin{aligned}
\text{TEC}^{\text{s}}(\pi^1, V^1) &= \sum_{i \in \mathcal{M}} t_i^{\text{s}}(\pi^1, V^1) \cdot \text{SP}_i > \sum_{i \in \mathcal{M}} t_i^{\text{s}}(\pi^2, V^2) \cdot \text{SP}_i \\
&= \text{TEC}^{\text{s}}(\pi^2, V^2)
\end{aligned} \qquad (4\text{-}23)$$

式 (4-23) 结合式 (4-20) ~ 式 (4-21) 可得：$\text{TCE}(\pi^1, V^1) > \text{TCE}(\pi^2, V^2)$。又因为 $C_{\max}(\pi^1, V^1) > C_{\max}(\pi^2, V^2)$，所以有 $(\pi^1, V^1) \prec (\pi^2, V^2)$。

命题 4.2　　如果两个可行调度制造期相等，那么加工速度更慢的解将支配另一个解。即，如果 $C_{\max}(\pi^1, V^1) = C_{\max}(\pi^2, V^2)$，$v^1(i, j) \geqslant v^2(i, j)$，$\forall i \in \mathcal{M}, j \in \mathcal{J}$，且 $V^1 \neq V^2$，则有：

$$(\pi^1, V^1) \prec (\pi^2, V^2) \qquad (4\text{-}24)$$

证明: 类似于命题 4.1 的证明，式 (4-22) 对于本命题同样成立。由于 $(\boldsymbol{\pi}^1, \boldsymbol{V}^1)$ 加工速度更快，且两个解的制造期相等，易得:

$$t_i^{\mathrm{p}}(\boldsymbol{\pi}^1, \boldsymbol{V}^1) \leqslant t_i^{\mathrm{p}}(\boldsymbol{\pi}^2, \boldsymbol{V}^2),\ \forall i \in \mathcal{M}$$

$$t_i^{\mathrm{s}}(\boldsymbol{\pi}^1, \boldsymbol{V}^1) \geqslant t_i^{\mathrm{s}}(\boldsymbol{\pi}^2, \boldsymbol{V}^2),\ \forall i \in \mathcal{M}$$

考虑到 $\boldsymbol{V}^1 \neq \boldsymbol{V}^2$，上式中的不等号必然对于某些机器 i 严格成立，因此有:

$$\mathrm{TEC}^{\mathrm{s}}(\boldsymbol{\pi}^1, \boldsymbol{V}^1) = \sum_{i \in \mathcal{M}} t_i^{\mathrm{s}}(\boldsymbol{\pi}^1, \boldsymbol{V}^1) \cdot \mathrm{SP}_i > \sum_{i \in \mathcal{M}} t_i^{\mathrm{s}}(\boldsymbol{\pi}^2, \boldsymbol{V}^2) \cdot \mathrm{SP}_i$$
$$= \mathrm{TEC}^{\mathrm{s}}(\boldsymbol{\pi}^2, \boldsymbol{V}^2)$$

根据假设 4.1可得 $\mathrm{TCE}^{\mathrm{p}}(\boldsymbol{\pi}^1, \boldsymbol{V}^1) > \mathrm{TCE}^{\mathrm{p}}(\boldsymbol{\pi}^2, \boldsymbol{V}^2)$，所以有:

$$\mathrm{TCE}(\boldsymbol{\pi}^1, \boldsymbol{V}^1) > \mathrm{TCE}(\boldsymbol{\pi}^2, \boldsymbol{V}^2)$$

又考虑到 $C_{\max}(\boldsymbol{\pi}^1, \boldsymbol{V}^1) = C_{\max}(\boldsymbol{\pi}^2, \boldsymbol{V}^2)$，可证 $(\boldsymbol{\pi}^1, \boldsymbol{V}^1) \prec (\boldsymbol{\pi}^2, \boldsymbol{V}^2)$。

4.3　问题分解与子问题优化

尽管考虑能耗优化的 PFS 问题刚刚兴起，但已有大量文献研究了经典 PFS 问题的结构性质与启发式方法。诸多方法中，由 Nawaz、Enscore 和 Ham[116] 所提出的 NEH 算法是 PFS 问题制造期优化最为高效的启发式方法[165]。NEH 插入操作是这一算法的核心过程，此外该操作还被嵌入到多种元启发式算法中作为核心算子[123-134]。虽然经典 NEH 插入操作适用于单目标 PFS 优化，但对其进行适当拓展后，亦可应用于本章研究的多目标节能调度中。

4.3.1　原始 NEH 插入

原始 NEH 插入操作描述如下: 对于一个已有 l 个工件的部分解序列 $\boldsymbol{\pi}$，将新的工件 $j \in \mathcal{J}$ 尝试插入到序列中所有可能的 $l+1$ 个位置中（如图 4.3所示），然后在这 $l+1$ 个候选解中选择一个制造期最短的解作为后续迭代的起始解。值得注意的是，经典 PFS 问题中不考虑机器加工速度可调，因而工件在不同机器上的加工时间是一个确定的值。考虑到符号一致性，这里在介绍原始 NEH 操作时将加工速度矩阵固定为 $\boldsymbol{V} = \boldsymbol{V}^0$，因而工件 π_j 在机器 i 上的加工时长用 $p_{i,\pi_j,v^0(i,\pi_j)}$ 表示。

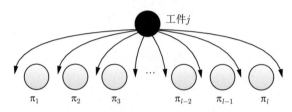

图 4.3　　原始 NEH 插入操作

NEH 插入操作的直观示例如图 4.3 所示，当一个新的工件 $j \in \mathcal{J}$ 插入到原始序列中时，共有 $l+1$ 种可能的插入位置，每个插入位置对应于一个新的部分解序列。评价每个解序列制造期的计算复杂度为 $O(ml)$，因此基本实现方案的整体复杂度为 $O(ml^2)$。由于问题算例中工件数量 l 可能较大，在算法运行过程中频繁调用这一算子会显著降低求解效率。

为了提高 NEH 插入效率，Taillard[134] 设计了一套巧妙的加速算法将其计算复杂度由 $O(ml^2)$ 降低到 $O(ml)$。这一加速方法的步骤与原理如下：首先计算机器 i 上工件 π_j 的最早完工时间 $E_{i,j}$ 以及保证制造期不变前提下制造期与该操作最晚开始的时间之差 $Q_{i,j}$。这些变量可基于如下公式迭代计算得出：

$$E_{i,0} = 0, \quad i \in \mathcal{M} \tag{4-25}$$

$$E_{0,j} = 0, \quad j \in \{1, 2, \cdots, l\} \tag{4-26}$$

$$E_{i,j} = \max\{E_{i-1,j}, E_{i,j-1}\} + p_{i,\pi_j,v^0(i,\pi_j)}, \quad i \in \mathcal{M}, \ j \in \{1, 2, \cdots, l\} \tag{4-27}$$

$$Q_{i,l+1} = 0, \quad i \in \mathcal{M} \tag{4-28}$$

$$Q_{m+1,j} = 0, \quad j \in \{1, 2, \cdots, l\} \tag{4-29}$$

$$Q_{i,j} = \max\{Q_{i+1,j}, Q_{i,j+1}\} + p_{i,\pi_j,v^0(i,\pi_j)}, \quad i \in \mathcal{M}, \ j \in \{1, 2, \cdots, l\} \tag{4-30}$$

接下来计算新的工件 q 插入到第 k 个可选位置时，其在机器 i 上的

最早完工时间 $F_{i,k}$:

$$F_{0,k} = 0, \quad k \in \{1, 2, \cdots, l+1\} \tag{4-31}$$

$$F_{i,k} = \max\{F_{i-1,k}, E_{i,k-1}\} + p_{i,q,v^0(i,q)}, \quad i \in \mathcal{M}, \ k \in \{1, 2, \cdots, l+1\} \tag{4-32}$$

根据求得的 $\boldsymbol{F}$ 矩阵与 $\boldsymbol{Q}$ 矩阵，制造期 $C_{\max}(\boldsymbol{\pi}^k, \boldsymbol{V}^0)$ 如下给出:

$$C_{\max}(\boldsymbol{\pi}^k, \boldsymbol{V}^0) = \max_{i=1,2,\cdots,m} (F_{i,k} + Q_{i,k}), \quad k \in \{1, 2, \cdots, l+1\} \tag{4-33}$$

其中，$\boldsymbol{\pi}^k$ 表示将工件 q 插入到序列中第 k 位置时所生成的新的序列。

4.3.2　节能调速及工件插入子问题

经典 NEH 插入操作解决传统流水车间中的制造期优化问题，而本书研究的问题则需要考虑机器加工速度可调，并引入总能耗作为优化目标。下面根据本问题特性对 NEH 插入进行拓展，设计出高效的多目标 NEH 插入操作。这一拓展需要考虑下述两个核心问题:

问题 4.1　经典 NEH 插入操作中，待插入工件 q 选择一个最小化制造期的位置插入到解序列中。在拓展的 NEH 操作中，优化制造期的同时还需要考虑车间整体能耗变化。那么，应该如何考虑两个目标函数的关系?

问题 4.2　经典 NEH 插入操作中，Taillard 加速方法可以降低算法时间复杂度，提升了算法整体性能。那么对于拓展后的多目标 NEH 插入操作，是否也存在加速方法快速评价可行解，从而高效更新非支配解集?

为了回答上述问题，基于 4.2 节中给出的问题性质来设计基于调速的节能插入操作。令 $\boldsymbol{v}_q = (v(1,q), v(2,q), \cdots, v(m,q))^{\mathrm{T}}$ 表示插入工件 q 在各个机器上的加工速度，这一加工速度初始化为 $\boldsymbol{v}_q^0$。如果固定加工速度 $\boldsymbol{v}_q = \boldsymbol{v}_q^0$，那么根据命题 4.1可知，在 $l+1$ 个候选解方案中只有制造期最短的解是非支配解。考虑到加工速度 $\boldsymbol{v}_q$ 可变的设定，并结合命题 4.2可知：在保证制造期不变的条件下，降低工件 q 的部分操作加工速度可以得到更优的非支配解。由于加工速度为离散取值，如何在保证完工时间不变的条件下尽量降低工件 q 的加工速度是节能算法的核心问题。

4.3.2.1 节能调速方法

节能调速过程通过减缓工件 q 在不同插入位置 k 处各台机器上的加工速度，从而降低车间能耗。工件 q 在插入之前的速度初始化为 $\boldsymbol{v}_q^0$，插入后的调整工件速度记为 $\boldsymbol{v}_q^k$。工件调速过程中，始终保证整体制造期 $C_{\max}(\boldsymbol{\pi}^k, \boldsymbol{V}^0)$ 不变。此外，在执行该过程前，矩阵 $\boldsymbol{E}$、$\boldsymbol{Q}$、$\boldsymbol{F}$ 已经利用 Taillard 方法根据式 (4-25) ～ 式 (4-32) 提前计算得出。算法 4.1中的其他中间变量值在图 4.4 中给予了直观的说明。

算法 4.1 基于调速的节能插入操作

输入: 待插入工件 q, 插入位置 k, 矩阵 $\boldsymbol{E}$、$\boldsymbol{Q}$、$\boldsymbol{F}$, 初始速度向量 $\boldsymbol{v}_q^0$, 工件插入前总完工时间 $C_{\max}(\boldsymbol{\pi}^k, \boldsymbol{V}^0)$

1: $\Delta_M \leftarrow C_{\max}(\boldsymbol{\pi}^k, \boldsymbol{V}^0) - F_{M,k} - Q_{M,k}$
2: 计算满足 $p_{M,q,u} - p_{M,q,v^0(M,q)} \leqslant \Delta_M$ 条件的最小速度 u $(u \in \mathcal{S})$
3: 更新加工速度: $v^k(M, q) \leftarrow u$
4: **for** $i = M - 1$ to 1 **do**
5: $\quad$ $\mathrm{Gap}_{i+1} \leftarrow \Delta_{i+1} - (p_{i+1,q,v^k(i+1,q)} - p_{i+1,q,v^0(i+1,q)})$
6: $\quad$ $\mathrm{dist}_1 \leftarrow \max\{E_{i+1,k-1} - F_{i,k}, 0\} + \mathrm{Gap}_{i+1}$
7: $\quad$ $\mathrm{dist}_2 \leftarrow C_{\max}(\boldsymbol{\pi}^k, \boldsymbol{V}^0) - F_{i,k} - Q_{i,k}$
8: $\quad$ $\Delta_i \leftarrow \min\{\mathrm{dist}_1, \mathrm{dist}_2\}$
9: $\quad$ 计算满足 $p_{i,q,v^k(i,q)} - p_{i,q,v^0(i,q)} \leqslant \Delta_i$ 条件的最小速度 u $(u \in \mathcal{S})$
10: $\quad$ 更新加工速度: $v^k(i, q) \leftarrow u$
11: **end for**
输出: 速度向量 $\boldsymbol{v}_q^k$.

算法 4.1 第 1 行所计算的 Δ_M 表示在保证完工时间不变的前提下，工件 q 在最后一台机器 M 上最大加工时间增量，这一最大增量的计算可根据式 (4-32) ～ 式 (4-33) 得出。算法的第 2~3 行则根据 Δ_M 的取值，计算工件 q 在机器 M 上可行的最低加工速度。考虑到加工速度为离散取值，因此加工时间的实际增量可能小于 Δ_M，所以可以将该操作延迟一段时间后再开始加工，仍能保证制造期不变，这一延迟时间的上限为 Gap_M，计算公式由算法第 5 行给出。接下来计算工件 q 在机器 $M-1$ 上的最大加工时间增量 Δ_{M-1}。这一增量值的计算由以下两个约束共同决定：一是工件 q 在机器 $M-1$ 上加工时间的增加不应导致该工件在后一台机器（即机器 M）上加工的进一步延迟，从而使得制造期增

加，如算法第 6 行所示；二是根据式 (4-32) ∼ 式 (4-33)，工件 q 在本机器上（即机器 $M-1$）加工时间的增加不应直接导致制造期的增加，如算法第 7 行所示。基于以上两个约束，在第 8∼10 行计算出该机器上的最大加工时间增量以及相对应的最小加工速度取值，至此工件 q 在机器 $M-1$ 上的调速过程完成。工件 q 在其他机器上的加工速度计算与上述过程类似，由算法第 4∼11 行迭代完成。当循环结束时，整个调速过程完成，此时工件 q 在任意一台机器上的加工速度不再可以减速（否则必然导致制造期的增加），这也意味着工件 q 的加工速度已经收敛到局部最优。为了便于理解这一调速过程，在例 4.2 中给出一个 4 台机器的调速实例。

例 4.2　图 4.4(a) 给出了由 3 个工件组成的部分解序列所对应的加工时间甘特图，图 4.4(b) 给出了当一个新的工件按照其初始加工速度插入到这一部分解序列第 2 个位置后形成的新解序列加工时间甘特图。值得注意的是，这里的加工时间甘特图已经基于 Taillard 加速原理进行了修正，从图中可以直观地看出矩阵 E、Q 的物理含义。最后一台机器 4 上的最大加工时间增量 Δ_4 已在图 4.4(b) 中标出，从而可以确定待插入工件在机器 4 上新的加工速度，图 4.4(c) 中用虚线绘制出了由于这一加工速度变化导致的实际加工时间增量。

确定了机器 4 上工件的加工速度后，图 4.4(c) 给出了 Δ_3 的计算原理与计算过程，继而在图 4.4(d) 中用虚线绘制出机器 3 上工件加工时间的实际增量。由图 4.4(d) 还可看出：下一台机器上的最大加工时间增量 Δ_2 为 0，这表明机器 2 上的工件加工速度维持原状即可，不能进一步降速。类似于前面的步骤，在图 4.4(e) 中给出了 Δ_1 的计算方式并对插入工件在机器 1 上的加工速度进行了相应的调节。最后在图 4.4(f) 中给出了工件 q 在各台机器上调整后的最终加工时长，并在图 4.4(g) 中给出了加工过程甘特图。

值得一提的是，上述流程所描述的算法本质上是一类基于贪心思想的启发式方法。按照由后向前的顺序，在保证制造期不增加的约束下，依次将待插入工件在各台机器上的加工速度调至尽量小。尽管这一贪心思想并不总能得到插入工件的最优调速，但可以非常高效地给出一个非支配调度方案，这对于元启发式算法的实际运算效率至关重要。我们也将在本节的最后建立一个针对插入工件降速的混合整数规划模型，该模型虽然计算效率略逊于上述贪心调速方案，但可给出制造期不变条件下插入工件的最优降速方案。

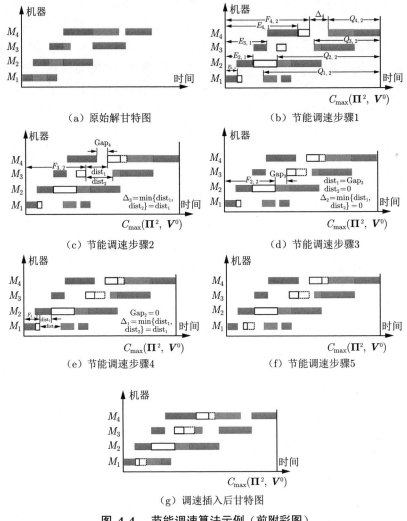

（a）原始解甘特图　　　　　　　　　（b）节能调速步骤1

（c）节能调速步骤2　　　　　　　　　（d）节能调速步骤3

（e）节能调速步骤4　　　　　　　　　（f）节能调速步骤5

（g）调速插入后甘特图

图 4.4　节能调速算法示例（前附彩图）

4.3.2.2　可行解加速评价方案

为了解决多个插入位置的计算效率问题，首先给出基于这一过程求取非支配解集的加速计算方案，而后对这里的多目标 NEH 插入操作进行计算复杂度分析。

A. 制造期计算

制造期的加速计算与节能调速原理息息相关，考虑到调速后的加工完成时间与原始的 NEH 插入操作相同，可以得到：

$$
\begin{aligned}
C_{\max}(\boldsymbol{\pi}^k, \boldsymbol{V}^k) &= C_{\max}(\boldsymbol{\pi}^k, \boldsymbol{V}^0) \\
&= \max_{i=1,2,\cdots,m}(F_{i,k} + Q_{i,k}), \quad \forall k \in \{1, 2, \cdots, l+1\}
\end{aligned}
\tag{4-34}
$$

其中，$(\boldsymbol{\pi}^k, \boldsymbol{V}^k)$ 表示将工件 q 插入到序列第 k 个位置并调速后所生成的可行解 $(k \in \{1, 2, \cdots, l+1\})$。值得注意的是，这里的 $\boldsymbol{F}$ 矩阵与 $\boldsymbol{Q}$ 矩阵系根据式 (4-25) $\sim$ 式 (4-32) 提前计算得出，因此完成所有插入位置的制造期评价计算复杂度为 $O(Ml)$。

B. 总能耗增量计算

接下来考虑不同插入位置的总能耗评估。注意到所有 $l+1$ 个候选解都源于同一个初始解 $(\boldsymbol{\pi}, \boldsymbol{V}^0)$，因此可以采用增量式方法加速能耗计算。令 ΔTCE_k 表示将工件 q 插入到位置 k 时所导致的整体能耗增量，则对于任意 $k \in \{1, 2, \cdots, l+1\}$ 都有：

$$
\begin{aligned}
\Delta\text{TCE}_k &= \text{TCE}(\boldsymbol{\pi}^k, \boldsymbol{V}^k) - \text{TCE}(\boldsymbol{\pi}, \boldsymbol{V}^0) \\
&= \left(\text{TCE}^{\text{p}}(\boldsymbol{\pi}^k, \boldsymbol{V}^k) - \text{TCE}^{\text{p}}(\boldsymbol{\pi}, \boldsymbol{V}^0)\right) + \\
&\quad \left(\text{TCE}^{\text{s}}(\boldsymbol{\pi}^k, \boldsymbol{V}^k) - \text{TCE}^{\text{s}}(\boldsymbol{\pi}, \boldsymbol{V}^0)\right) \\
&= \sum_{i\in\mathcal{M}} p_{i,q,v^k(i,q)}\text{PP}_{i,v^k(i,q)} + \\
&\quad \sum_{i\in\mathcal{M}} \left((C_{\max}(\boldsymbol{\pi}^k, \boldsymbol{V}^0) - C_{\max}(\boldsymbol{\pi}, \boldsymbol{V}^0)) - p_{i,q,v^k(i,q)}\right) \cdot \text{SP}_i
\end{aligned}
\tag{4-35}
$$

其中，$\text{TCE}^{\text{s}}(\cdot)$ 和 $\text{TCE}^{\text{p}}(\cdot)$ 分别表示某个可行解在待机状态和加工状态的总能耗值。基于上述表达式易知，对于能耗成本的评价亦可在 $O(Ml)$ 的计算时间内完成。

完成了所有 $l+1$ 个候选解的制造期 $C_{\max}(\boldsymbol{\pi}^k, \boldsymbol{V}^k)$ 与总能耗增量 ΔTCE_k 的计算后，我们在这些可行解中求取拓展 NEH 操作所生成的非支配解集。这里给出复杂度为 $O(l \log l)$ 的非支配解集选择方案，如算法

4.2 所示。在此基础上，在算法 4.3 中给出了多目标 NEH 插入操作的完整流程。

算法 4.2　　非支配解选择

输入: $l+1$ 个插入位置对应的制造期向量 $C = (C_{\max}(\boldsymbol{\pi}^1, \boldsymbol{V}^1), C_{\max}(\boldsymbol{\pi}^2, \boldsymbol{V}^2), \cdots,$ $C_{\max}(\boldsymbol{\pi}^{l+1}, \boldsymbol{V}^{l+1}))^{\mathrm{T}}$，$l+1$ 个插入位置对应的总能耗增量向量 $\boldsymbol{E} = (\Delta \mathrm{TCE}_1,$ $\Delta \mathrm{TCE}_2, \cdots, \Delta \mathrm{TCE}_{l+1})^{\mathrm{T}}$

1: 将向量 $\boldsymbol{C}$ 按升序排列，记为 $(C_{I(1)}, C_{I(2)}, \cdots, C_{I(l+1)})^{\mathrm{T}}$，其中 $\boldsymbol{I} = (I(1),$ $I(2), \cdots, I(l+1))^{\mathrm{T}}$ 表示升序排列后对应的插入位置序号

2: 令 $\min E := +\infty$, $\mathcal{I} := \varnothing$

3: **for** $k = 1$ to $l+1$ **do**

4:　　**if** $\Delta \mathrm{TCE}_{I(k)} < \min E$ **then**

5:　　　　$\mathcal{I} \leftarrow \mathcal{I} \cup I(k)$; $\min E \leftarrow \Delta \mathrm{TCE}_{I(k)}$

6:　　**end if**

7: **end for**

输出: 对应非支配解集的插入位置集合 $\mathcal{I}$

算法 4.3　　多目标 NEH 插入操作

输入: 待插入工件 q，部分解序列 $(\boldsymbol{\pi}, \boldsymbol{V}^0)$

1: 根据式 (4-25) $\sim$ 式 (4-32) 计算 $\boldsymbol{E}$、$\boldsymbol{F}$、$\boldsymbol{Q}$ 矩阵

2: **for** $k = 1$ to $l+1$ **do**

3:　　应用算法 4.1计算待插入工件 q 在位置 k 处插入的调速方案 $\boldsymbol{v}_q^k$

4:　　根据式 (4-34) $\sim$ 式 (4-35) 计算 $(\boldsymbol{\pi}^k, \boldsymbol{V}^k)$ 的制造期 $C_{\max}(\boldsymbol{\pi}^k, \boldsymbol{V}^k)$ 与总能耗增量 $\Delta \mathrm{TCE}_k$

5: **end for**

6: 应用算法 4.2在 $l+1$ 个候选解中选择出非支配解集

输出: 非支配可行解解集

4.3.2.3　子问题计算复杂度分析

首先分析针对单个插入位置 k 的调速过程计算复杂度。根据算法 4.1的计算流程，易知其计算复杂度由算法第 9 行中计算最小可行的加工速度 $v^k(i, q)$ 这一步骤决定。采用二分搜索的方法，可以在 $O(\log S)$ 时间复杂度完成这一步骤。注意到这一步骤将循环执行 $M - 1$ 次，因此算法 4.1 的整体计算复杂度为 $O(M \log S)$。

多目标 NEH 插入操作（算法 4.3）复杂度的分析如下：式 (4-25) $\sim$

式 (4-32) 中 E、F、Q 矩阵的计算复杂度为 $O(Ml)$；对于任意 $k \in \{1, 2, \cdots, l+1\}$，确定调速方案 $\boldsymbol{v}_q^k$ 的计算量为 $O(M \log S)$，制造期与能耗增量评价计算量为 $O(M)$，因此算法 4.3 中 2~5 行循环的计算量为 $O(Ml \log S)$；完成目标函数值计算后，非支配解选择过程计算量为 $O(l \log l)$。因此拓展 NEH 操作的整体计算复杂度为 $O(Ml \log S + l \log l)$，排除的劣解数量为 $O(lS^M)$ 个。与之相比，经典 NEH 加速插入操作在 $O(Ml)$ 的计算复杂度下排除了 $O(l)$ 个非最优解。本章设计的多目标 NEH 插入操作虽然计算复杂度稍高，但对于解空间的搜索效率显著提升，并同时考虑了加工调速过程与多目标优化之间的权衡。因此该拓展非常适用于本问题求解，本书将基于这一子问题求解设计构造性算法与元启发式算法对问题进行求解。

注释4.1　多目标 NEH 插入操作的高效源于节能调速过程的巧妙实现。插入操作共计评价 $l+1$ 个不同的插入位置，每个位置评价消耗计算量为 $O(M \log S)$，因此对所有插入位置执行节能调速过程的时间复杂度为 $O(Ml \log S)$。考虑到整个过程中所评价的可行解数量也是 $O(Ml \log S)$，所以平均意义下单次调速评价的计算复杂度为 $O(1)$。如此低的计算复杂度可以大幅提高整体算法的计算效率，保证算法在给定的运行时间内探索更多的可行解。

4.3.3　基于规划模型的节能调速

虽然 4.3.2 节中给出的节能调速方案计算复杂度很低，但本质上是基于贪心思想的启发式方法。作为对上述思路的补充，在本节给出针对工件调速问题的混合整数规划模型，基于该模型可以求解出工件插入时的最优降速方案。

问题参数：

- $\mathcal{M}$：工件流经的机器集合；
- $\mathcal{S}$：机器速度档位集合；
- M：机器的个数；
- q：待插入工件序号；
- k：待评价的插入位置序号；
- E：最早完工时间矩阵；

- Q：制造期与最晚开始时间之差矩阵；
- v_q^0：工件 q 初始加工速度；
- p_{iqv}：工件 q 在机器 i 上以速度 v 加工时的加工时间；
- PP_{iv}：机器 i 以速度 v 加工时单位时间能耗；
- SP_i：机器 i 待机模式下单位时间能耗；
- C^0：工件 q 插入序列之前的制造期；
- C_q^0：工件 q 以速度 v_q^0 插入序列后的制造期；

决策变量：

- y_{iqv}：0-1 变量，工件 q 在机器 i 上以速度 v 加工时为 1，反之为 0；
- f_i：连续变量，工件 q 插入到位置 k 后的最早完工时间；
- $\Delta\mathrm{TCE}$：连续变量，插入工件 q 后的总能耗增量。

节能调速规划模型：

$$\min \quad \Delta\mathrm{TCE} \tag{4-36}$$

$$\mathrm{s.t.} \quad \Delta\mathrm{TCE} = \sum_{i\in\mathcal{M}}\sum_{v\in\mathcal{S}}\mathrm{PP}_{iv}y_{iqv} + \sum_{i\in\mathcal{M}}\mathrm{SP}_i\cdot\left(C_q^0 - C^0 - \sum_{v\in\mathcal{S}}p_{iqv}y_{iqv}\right) \tag{4-37}$$

$$f_i \geqslant f_{i-1} + \sum_{v\in\mathcal{S}}p_{iqv}y_{iqv}, \quad \forall i\in\mathcal{M}\backslash\{1\} \tag{4-38}$$

$$f_i \geqslant E_{i,k-1} + \sum_{v\in\mathcal{S}}p_{iqv}y_{iqv}, \quad \forall i\in\mathcal{M} \tag{4-39}$$

$$f_i + Q_{ik} \leqslant C_q^0, \quad \forall i\in\mathcal{M} \tag{4-40}$$

$$\sum_{v\in\mathcal{S}}y_{iqv} = 1, \quad \forall i\in\mathcal{M} \tag{4-41}$$

$$y_{iqv} = 0, \quad \forall i\in\mathcal{M};\ \forall v\in\mathcal{S},\ v > v^0(i,q) \tag{4-42}$$

$$y_{iqv} \in \{0,1\}, \quad \forall i\in\mathcal{M};\ \forall v\in\mathcal{S} \tag{4-43}$$

$$f_i \geqslant 0, \quad \forall i\in\mathcal{M} \tag{4-44}$$

上述规划模型旨在保证制造期不变的条件下，通过对插入工件 q 进行调速，从而优化车间总能耗。目标函数为最小化总能耗增量 $\Delta\mathrm{TCE}$，其定义如式 (4-35) 所示，在本模型中由式 (4-37) 给出。式 (4-38) ～ 式

(4-39) 为不同速度设定下 F 矩阵的计算方法，对应于 Taillard 加速原理中的式 (4-32)。根据 F 矩阵与 Q 矩阵，式 (4-40) 要求制造期不超过原始插入速度时的加工制造期 C_q^0。式 (4-41) 要求每台机器上工件 q 具有唯一的加工速度，而式 (4-42) 则保证工件加工速度不会提升，隐含了制造期必然不会缩短，从而确保模型与 4.3.2 节中给出的启发式算法思路的一致性。

得益于子问题性质的深入分析，上述规划模型中制造期与总能耗的计算仅仅由插入工件 q 决定，不用再次访问序列中其他工件的加工信息。这大大缩小了混合整数线性规划模型的规模。具体地，该模型中只有 MS 个 0-1 决策变量和 M 个连续决策变量；然而一般情况下，通过规划形式评价给定工件顺序的流水车间制造期需要至少 MN 个连续决策变量。考虑到问题算例设定中一般有 $M \ll N$，因此提出的模型求解效率显著提高。尽管如此，考虑到该问题可行解搜索空间过大，在元启发式算法设计过程中仍旧优先调用 4.3.2 节中给出的计算复杂度更低的节能调速算法，以保证算法快速收敛到局部最优解。当元启发式算法接近收敛时，使用基于本节的规划模型对工件加工速度进行调整，可以进一步提高非支配解集的质量。

4.4　主问题求解

由于本章研究的多目标优化是一个可行解空间巨大的强 NP 难问题，这里不采用精确算法对其求解，而是针对该问题设计两类启发式求解算法：多目标 NEH 算法（multi-objective NEH, MONEH）与多目标贪婪迭代算法（modified multi-objective iterated greedy, MMOIG）。其中 MONEH 算法是一类构造型启发式算法，此类算法的特性是计算效率高，实时性强，但所求得的非支配解集仍有一定的改进空间；MMOIG 算法是基于搜索策略的元启发式算法，这类算法通过迭代搜索不断改进非支配解集，一般可以得到问题的较优可行解，但计算资源开销较大。具体地，这两类算法基于 4.3 节中讨论的拓展 NEH 插入操作子问题的求解方案，构造或迭代更新问题算例的非支配解集。

4.4.1　多目标 NEH 算法

计算实验证实，经典 NEH 算法是 PFS 问题制造期优化的最佳构造型算法[165]。这一算法首先将待加工工件按照其在所有机器上的平均加工时间降序排列，然后按照经典 NEH 插入操作将工件依次插入到已经构造完成的部分解序列中。当所有工件插入完成，则构造过程结束。经典 NEH 算法仅仅关注制造期优化，尚未在多目标 PFS 问题中得到具体应用。这里基于 4.3 节介绍的拓展 NEH 插入操作提出一类可以处理多目标节能 PFS 问题的 MONEH 算法。该方法与经典 NEH 算法最为显著的不同点在于：MONEH 算法在每次工件插入过程不是保留唯一部分解序列，而是生成包含多个部分解序列的非支配解集。

MONEH 算法主体思路如下。令 NS_l 表示具有 l $(l \in \{1, 2, \cdots, N\})$ 个工件的非支配部分解解集，其中 NS_1 初始化为只包含单个工件的解集。继而算法通过执行 $N-1$ 次循环迭代以构造出非支配完整解集 NS_N。具体地，在第 l 轮迭代过程中，基于多目标 NEH 插入操作将一个新的工件插入到集合 NS_l 中所有的解序列中，继而通过非支配解选择过程，得到包含 $l+1$ 个工件的非支配解集 NS_{l+1}。为了防止集合 NS_l 过大，采用 Deb 等[162]提出的拥挤度距离指标去除分布过于集中的非支配可行解（详见算法 4.4），其中 maxPop 为算法参数。

算法 4.4　拥挤度距离计算

输入： $C = (C_1, C_2, \cdots, C_t)^T$ 和 $E = (E_1, E_2, \cdots, E_t)^T$

1: 将向量 C 按升序排列，记为 $(C_{I(1)}, C_{I(2)}, \cdots, C_{I(l+1)})^T$，其中 $I = (I(1), I(2), \cdots, I(l+1))^T$ 表示升序排列后对应的插入位置序号

2: 初始化：$\text{dist}(I(1)) := +\infty$, $\text{dist}(I(t)) := +\infty$

3: **for** $i = 2$ to $t-1$ **do**

4:　　$\text{dist}_C \leftarrow |C_{I(i+1)} - C_{I(i-1)}| / (\max C - \min C)$

5:　　$\text{dist}_E \leftarrow |E_{I(i+1)} - E_{I(i-1)}| / (\max E - \min E)$

6:　　$\text{dist}(I(i)) \leftarrow \text{dist}_C + \text{dist}_E$

7: **end for**

输出： 每个可行解的拥挤度距离 $\text{dist}(i)$, $i = 1, 2, \cdots, t$

MONEH 的具体流程如算法 4.5所示。算法第 1~2 行对集合 NS_1 进行初始化，第 4~8 行采用多目标 NEH 插入操作将待插入的工件依次插入到当前非支配解集中的每个部分解序列中，其中 $NS_{l+1} \cup_{ud} \mathcal{O}^i$ 表示将

集合 NS_{l+1} 与 $\mathcal{O}^i$ 合并，并挑选出其中的非支配解。当集合中解的个数过多时，采用算法 4.4 去除拥挤的解，该算法的输入为 t 个非支配部分解序列的制造期与能耗值 $\boldsymbol{C} = (C_1, C_2, \cdots, C_t)^\mathrm{T}$ 和 $\boldsymbol{E} = (E_1, E_2, \cdots, E_t)^\mathrm{T}$，输出为每个可行解的拥挤度距离。MONEH 算法的输出为集合 NS_N，这一集合即为 MONEH 算法构造出的非支配解集。

算法 4.5　　MONEH 算法

1: 将工件的加工速度矩阵初始化为 $\boldsymbol{V}_{\mathrm{init}}$。将所有工件按照其总完工时间降序排列，排序后的序列记为 $\boldsymbol{\pi}^0 = (\pi_1^0, \pi_2^0, \cdots, \pi_N^0)$

2: 初始化部分解序列为 $\boldsymbol{\pi}_{\mathrm{init}} := (\pi_1^0)$，初始化非支配解集为 $\mathrm{NS}_1 := \{(\boldsymbol{\pi}_{\mathrm{init}}, \boldsymbol{V}_{\mathrm{init}})\}$

3: **for** $l = 1$ to $N - 1$ **do**

4:　　初始化 $\mathrm{NS}_{l+1} := \varnothing$

5:　　**for each** $(\boldsymbol{\pi}^{[i]}, \boldsymbol{V}^{[i]}) \in \mathrm{NS}_l$ **do**

6:　　　　应用算法 4.3中给出的多目标 NEH 插入操作将工件 π_{l+1}^0 插入到部分解序列 $(\boldsymbol{\pi}^{[i]}, \boldsymbol{V}^{[i]})$ 中，本次插入操作后所得的非支配解集记为 $\mathcal{O}^i$

7:　　　　更新 NS_{l+1}：$\mathrm{NS}_{l+1} \leftarrow \mathrm{NS}_{l+1} \cup_{ud} \mathcal{O}^i$

8:　　**end for**

9:　　**while** $|\mathrm{NS}_{l+1}| > \mathrm{maxPop}$ **do**

10:　　　　根据算法 4.4计算集合 NS_{l+1} 中各解的拥挤度距离，删除 NS_{l+1} 中拥挤度距离最小的解

11:　　**end while**

12: **end for**

输出：非支配解集 NS_N

值得注意的是，MONEH 算法基于某个初始化速度矩阵 $\boldsymbol{V}_{\mathrm{init}}$。如果 $\boldsymbol{V}_{\mathrm{init}}$ 具有较高的初始速度，那么算法更有利于加工制造期优化；相反地，如果 $\boldsymbol{V}_{\mathrm{init}}$ 初始化为较低的初始速度，则更有利于能耗优化。考虑到这一设定对于优化结果的影响，实际 MONEH 运行过程将在不同速度等级 $\boldsymbol{V}_{\mathrm{init}}$ 下分别初始化，而后将运行结果进行整合，通过非支配解选择过程得出近似帕累托前沿。

4.4.2　多目标贪婪迭代算法

贪婪迭代算法是解决经典 PFS 问题的简单高效随机邻域搜索方法[123,166]。其核心过程分为两个阶段：解构与重构。在解构阶段，从完整解序列中随机移除一些工件，从而生成部分解序列；在重构阶段，被移

除的工件依次按照 NEH 插入操作的思路重新插入到部分解序列中。这两个阶段循环迭代运行，直至满足算法终止条件。本节将对 IG 算法进行拓展，使之适用于多目标 PFS 问题优化[①]。

在介绍 MMOIG 算法前，首先给出两阶段邻域搜索方法，这一方法主要基于命题 4.1 与命题 4.2 中所给出的问题结构性质。命题 4.1 指出当加工速度矩阵 V 不变时，通过调整序列 π 优化制造期，即可得到新的非支配更优解。另外，命题 4.2 指出当序列 π 不变时，在保证完工时间不变的条件下，减小速度矩阵 V 也可得到新的非支配调度方案。因此两阶段邻域搜索算法的设计如下：第一阶段固定速度矩阵 V，基于经典 NEH 插入操作提升当前解的制造期；第二阶段固定加工序列 π，基于式 (4-36) $\sim$ 式 (4-44) 中给出的节能调速规划模型计算局部最优调速方案。

算法 4.6　　两阶段邻域搜索

输入： 可行解 $(\hat{\pi}, \hat{V})$

 1: 随机生成集合 $\mathcal{J}$ 的一个置换序列 π^0

 2: **for** $l = 1$ to N **do**

 3:　　**制造期提升阶段：** 从序列 $\hat{\pi}$ 中移除工件 π_l^0，令 $q \leftarrow \pi_l^0$

 4:　　**for** $k = 1$ to N **do**

 5:　　　　固定速度矩阵 $\hat{V}$，采用式 (4-25) $\sim$ 式 (4-32) 计算将工件 q 插入到位置 k 时所得到解序列 π^k 的制造期 $C_{\max}(\pi^k, \hat{V})$

 6:　　**end for**

 7:　　更新解序列：$\hat{\pi} \leftarrow \arg\min_{\pi \in \{\pi^1, \pi^2, \cdots, \pi^N\}} C_{\max}(\pi, \hat{V})$

 8:　　**能耗提升阶段：** 固定解序列 $\hat{\pi}$，并采用式 (4-36) $\sim$ 式 (4-44) 中给出的规划模型计算工件 q 在插入位置上的最优降速策略，记录优化结果 y_{iqv}，$\forall i \in \mathcal{M}$，$v \in \mathcal{S}$

 9:　　**for** $i = 1$ to M **do**

10:　　　　更新速度矩阵：$\hat{v}_{i,q} \leftarrow \sum_{v \in \mathcal{S}} v \cdot y_{iqv}$

11:　　**end for**

12: **end for**

输出： 改善后的解 $(\hat{\pi}, \hat{V})$

为了使 IG 算法的主要思想仍然能够适用，首先对其解构过程与重构过程进行改造。在解构过程中，仍从完整解序列中随机移除 d 个工件，与

[①] 虽然 IG 算法的思想此前也曾被拓展到多目标 PFS 问题求解上 (参见文献 [167-168])，但这些工作的优化目标是多个生产指标的权衡，与本书中的节能多目标 PFS 问题有着本质不同。

此同时以概率 ρ 随机改变移除工件的加工速度。在重构过程中，基于 4.3 节中给出的多目标 NEH 插入操作，将移除的工件依次插入到部分解序列中，从而得到新的非支配解集。完成解构重构过程后，采用两阶段邻域搜索策略进一步提升发现的非支配前沿。

算法 4.7 中给出了 MMOIG 算法的操作流程。算法第 1 行在不同加工速度下初始化问题可行解，基于这些可行解构造出该问题的初始非支配解集 NCS_{ori}，接下来进入算法主循环（第 2~23 行），迭代改进这一解集。迭代过程如下：首先对集合 NCS_{ori} 中的每个解进行解构与重构，其中第 5~6 行描述解构过程，第 7~13 行描述重构过程，继而采用非支配解选择方法对当前非支配前沿进行更新，如第 14 行所示。当集合 NCS_{ori} 中所有可行解完成解构重构过程后，第 16~18 行调用两阶段邻域搜索算法进一步提升非支配解集。第 19~22 行将上一轮迭代的非支配前沿 NCS_{ori} 与本轮迭代生成的解集 NCS_{cur} 合并，并剔除其中拥挤度距离较小的解，生成解集记为 NCS_{ori}，然后进入下一轮迭代。

算法 4.7　　MMOIG 算法

输入： 在不同速度等级下随机生成初始非支配解集 NCS_{ini}

1: 初始化 $\text{NCS}_{\text{ori}} := \text{NCS}_{\text{ini}}$

2: **while** 未达到算法终止条件 **do**

3: 　　初始化 $\text{NCS}_{\text{cur}} := \varnothing$

4: 　　**for each** $(\boldsymbol{\pi}^i, \boldsymbol{V}^i) \in \text{NCS}_{\text{ori}}$ **do**

5: 　　　　**解构阶段：** 在可行解序列 $\boldsymbol{\pi}^i$ 中随机移除 d 个工件，对每个移除工件的每项操作以概率 ρ 随机调整其加工速度。剩余工件组成的序列记为 $\boldsymbol{\pi}_D^i$，移除工件所组成的工件序列记为 $\boldsymbol{\pi}_R^i$，新的加工速度矩阵记为 $\boldsymbol{V}^{i'}$

6: 　　　　$\boldsymbol{\pi}_{\text{init}} \leftarrow \boldsymbol{\pi}_D^i, \boldsymbol{V}_{\text{init}} \leftarrow \boldsymbol{V}^{i'},\ \text{NPS}_0 \leftarrow \{(\boldsymbol{\pi}_{\text{init}}, \boldsymbol{V}_{\text{init}})\}$

7: 　　　　**for** $j = 1$ **to** d **do**

8: 　　　　　　$\text{NPS}_j := \varnothing$，将 NPS_{j-1} 中第 i 个部分解记为 $(\boldsymbol{\pi}^{[i]}, \boldsymbol{V}^{[i]})$, $i = 1, 2, \cdots,$ $|\text{NPS}_{j-1}|$

9: 　　　　　　**for each** $(\boldsymbol{\pi}^{[i]}, \boldsymbol{V}^{[i]}) \in \text{NPS}_{j-1}$ **do**

10: 　　　　　　　　**重构阶段：** 应用算法 4.3 中给出的拓展 NEH 插入操作将 $\boldsymbol{\pi}_R^i$ 中的第 j 个工件插入到部分解序列 $(\boldsymbol{\pi}^{[i]}, \boldsymbol{V}^{[i]})$ 中，本次插入操作后所得的非支配解集记为 $\mathcal{O}_i$

11: 　　　　　　　　$\text{NPS}_j \leftarrow \text{NPS}_j \cup_{ud} \mathcal{O}_i$

12: 　　　　　　**end for**

13:　　　　**end for**

14:　　　　$\text{NCS}_{\text{cur}} \leftarrow \text{NCS}_{\text{cur}} \cup_{ud} \text{NPS}_d$

15:　　**end for**

16:　　**for each** $(\pi^i, V^i) \in \text{NCS}_{\text{cur}}$ **do**

17:　　　　**邻域搜索:** 应用算法 4.6中给出的两阶段邻域搜索提升解 (π^i, V^i) 的质量

18:　　**end for**

19:　　**非支配解选择:** $\text{NCS}_{\text{ori}} \leftarrow \text{NCS}_{\text{ori}} \cup_{ud} \text{NCS}_{\text{cur}}$

20:　　**while** $|\text{NCS}_{\text{ori}}| > \text{maxPop}$ **do**

21:　　　　根据算法 4.4计算集合 NCS_{ori} 中各个解序列的拥挤度距离, 删除解集中拥挤度距离最小的解

22:　　**end while**

23: **end while**

输出: 非支配解集 NCS_{ori}

4.5　计 算 实 验

本节通过计算实验对 MONEH 算法与 MMOIG 算法进行评价。考虑到所研究的多目标优化问题搜索空间巨大, 很难得到最优帕累托前沿以及好的下界, 无法直接计算优化结果最优解间隙。因此, 将对提出的两类算法与经典多目标算法 NSGA-II[162] 进行比较验证。此外, 也将近年来提出的多目标能耗优化算法 AMGA[71] 与 IGSA[33] 纳入比较范畴, 这两类算法经过适当拓展亦可适用于本章讨论的多目标 PFS 节能优化调度。考虑到拓展 NEH 插入子问题的设计与求解是算法的核心过程, 所以特别设计了计算实验以验证其有效性。本章中所设计的算法均采用 MATLAB 编码实现, 其中的混合整数线性规划部分采用商业求解器 IBM ILOG CPLEX 12.6 求解。计算实验在操作系统为 Windows 7、处理器配置为 Intel Core i5-3210M 2.5GHz、内存配置为 8GB 的个人计算机上展开。

由于算法有效性受问题规模影响较大,所以我们考虑不同规模的 PFS 问题算例。表 4.1 给出了测试数据参数设置, 其中机器加工功率设置必须满足假设 4.1, 这里令 PP_{iv} 与机器运转速度的平方成正比。每个不同规模问题随机生成 10 组独立问题算例。为简化后续数据表示, 将含有 N 个工件、M 台机器的问题算例记为 $N \times M$ 算例。

表 4.1　测试数据参数设置

参数	取值	取值类型数
工件数量 (n)	20/40/60/80/100	5
机器数量 (m)	4/8/16	3
可选速度档位 (S)	$(1, 1.3, 1.55, 1.75, 2.10)$	1
单个加工操作耗时 (p_{ij})	区间 $[5,50]$ 上的均匀分布 /min	1
机器加工功率 (PP_{iv})	$[4,18]$/kW	1
机器待机功率 (SP_i)	1/kW	1

由于元启发式算法计算性能受算法参数设定影响，因此在开展正式计算实验之前，在不同参数组合下测试了各对比算法的性能表现。最大种群数量 maxPop 是待比较的 5 种算法的公共参数，为保证计算实验公平性，这一参数统一选为 maxPop = 25。其他主要问题参数描述如下：对于 MMOIG 算法，解构工件数量 d 与速度变异概率 ρ 是主要的问题参数；对于 NSGA-II，AMGA，IGSA 算法，变异概率 p_m 与交叉概率 p_c 为其公共算法参数。后续实验中，MMOIG 算法参数设定为 $d=3$，$\rho=0.4$；NSGA-II 算法参数设定为 $p_m=0.10$，$p_c=0.80$；AMGA 算法参数设定为 $p_m=0.05$，$p_c=0.90$；IGSA 算法参数设定为 $p_m=0.01$，$p_c=0.60$。除此以外，AMGA 算法独有的参数 θ 和 δ 设定为 0 和 50，IGSA 算法独有的参数 α 设定为 0.01。值得注意的是，算法的上限迭代次数 N_{ite} 与上限运行时间 t_{max} 也对最终解的性能影响很大，将在后续计算实验中给出算法终止条件的具体设定。

初始速度矩阵的设定同样可以影响所设计算法的性能表现。为了保证解的多样性，基于 10 种不同速度等级对速度矩阵初始化。第 k （$k \in \{1,2,\cdots,10\}$）个速度等级的初始化矩阵 V_{init}^k 如下获得：对于 V_{init}^k 中的某个加工速度分量 $v_{init}^k(i,j)$ （$i \in \mathcal{M}, j \in \mathcal{J}$），在集合 $\{1,2,\cdots,S\}$ 中随机生成 10 个速度值，选择其中排序第 k 大的速度值作为 $v_{init}^k(i,j)$ 的取值。

4.5.1　多目标 NEH 插入有效性评价

拓展 NEH 插入操作是 MONEH 和 MMOIG 算法的核心计算操作，为了验证算法有效性，有必要首先评价该操作对于优化性能的影响。这一操作的提出基于两个核心想法：一是节能调速过程，旨在生产指标与能耗指标优化之间取得良好均衡；二是加速算法，旨在降低可行解评价的计算复杂度，提高算法运行效率。本节通过计算实验对这两点进行分析验证。

首先验证节能调速过程的有效性。为了分析该过程对于拓展 NEH 插入操作的贡献，计算实验设计如下：对于每个问题实例，将算法 A 执行两次（$A \in \{\text{MONEH, MMOIG}\}$）。第一次执行时，严格按照 4.4 节中给出的算法流程运行，不做任何更改。第二次执行时，在拓展 NEH 插入过程中省略节能调速过程，算法其他部分不变。通过比较分析算法两次运行所求得的非支配前沿，即可得出节能调速方法对于算法运行效果的实际贡献。为了方便起见，将算法第一次执行与第二次执行分别记为 $A1$ 和 $A2$。

在图 4.5 中，以 40×8 规模算例优化结果的非支配前沿作为示例说明节能调速方法对于 MONEH 算法与 MMOIG 算法的提升。由该图可知，引入节能调速方法可以显著提升算法的优化效果。值得一提的是，在 MONEH 算法的比较中，MONEH2 在制造期较小、能耗较高时也可以给出非支配可行解。这一现象的发生原理如下：因为 MONEH 算法是一个非迭代形式的构造型算法，而 MONEH1 在 NEH 插入操作中降低了部分加工操作的速度，因此整体而言，MONEH1 算法给出的帕累托前沿的平均制造期相对于 MONEH2 更高。而 MMOIG 算法求解结果并不存在这一问题，这是因为 MMOIG 中速度矩阵在循环迭代中不断更新，可以探索到制造期较小但能耗较高的解空间。

接下来通过计算实验分析加速方法的有效性（即采用式 (4-34) 与式 (4-35) 计算制造期与能耗）。计算实验设计如下：对于每个问题算例，将算法 A 执行两次（$A \in \{\text{MONEH, MMOIG}\}$）。第一次执行时，严格按照 4.4 节中给出的算法流程运行，不做任何更改。第二次执行时，不采用加速方法增量式地计算制造期与能耗，而采用直接计算分别评价制造期与总能耗。值得注意的是，为了保证算法的主要计算量集中在拓展 NEH 插入上，这里的 MMOIG 算法并不包含两阶段邻域搜索过程，算法终止条件设置为循环次数达到 500。通过比较算法两次运行的 CPU 时间消耗，即可得出加速方法的有效性。

表 4.2 中对比了加速评价方法对于算法运行时间消耗的影响。由表

中可以看出，MONEH 算法的平均 CPU 时间消耗从 114.00s 减为 8.94s，而 MMOIG 算法的平均 CPU 时间消耗从 2159.73s 降低为 175.44s；两类算法均加速 90% 以上，佐证了加速评价方法的有效性。进一步分析不同规模问题算例加速效果对比结果可发现加速算法对于大规模算例更为有效，这与计算复杂度分析结果一致。

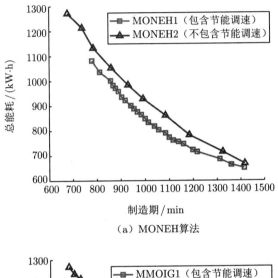

（a）MONEH算法

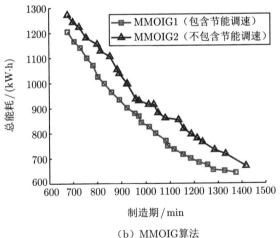

（b）MMOIG算法

图 4.5 节能调速方法对于 **MONEH** 和 **MMOIG** 算法的提升

表 4.2   加速评价方法对于算法运行时长的影响

算例规模	MONEH			MMOIG		
	原始/s	加速/s	比例	原始/s	加速/s	比例
20 × 4	1.51	0.26	5.90	113.04	22.32	5.06
20 × 8	3.36	0.55	6.07	169.02	31.05	5.44
20 × 16	5.15	0.84	6.15	235.80	40.41	5.84
40 × 4	13.82	1.85	7.48	344.88	49.41	6.98
40 × 8	22.11	2.78	7.94	626.76	79.38	7.90
40 × 16	35.80	4.08	8.77	1067.40	121.86	8.76
60 × 4	40.05	4.52	8.87	818.10	93.51	8.75
60 × 8	66.05	6.63	9.96	1395.90	138.33	10.09
60 × 16	118.20	10.59	11.16	2590.74	227.25	11.40
80 × 4	88.66	8.39	10.57	1500.39	144.63	10.37
80 × 8	143.97	12.00	11.99	2783.25	234.90	11.85
80 × 16	256.95	18.80	13.67	5067.09	371.61	13.64
100 × 4	151.89	12.55	12.10	2332.80	197.19	11.83
100 × 8	276.21	19.77	13.97	4551.66	327.96	13.88
100 × 16	486.34	30.45	15.97	8799.21	551.97	15.94
平均	114.00	8.94	12.75	2159.73	175.44	12.32

4.5.2   元启发式算法性能比较

本节通过不同元启发式算法之间的性能比较，验证所提出算法的有效性。具体地，在保证相同计算耗时前提下，将 MONEH、MMOIG 算法与常用的多目标优化算法 NSGA-II，以及近年来提出的节能生产调度算法 AMGA[71] 和 IGSA[33] 进行对比分析。NSGA-II 算法是一类通用的多目标优化框架，可直接应用于本问题求解。为了将 AMGA 算法和 IGSA 算法应用到本问题上，需要对其进行一些修改。AMGA 算法最初应用于混合流水车间的节能优化，而 IGSA 算法最初应用于柔性流水车间调度问题。为了使之同样适用于本问题，采用 "(π, V)" 形式对可行解进行编码。此外，原始的 IGSA 算法本质上将多目标问题转化为多个加权的单目标问题求解。为了使之同样适用于本问题，我们顺序执行 maxPop 次 IGSA 算法，每一次的目标函数加权系数设置为：$w_1 = 0, w_1 = \frac{1}{\text{maxPop} - 1}, w_1 = \frac{2}{\text{maxPop} - 1}, \cdots, w_1 = 1$，每一次算法执行的上限时间限定为 $\frac{t_{\max}}{\text{maxPop}}$。

多目标优化算法的评价与单目标优化问题有着显著不同，不存在简单的评价标准来衡量不同多目标算法的性能。一方面，好的算法要求搜索效果出众，即找到更接近帕累托前沿的解。另一方面，算法优化所得的解集应该分布地尽量均匀广泛，从而有助于决策者依据偏好做出合适的选择。本节采用如下指标评估求得的解集质量：

(1) 覆盖度指标 (coverage metric, CM)[169]：该指标可以用来比较（通过两种不同的算法获得的）两个解集 $\mathcal{A}$ 和 $\mathcal{B}$ 的相对优劣。这一指标给出有序对 $(\mathcal{A}, \mathcal{B})$ 到区间 $[0, 1]$ 上的一个映射，映射关系如下所示：

$$C(\mathcal{A}, \mathcal{B}) = \frac{|\{b \in \mathcal{B} \mid \exists a \in \mathcal{A} : a \succ b \text{ or } a = b\}|}{|\mathcal{B}|} \quad (4\text{-}45)$$

覆盖度指标 $C(\mathcal{A}, \mathcal{B})$ 反映了两个集合中可行解之间的支配关系。如果集合 $\mathcal{B}$ 中所有解都被集合 $\mathcal{A}$ 中的某些解所支配，则有 $C(\mathcal{A}, \mathcal{B}) = 1$。反之，如果集合 $\mathcal{B}$ 中所有解都不被集合 $\mathcal{A}$ 中任一解支配，则 $C(\mathcal{A}, \mathcal{B}) = 0$。值得一提的是，集合 $\mathcal{A}$ 和集合 $\mathcal{B}$ 中的部分解并不一定相互支配，从而 $C(\mathcal{A}, \mathcal{B}) + C(\mathcal{B}, \mathcal{A})$ 很可能不为 1。

(2) 距离度量指标 (distance metric, D_{av}, $D_{\max}$) [170-171]：这两个指标用于评价某个解集 $\mathcal{A}$ 与某个参考集合 $\mathcal{R}$ 的相对求解质量。这里的参考集合可以取为最优帕累托前沿上的解，也可以取为高质量的非支配可行解。考虑到本问题复杂度高，很难最优求解帕累托前沿，故而这里将参考集合选为所有 5 个测试算法共同给出的最佳非支配可行解。距离度量指标具体定义如下：

$$D_{\mathrm{av}} = \frac{1}{|\mathcal{R}|} \sum_{x_R \in \mathcal{R}} \min_{x \in \mathcal{A}} d(x, x_R) \quad (4\text{-}46)$$

$$D_{\max} = \max_{x_R \in \mathcal{R}} \left\{ \min_{x \in \mathcal{A}} d(x, x_R) \right\} \quad (4\text{-}47)$$

其中，$d(x, x_R) = \max_{j=1,2,\cdots,N}\{(f_j(x) - f_j(x_R))/\Delta_j\}$，$\Delta_j$ 表示第 j 个目标函数 f_j 的取值范围。根据该定义易知，D_{av} 和 $D_{\max}$ 越小，则 $\mathcal{A}$ 越接近于参考集合 $\mathcal{R}$，即算法性能更优。

(3) 分布间距 (distribution spacing, DS) [172]：这一指标用于描述所求得解集在帕累托前沿上分布的均匀程度，定义如下：

$$\mathrm{DS} = \sqrt{\frac{1}{|\mathcal{A}|}\sum_{i=1}^{|\mathcal{A}|}(D_i - \bar{D})^2 / \bar{D}} \qquad (4\text{-}48)$$

其中，$\bar{D} = \sum\limits_{i=1}^{|\mathcal{A}|} D_i / |\mathcal{A}|$，$D_i$ 表示解集中第 i 个可行解与其（在目标函数空间中）最接近可行解的欧氏距离。显然 DS 越小则集合 $\mathcal{A}$ 中解的分布越均匀。

(4) 运行时间（$t_{\max}$）：这个指标即为算法运行时间，它反映了算法求解效率。

为了保证比较的公平性，要求 MMOIG、NSGA-Ⅱ、AMGA 与 IGSA 算法运行时间相同[①]。由于不同规模算例所需计算量不同，最大运行时间 $t_{\max}$ 根据算例规模具体确定。后续计算实验中，MMOIG、NSGA-Ⅱ、AMGA 与 IGSA 算法对 $M \times N$ 规模算例运行时间设置为 $5MN^2\text{ms}$。值得注意的是，由于 MONEH 算法并非迭代型算法，这里并不对其运行时间加以限定。为了保证算法性能结果比较的稳定性与可信度，针对每个算例独立重复 10 次计算实验。

表 4.3 和表 4.4 中分别给出了不同算法求解解集的相对解质量比较。表 4.3 给出了 MONEH 算法与 NSGA-Ⅱ、AMGA、IGSA 三个算法的覆盖度指标对比。根据该表可以看出，NSGA-Ⅱ 算法所求得解集中 74% 的可行解被 MONEH 算法解集中某些可行解支配；反之，MONEH 算法解集中只有 2% 的可行解被 NSGA-Ⅱ 给出的可行解所支配。MONEH 算法与 AMGA 与 IGSA 算法比较结果与上述结果类似，由此可知 MONEH 算法在相对解质量上优于 NSGA-Ⅱ、AMGA、IGSA 算法，验证了 MONEH 算法搜索结果的有效性。

表 4.4 给出了 MMOIG 算法与 NSGA-Ⅱ、AMGA、IGSA 与 MONEH 四个算法的覆盖度指标对比。根据该表可以看出：在平均意义下，MMOIG 算法解集中只有 0~1% 的解被 NSGA-Ⅱ、AMGA、IGSA 算法给出的解支配，MMOIG 性能表现明显更优。此外，根据表中 MONEH 与 MMOIG

---

① 原始 AMGA 算法终止条件为迭代次数达到预先设定的上限值，算法中的目标函数权重系数 w_1 在迭代过程中从 0 逐渐增加到 1。为了保证 AMGA 算法运行时间为 $t_{\max}$，我们在算法迭代过程中记录每次迭代的时间消耗，基于这一时间消耗估算剩余的迭代次数，从而确定 w_1 在每次迭代后的增幅。具体地，假设第 k 轮迭代时 CPU 运行时间为 t_k，采用如下公式对权重 w_1 迭代更新：$w_1 \leftarrow w_1 + \dfrac{(1-w_1)t_k}{(t_{\max}-t_k)k}$。式中 $\dfrac{t_k}{(t_{\max}-t_k)k}$ 一项可视为对剩余迭代次数的估计。

算法的覆盖度指标比较可以看出 MMOIG 相对于 MONEH 更优。这是因为 MMOIG 算法通过反复迭代不断改进非支配解集，而 MONEH 算法是一类非迭代式的构造型算法。

表 4.3　MONEH 算法与 NSGA-II、AMGA、IGSA 算法的覆盖度指标对比

算例规模	C(MONEH、NSGA-II)	C(NSGA-II、MONEH)	C(MONEH、AMGA)	C(AMGA、MONEH)	C(MONEH、IGSA)	C(IGSA、MONEH)
20×4	0.57	0.12	0.17	0.52	0.41	0.21
20×8	0.73	0.04	0.37	0.30	0.56	0.11
20×16	0.88	0.02	0.65	0.08	0.73	0.05
40×4	0.74	0.02	0.35	0.14	0.39	0.16
40×8	0.77	0.00	0.58	0.04	0.46	0.09
40×16	0.86	0.00	0.74	0.00	0.58	0.08
60×4	0.70	0.01	0.39	0.12	0.38	0.11
60×8	0.78	0.00	0.57	0.02	0.46	0.09
60×16	0.76	0.02	0.59	0.03	0.44	0.13
80×4	0.70	0.00	0.36	0.15	0.36	0.19
80×8	0.74	0.02	0.50	0.10	0.42	0.14
80×16	0.72	0.02	0.54	0.03	0.38	0.16
100×4	0.70	0.00	0.39	0.14	0.36	0.17
100×8	0.76	0.01	0.44	0.07	0.39	0.13
100×16	0.65	0.03	0.50	0.04	0.33	0.16
平均	0.74	0.02	0.47	0.12	0.44	0.13

表 4.5 中给出了五个对比算法的各项统计指标比较结果，在每一项指标对比中性能效果最好的算法采用黑体进行凸显。由于 NSGA-II、AMGA、IGSA、MMOIG 算法运行时间上限一致，为了简洁起见表中仅在 MONEH 和 MMOIG 对应栏中列出 t_{max} 指标。表中数据显示，在所测试的算法中，MMOIG 算法在 D_{av} 与 D_{max} 这两项距离度量指标上表现最优，即意味着 MMOIG 给出的帕累托前沿更接近于参考前沿。这两项指标上，MONEH 算法与 NSGA-II、AMGA 和 IGSA 算法的比较颇为有趣。具体地，MONEH 在 D_{av} 指标的比较上优于 NSGA-II、AMGA、IGSA；相反地，在 D_{max} 指标的比较上，NSGA-II、AMGA 和 IGSA 均优于 MONEH。这意味着 MONEH 算法给出的解集在平均意义下更接近于参考前沿，但在最坏情况下与参考前沿距离最大。这是因为 MONEH 算法在构造可行

解的过程中不断调用节能调速策略，因此部分高能耗、短制造期的可行解无法被 MONEH 算法发现，从而导致 $D_{\max}$ 过大。

表 4.4　MMOIG 算法与 NSGA-II、AMGA、IGSA、MONEH
算法覆盖度指标对比

算例规模	C(MMOIG、NSGA-II)	C(NSGA-II、MMOIG)	C(MMOIG、AMGA)	C(AMGA、MMOIG)	C(MMOIG、AMGA)	C(IGSA、MMOIG)	C(MMOIG、MONEH)	C(MONEH、MMOIG)
20×4	0.92	0.00	0.57	0.06	0.86	0.04	0.81	0.01
20×8	0.99	0.00	0.92	0.00	0.95	0.00	0.93	0.00
20×16	1.00	0.00	1.00	0.00	0.95	0.00	0.96	0.00
40×4	0.98	0.01	0.82	0.03	0.82	0.02	0.75	0.02
40×8	1.00	0.00	1.00	0.00	0.94	0.00	0.90	0.00
40×16	1.00	0.00	1.00	0.00	0.95	0.00	0.78	0.01
60×4	0.98	0.00	0.92	0.00	0.86	0.02	0.75	0.02
60×8	1.00	0.00	1.00	0.00	0.93	0.00	0.80	0.00
60×16	1.00	0.00	1.00	0.00	0.95	0.00	0.76	0.01
80×4	0.98	0.00	0.89	0.00	0.78	0.00	0.74	0.00
80×8	1.00	0.00	0.99	0.00	0.88	0.00	0.80	0.00
80×16	1.00	0.00	1.00	0.00	0.96	0.00	0.77	0.00
100×4	0.98	0.00	0.92	0.00	0.80	0.01	0.68	0.00
100×8	1.00	0.00	0.99	0.00	0.89	0.00	0.81	0.00
100×16	1.00	0.00	1.00	0.00	0.91	0.00	0.70	0.00
平均	0.99	0.00	0.93	0.01	0.89	0.01	0.80	0.00

表 4.5 中对于分布间距指标 DS 的比较中可以看出，MMOIG 在平均意义下 DS 更小，即帕累托解集分散度更为均匀；相反地，MONEH 算法 DS 值最大，说明其给出的解过于集中，这一结果与前述的 $D_{\max}$ 过大原因一致。值得一提的是，构造型算法 MONEH 最为显著的优势在于其计算效率。表中可以清楚看出，MONEH 的 $t_{\max}$ 指标表现最佳，可以在 30s 内完成最大规模算例求解（其他算法时间设定为 800s），且求解结果与其他元启发式算法有一定的可比性。

为了对不同算法解集质量与多样性进行更加直观的比较，在图 4.6 中绘制了不同规模问题算例下 5 类算法给出的近似帕累托前沿。考虑到算例规模多达 15 个不同尺度，这里只绘制出 20×4 和 100×16 算例的近似帕累托前沿，分别作为小型和大型算例的代表。如图 4.6 所示，MMOIG 算法非支配前沿解的质量和解的多样性表现最好，与此前的统计数据分析结果一致。对于 MONEH 与 NSGA-II、AMGA 和 IGSA 算法之间的比较，MONEH 算法的非支配前沿解的质量相对更优，但解的分布相对集中。因此该图直观地解释了 MONEH 算法在 D_{av} 指标上表现较好，但在 $D_{\max}$ 和 DS 指标上表现较差的原因。

表 4.5　NSGA-II、AMGA、IGSA、MONEH 和 MMOIG 算法的性能比较

算例规模	NSGA-II			AMGA			IGSA			MONEH				MMOIG			
	D_{av}	D_{max}	DS	D_{av}	D_{max}	DS	D_{av}	D_{max}	DS	D_{av}	D_{max}	DS	t_{max}	D_{av}	D_{max}	DS	t_{max}
20×4	0.04	0.07	1.27	0.02	0.05	1.65	0.03	0.06	1.32	0.05	0.23	1.16	0.3	0.01	0.03	1.34	8
20×8	0.08	0.13	1.11	0.04	0.08	1.98	0.06	0.11	1.55	0.03	0.13	3.54	0.6	0.01	0.04	1.15	16
20×16	0.11	0.15	1.65	0.07	0.12	1.51	0.11	0.15	0.87	0.04	0.12	2.25	0.8	0.01	0.05	1.35	32
40×4	0.08	0.13	2.21	0.04	0.07	1.4	0.04	0.08	2.35	0.02	0.15	2.88	1.9	0.01	0.02	1.34	32
40×8	0.11	0.15	1.48	0.07	0.1	1.05	0.06	0.09	2.59	0.02	0.29	3.89	2.8	0.00	0.02	0.94	64
40×16	0.13	0.19	1.98	0.08	0.11	1.79	0.06	0.1	1.77	0.04	0.25	4.63	4.1	0.01	0.05	1.63	128
60×4	0.06	0.12	2.25	0.04	0.07	1.85	0.04	0.07	2.99	0.03	0.24	3.73	4.5	0.01	0.06	1.87	72
60×8	0.12	0.18	1.6	0.07	0.1	1.91	0.06	0.11	3.09	0.03	0.31	2.66	6.6	0.01	0.09	1.17	144
60×16	0.11	0.19	4.34	0.08	0.11	2.43	0.06	0.08	2.41	0.02	0.27	5.37	10.6	0.01	0.01	2.05	288
80×4	0.08	0.13	2.11	0.04	0.09	1.46	0.03	0.07	2.39	0.04	0.25	4.59	8.4	0.01	0.04	1.15	128
80×8	0.1	0.16	2.81	0.04	0.1	1.93	0.03	0.05	2.59	0.04	0.27	5.31	12	0.01	0.05	1.45	256
80×16	0.09	0.14	2.91	0.06	0.09	2.61	0.04	0.07	2.91	0.03	0.26	8.61	18.8	0.01	0.02	3.22	512
100×4	0.07	0.1	3.09	0.04	0.08	2.9	0.03	0.07	2.89	0.04	0.2	5.66	12.6	0.01	0.02	1.77	200
100×8	0.11	0.17	3.9	0.04	0.08	1.73	0.03	0.06	3.76	0.04	0.27	9.54	19.8	0.01	0.03	1.67	400
100×16	0.09	0.15	4.13	0.06	0.08	3.82	0.04	0.08	3.93	0.04	0.29	3.17	30.5	0.01	0.04	2.25	800
平均	0.09	0.14	2.46	0.05	0.09	2.00	0.05	0.08	2.49	0.03	0.23	4.47	8.9	0.01	0.04	1.62	205.3

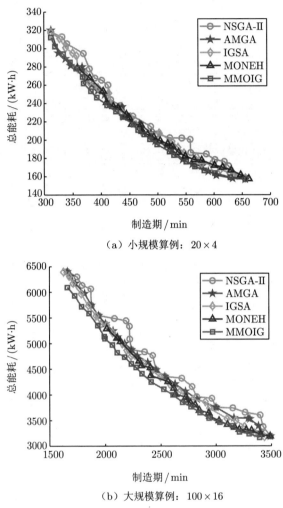

（a）小规模算例：20×4

（b）大规模算例：100×16

图 4.6　对比算法帕累托前沿比较

4.6　小　　结

　　本章研究了一类以总能耗和制造期为优化目标的加工速度可调多目标置换流水车间调度问题。首先基于机器加工过程与闲置过程的能耗分析，提出了融合节能指标的多目标优化框架，并为这一新型调度问题建立了简洁的数学模型。继而研究了该多目标优化问题局部非支配解的结构性质，基于此对求解经典 PFS 问题的 NEH 插入操作进行了拓展，并引入了两类节能调速策略以使得拓展后的 NEH 插入可以同时优化插入工件的位置与加工速度。两类节能调速策略：一是基于贪心思路的启发式调速方法，该方法的优势在于计算复杂度低，适用于对当前解进行迅速改进的情况；二是基于混合整数线性规划模型的局部最优调速方法，适用于对算法得到的可行解进行精细优化。在拓展 NEH 插入操作的基础上，进一步设计实现了 MONEH 算法和改进的 MMOIG 算法。

计算实验结果表明，引入拓展 NEH 插入操作可以显著改善帕累托前沿质量。此外，本书提出的 MONEH 算法与 MMOIG 算法在求解结果与算法耗时方面均优于其他元启发式优化算法。MMOIG 算法给出的近似帕累托前沿曲线最为可靠，可以作为决策者在生产效率与能量消耗之间权衡的参考。

第 5 章 钢铁生产加热炉群节能调度
优化及其应用

加热炉是钢铁生产热轧过程中的主要能耗设备，本章研究了加热炉群的节能调度问题。具体地，该问题指的是通过调度板坯加热炉分配方案及每块板坯的具体入炉出炉时刻，在满足加热炉炉容约束、冷热坯空炉约束、下游热轧连续性约束等条件下的加热能耗与生产质量优化问题。

问题建模方面，以板坯冷热混装惩罚为生产质量指标、以板坯总驻炉时长为能耗指标，综合考虑了当前驻炉、准备入炉板坯状态，以及板坯库和上游供料情况对问题进行了运筹学建模。根据规划模型，基于热轧连续性约束松弛进行模型转化，提出了优化下界估计方法。优化方法方面，采用分解优化思路将原问题优化转化为板坯分配方案决策（主问题）与入炉出炉时刻决策（子问题）的迭代求解，其中主问题采用变邻域搜索算法近似求解，子问题转化为线性规划最优求解。结合实际生产数据与计算实验证实了算法平均最优解间隙仅为 0.88%。最后基于优化结果分析了以能耗优化为目标与以生产质量优化为目标调度方案的异同，并给出了板坯加热炉选择与入炉顺序的可视化展示。

5.1 引　　言

第 2~4 章主要研究车间调度中的节能问题，本章将车间调度中的建模与求解方法应用于钢铁生产加热炉群调度问题中。在典型的钢铁制造流程中，加热炉群的加热过程是上游连铸过程与下游热轧过程的重要衔接阶段。由于热轧机对于轧制板坯的温度要求一般为 1200℃ 以上，连铸过程生产的板坯需要在步进式加热炉中经由预热段、加热段和均热段三个阶段的充分加热后才可出炉轧制。对并行加热炉群进行合理计划与调度，可以显著减少这一过程能源损耗，同时提高板坯的加工质量与成材率。

我国钢铁产量排名世界第一，很多国内学者对钢铁企业中的流程控制问题、调度优化问题进行了深入研究。在加热炉调度研究方面，宁树实等[173] 对加热炉衔接过程的生产约束进行数学建模，设计了一类遗传局部搜索算法对问题进行求解。孙学刚等[174] 针对特种钢品种多、批量小的特点，研究了特种钢的加热炉群调度问题，并提出了一类基于免疫文化算法的优化调度方案。谭园园等[175] 进一步考虑了同一轧制位置对应多块板坯的实际生产背景，提出了一类分散搜索算法对问题进行求解。李铁克等[176] 以板坯的最大完成时间与总驻炉时间为优化目标，基于关键路径分析的思路提出了一类三阶段算法对问题求解。潘瑞林等[177] 基于仿真优化的方法研究了加热炉或热轧机故障时的重调度策略，并基于实际生产数据验证了优化方法的有效性。

加热炉群的优化调度问题，既具有并行机调度模型特点（每块板坯选择任意加热炉执行加热操作），也具有流水车间调度模型特点（出炉板坯在同一台轧机上完成轧制），可以认为是一类特殊的柔性流水车间调度问题[178]。考虑到步进式加热炉可以同时加热多块板坯，有别于传统调度问题中的机器独占性要求，需要针对这一问题设计新的优化模型与算法。本章延续了模型分解的思路，将这一实际调度优化问题转化为板坯分配方案主问题与入炉出炉时刻子问题，并迭代求解。主要贡献总结如下：

- 问题建模方面，现有文献多研究静态的加热炉调度优化，给出的方案不能根据上下游实际加工状态进行调整。为了克服这一问题，本章综合考虑了当前驻炉板坯、准备入炉（辊道上）板坯状态以及板坯库和上游供料情况，建立了一类基于当前生产状态的调度优化模型。此外，模型中还考虑了加热炉炉容约束、冷热坯混装空炉约束等实际生产背景，提升了模型的实用性。

- 优化方法方面，现有文献多采用基于种群迭代的进化计算启发式方法对问题进行求解，对并行加热炉调度的结构性质分析不足。本章基于模型分解与邻域结构分析的思路，将这一复杂优化问题转化为主问题与子问题的迭代求解。具体地，主问题决策板坯在加热炉上的分配方案，采用变邻域搜索方法求解。子问题考虑给定板坯分配方案下的入炉、出炉时刻决策，采用线性规划最优求解。此外，现有文献多将算法优化结果与人工调度方案进行对比，或与类似的启发式求解方案对比。本章提出了一类松弛热轧连续性约束的下界估计方法，并基于这一下界验证了优化算法求解结果的近似最优性。

5.2　背景介绍

钢铁制造流程通常包含原料处理、炼铁、炼钢、连铸、热轧、冷轧等加工步骤[173]，其中连铸与热轧工序之间的物流方案较为复杂，规划调度难度较高。根据待轧制板坯的来源与板坯初始温度，可将连铸、热轧过程衔接部分的工艺路线分为以下四类：

- 冷坯装炉轧制（cold charge rolling, CCR）：完成连铸生产的板坯，首先进入板坯库存放。存放一定时间后，在加热炉中将其加热到轧制温度后出炉。此类板坯入炉温度低于 400℃。
- 热坯装炉轧制（hot charge rolling, HCR）：完成连铸生产的板坯，首先进入保温坑中保温，一段时间后，在加热炉中将其加热到轧制温度后出炉。此类板坯入炉温度在 400~700℃。
- 直接热坯装炉轧制（direct hot charge rolling, DHCR）：完成连铸阶段生产的热坯，直接送入加热炉中进行加热，达到轧制温度后出炉。此类板坯入炉温度在 700~1000℃。
- 热坯直接轧制（hot direct rolling, HDR）：完成连铸生产的板坯不经过加热炉，直接送入轧机进行热轧。此类板坯温度一般在 1100~1200℃。

图 5.1 中给出了四类工艺路线的板坯流向示意图。基于工艺路线分类，采用 CCR、HCR、DHCR 与 HDR 这四种衔接方式使加热炉能耗依次递减，但生产组织难度依次上升。事实上，HDR 方式对钢铁企业的生产组织与技术条件要求极高，在实际生产中一般不予采用。所以本章模型中仅考虑 CCR、HCR 与 DHCR 三种工艺路线，即所有待加工板坯必须经历加热炉的加热过程，待优化问题的核心在于板坯的加热炉选择以及

板坯的入炉出炉时刻决策。

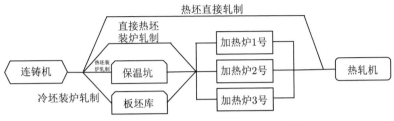

图 5.1　连铸热轧衔接阶段板坯流向示意图

　　为了便于理解问题，在图 5.2 中给出了加热炉调度中涉及的板坯流向细节图。图中的 1CC、2CC 和 3CC 代表上游的三台连铸机，其中 1CC 连铸板坯采用直接热坯装炉轧制工艺路线，2CC 连铸板坯采用直接热坯装炉轧制和热坯装炉轧制工艺路线，而 3CC 则采用冷坯装炉轧制工艺路线。经过直接热坯装炉轧制、热坯装炉轧制、冷坯装炉轧制路线后，板坯由辊道传输至 1~3 号步进式加热炉中进行加热，三台加热炉将完成加热的板坯传输至下游热轧机进行轧制。这里的加热炉群调度问题，就是决策不同来源、属性、规格的板坯应该分配到哪台加热炉上加工，以及每一块板坯的入炉时间与出炉时间。问题建模的难点在于如何处理连铸机与热轧机在加热炉衔接过程中涉及的各类实际约束；而优化的难点则在于如何对这一复杂优化问题进行合理分解，从而转化为易于求解的子问题，进而迭代优化求解。

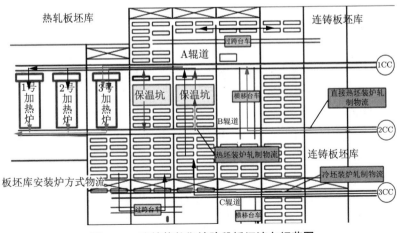

图 5.2　连铸热轧衔接阶段板坯流向细节图

5.3　问题建模

本节首先从加热炉调度的工艺约束、优化决策内容与优化目标三个方面描述这一实际生产中的调度优化问题。而后基于问题描述给出混合整数线性规划模型。

5.3.1　问题描述

A. 工艺约束：加热炉的加热过程必须满足如下工艺约束。

- 每块板坯的入炉温度、重量、尺寸共同决定了其标准加热时间，该板坯驻炉时长不得小于其标准加热时间。
- 每块板坯从多个并行加热炉中任选某炉进行加热，该板坯在不同加热炉上的标准加热时长可以不同。
- 加热炉有固定的额定容量，任意时刻单一加热炉内同时加热的板坯数量不超过该炉的额定容量。
- 每块板坯的入炉时间不小于其释放时间。其中冷坯从库存中直接提取，其释放时间由库存状态决定；而热坯的释放时间为上游板坯的到达时间，其释放时间由上游连铸机加工状态决定。
- 加热炉为步进式，即要求加热出坯顺序与板坯入炉顺序一致。
- 热轧过程轧制顺序预先给定，加热炉群整体出坯顺序必须与轧制顺序一致。
- 热轧机不可同时轧制多块板坯，且板坯出炉后必须立即开始轧制，因此轧制计划中任意两块相邻板坯的出炉时间间隔不小于单块板坯轧制时间。
- 热轧过程必须连续不中断，因此轧制计划中任意两块相邻板坯的出炉时间间隔不大于单块板坯轧制时间与热轧上限等待时间之和。
- 同一加热炉上相邻板坯入炉时间差需大于最短等待时间，冷热坯混装时该最短等待时间较长（对应于实践中的空炉操作）。

B. 优化决策内容：考虑到生产过程是动态的，任意时刻的优化决策中都必须考虑当前驻炉的、准备入炉（辊道上）的、以及板坯库和上游供料情况。因此从优化决策的角度，对于上述三类板坯分别考虑不同的优化决策。

- 对于当前驻炉板坯，所属加热炉、入炉时间已知。因此该类板坯的优化决策变量仅为其出炉时刻。
- 对于准备入炉板坯，由于已在辊道上，不宜对其炉次选择进行更改，因此其优化决策变量为入炉、出炉时刻。
- 对于板坯库或上游供应板坯，其优化决策变量既包含其加热炉选择，也包含其入炉、出炉时刻的决策。

C. 优化目标：加热炉调度的优化指标分为生产质量指标与能耗指标两类。

- 从生产质量角度考虑，尽量将加热模型相似的板坯连续排列。如果相邻板坯的钢种、尺寸跳跃较大，那么会导致加热炉工况不稳定，加热质量差。因此生产质量的优化目标是最小化相邻入炉板坯的差异度。
- 从生产能耗角度考虑，若板坯驻炉时间越长则其完成加热后在炉内的保温过程时间越长，从而增加煤气消耗量。因此，生产能耗的优化目标是最小化板坯的总驻炉时长。

例 5.1　在图 5.3 中给出了 3 台加热炉的调度方案示意。轧制计划中要求板坯整体出炉顺序根据板坯编号升序排列，由于步进式加热炉的"先进先出"约束，故而每台加热炉上的板坯编号也满足升序排列。图中板坯 1、2 已完成轧制，板坯 3 正在轧制过程中，板坯 4~9 仍处于加热过程，其他板坯处于尚未入炉状态。热轧连续性约束要求板坯 3 完成轧制后，板坯 4 紧邻开始轧制，间断时长有一定上限；未入炉板坯的物流路径与库存状态决定了其释放时间，这些板坯入炉时间不早于其释放时间。

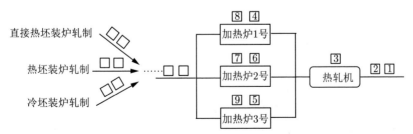

图 5.3　加热炉群板坯调度方案示意图

5.3.2　数学模型

　　由于该优化问题中既涉及板坯的加热炉选择、入炉顺序等离散决策，又涉及入炉、出炉时刻等连续决策，因此采用混合整数线性规划对其建模。为了对板坯的加热炉选择以及其在该炉上的入炉顺序予以合理表达，采用 0-1 变量 x_{ijk} 对其进行刻画。为了表达不同板坯入炉的相邻关系，采用 0-1 变量 z_{ijlk} 对其进行刻画。下面给出问题参数、决策变量定义与完整规划模型。

问题参数：

- ρ：目标函数权重系数；
- $\mathcal{M}$：加热炉集合；
- M：并行加热炉的数量，即 $|\mathcal{M}|$；
- $\mathcal{J}^{\mathrm{I}}$：当前驻炉的板坯集合；
- $\mathcal{J}^{\mathrm{T}}$：传输辊道上待入炉的板坯集合；
- $\mathcal{J}^{\mathrm{O}}$：处于准备阶段尚未入炉的板坯集合；
- $\mathcal{J}$：所有板坯的集合（即 $\mathcal{J} = \mathcal{J}^{\mathrm{I}} \cup \mathcal{J}^{\mathrm{T}} \cup \mathcal{J}^{\mathrm{O}}$），该集合中板坯序号 $j \in \mathcal{J}$ 已按照其轧制顺序排序；
- N：集合 $\mathcal{J}$ 中的板坯总数，即 $|\mathcal{J}|$；
- I_j：已完成加热炉分配板坯 $j \in \mathcal{J}^{\mathrm{I}} \cup \mathcal{J}^{\mathrm{T}}$ 所属加热炉编号；
- K_j：已完成加热炉分配板坯 $j \in \mathcal{J}^{\mathrm{I}} \cup \mathcal{J}^{\mathrm{T}}$ 在对应加热炉的入炉顺序序号；
- s_j^0：已入炉板坯 $j \in \mathcal{J}^{\mathrm{I}}$ 的入炉时刻；
- τ^0：当前时刻；
- a_{ij}：板坯 $j \in \mathcal{J}$ 在加热炉 $i \in \mathcal{M}$ 上的标准（最短）加热时长；
- r_j：板坯 $j \in \mathcal{J}^{\mathrm{O}} \cup \mathcal{J}^{\mathrm{T}}$ 的释放时间（即可以进入加热炉的最早时间）；
- t_j：板坯 $j \in \mathcal{J}$ 在下游热轧工序的轧制时间；
- δ：相邻板坯轧制之间的最大等待时间；
- d_{jl}：板坯 $j, l \in \mathcal{J}$ 相邻入炉时的最短入炉时间间隔；
- c_{jl}：板坯 $j, l \in \mathcal{J}$ 相邻入炉时的惩罚系数；
- b_i：加热炉 $i \in \mathcal{M}$ 的炉容；
- B：所有板坯出炉时间上限。

决策变量:

- x_{ijk}: 0-1 变量。当第 i 个加热炉的第 k 个位置,放置板坯 j 时为 1,否则为 0;
- z_{ijlk}: 0-1 变量。当第 i 个加热炉的第 k 个和第 $k-1$ 个位置,分别放置板坯 j 和 l 时为 1,否则为 0;
- s_{ijk}: 连续变量,第 i 个加热炉,第 k 个位置,板坯 j 的入炉时刻 (如果板坯 j 没放在该位置,则为 0);
- f_{ijk}: 连续变量,第 i 个加热炉,第 k 个位置,板坯 j 的出炉时刻 (如果板坯 j 没放在该位置,则为 0)。

混合整数线性规划模型:

$$
\min \quad \rho \sum_{i\in\mathcal{M}}\sum_{j\in\mathcal{J}}\sum_{k=1}^{N}(f_{ijk}-s_{ijk}) + (1-\rho)\sum_{i\in\mathcal{M}}\sum_{j\in\mathcal{J}}\sum_{l\in\mathcal{J}\setminus\{j\}}\sum_{k=2}^{N}c_{jl}z_{ijlk}
$$

$$\text{(5-1)}$$

$$
\text{s.t.} \quad \sum_{j\in\mathcal{J}}f_{ijk} \leqslant \sum_{j\in\mathcal{J}}s_{i,j,k+b_i} + B\cdot(1-\sum_{j\in\mathcal{J}}x_{i,j,k+b_i}), \quad \forall i\in\mathcal{M},
$$

$$
\forall k\in\{1,2,\cdots,N-b_i\} \tag{5-2}
$$

$$
f_{ijk}-s_{ijk}\geqslant a_{ij}x_{ijk}, \quad \forall i\in\mathcal{M},\ \forall j\in\mathcal{J},\ \forall k\in\{1,2,\cdots,N\} \tag{5-3}
$$

$$
z_{ijlk}\geqslant x_{ijk}+x_{i,l,k-1}-1,\ \forall i\in\mathcal{M},\ \forall j,l\in\mathcal{J},\ j\neq l,
$$

$$
\forall k\in\{2,3,\cdots,N\} \tag{5-4}
$$

$$
s_{ijk}-s_{i,l,k-1}\geqslant -B\cdot(1-z_{ijlk})+d_{jl},\ \forall i\in\mathcal{M},
$$

$$
\forall j,l\in\mathcal{J},\ j\neq l,\ \forall k\in\{2,3,\cdots,N\} \tag{5-5}
$$

$$
\sum_{i\in\mathcal{M}}\sum_{k=1}^{N}(f_{ijk}-f_{i,j-1,k})\leqslant t_{j-1}+\delta, \quad \forall j\in\mathcal{J}\setminus\{1\} \tag{5-6}
$$

$$
\sum_{i\in\mathcal{M}}\sum_{k=1}^{N}(f_{ijk}-f_{i,j-1,k})\geqslant t_{j-1}, \quad \forall j\in\mathcal{J}\setminus\{1\} \tag{5-7}
$$

$$
\sum_{i\in\mathcal{M}}\sum_{k=1}^{N}x_{ijk}=1, \quad \forall j\in\mathcal{J} \tag{5-8}
$$

$$\sum_{j \in \mathcal{J}} x_{ijk} \leqslant 1, \quad \forall i \in \mathcal{M}, \quad \forall k \in \{1, 2, \cdots, N\} \tag{5-9}$$

$$\sum_{j \in \mathcal{J}} x_{ijk} \leqslant \sum_{j \in \mathcal{J}} x_{i,j,k-1}, \quad \forall i \in \mathcal{M}, \quad \forall k \in \{2, 3, \cdots, N\} \tag{5-10}$$

$$x_{I_j,j,K_j} = 1, \quad \forall j \in \mathcal{J}^{\mathrm{I}} \cup \mathcal{J}^{\mathrm{T}}, \tag{5-11}$$

$$s_{I_j,j,K_j} = s_j^0, \quad \forall j \in \mathcal{J}^{\mathrm{I}} \tag{5-12}$$

$$s_{ijk} \geqslant r_j x_{ijk}, \quad \forall i \in \mathcal{M}, \quad \forall j \in \mathcal{J}^{\mathrm{O}} \cup \mathcal{J}^{\mathrm{T}}, \quad \forall k \in \{1, 2, \cdots, N\} \tag{5-13}$$

$$s_{ijk} \leqslant B x_{ijk}, \quad \forall i \in \mathcal{M}, \quad \forall j \in \mathcal{J}, \quad \forall k \in \{1, 2, \cdots, N\} \tag{5-14}$$

$$f_{ijk} \leqslant B x_{ijk}, \quad \forall i \in \mathcal{M}, \quad \forall j \in \mathcal{J}, \quad \forall k \in \{1, 2, \cdots, N\} \tag{5-15}$$

$$\sum_{i \in \mathcal{M}} \sum_{k=1}^{N} f_{ijk} \geqslant \tau^0, \quad \forall j \in \mathcal{J} \tag{5-16}$$

$$s_{ijk}, f_{ijk} \geqslant 0, \quad \forall i \in \mathcal{M}, \quad \forall j \in \mathcal{J}, \quad \forall k \in \{1, 2, \cdots, N\} \tag{5-17}$$

$$x_{ijk} \in \{0, 1\}, \quad \forall i \in \mathcal{M}, \quad \forall j \in \mathcal{J}, \quad \forall k \in \{1, 2, \cdots, N\} \tag{5-18}$$

$$z_{ijlk} \in \{0, 1\}, \quad \forall i \in \mathcal{M}, \quad \forall j, l \in \mathcal{J}, \; j \neq l, \quad \forall k \in \{2, 3, \cdots, N\} \tag{5-19}$$

上述混合整数线性规划模型中，式 (5-1) 表示待优化的目标函数：总驻炉时间与板坯混装惩罚的加权和。式 (5-2) 为加热炉的炉容约束，通过约束炉中第 k 个位置板坯的出炉时间小于第 $k+b_i$ 个板坯的入炉时间，保证了任意时刻炉内总板坯数不超过 b_i。这里引入额外的 $B \cdot (1 - \sum\limits_{j \in \mathcal{J}} x_{i,j,k+b_i})$ 一项以确保第 $k + b_i$ 个位置上没有放置板坯时约束仍然成立。式 (5-3) 为板坯的加热时长约束。式 (5-4) ~ 式 (5-5) 为相邻板坯入炉时间的间隔约束，易于证明式 (5-5) 中的约束仅在 $z_{ijlk} = 1$ 时生效。式 (5-6) ~ 式 (5-7) 为板坯在下游轧制机的轧制顺序约束以及轧制无间断约束，保证了加热炉群整体出坯顺序与轧制顺序一致，且板坯 j 与 $j-1$ 的出坯时间间隔在 $[t_{j-1}, t_{j-1} + \delta]$ 区间内取值。式 (5-8) ~ 式 (5-10) 给出了板坯与加热炉位置之间的对应关系约束，其中式 (5-8) 表示任意板坯有唯一的加热炉位置；式 (5-9) 表示任意加热炉位置至多只有一块板坯；而式 (5-10) 则表示对于某个加热炉 i，只有当前序位置上放置板坯时，后序位置上才可以放置板坯，引入这一约束的主要目的是为了方便刻画式 (5-2) 中的炉容约束与式 (5-5) 中的空炉约束。式 (5-11) ～ 式 (5-13) 对当前处于驻炉、待入炉以及准备中这三种状态的板坯区分处理，其中式 (5-11) 为炉内板坯与辊道上待入炉板坯设定其所处加热炉的序号，式 (5-12) 为炉内板坯的入炉时间进行赋值，而式 (5-13) 则根据板坯释放时间为尚未入炉板坯设定最早入炉时刻。最后，在式 (5-14) ～ 式 (5-16) 中给出了入炉出炉时刻与板坯分配方案的相互约束。值得一提的是，上述模型中并未显式地考虑步进式加热炉的先进先出条件，但易于证明，先进先出约束可由式 (5-5) 和式 (5-7) 并综合考虑出炉顺序预先给定这一条件间接得出。

5.4　模型分解与优化

5.3 节中设计的规划模型采用工件位置决策变量刻画了任意时刻的炉容约束，虽然避免了时间离散化，但涉及的 0-1 整数变量为 $O(MN^3)$ 量级，连续变量为 $O(MN^2)$ 量级，且模型中含有大数 B，使模型不紧，并不适用于实际问题规模的算例求解。本节基于模型分解与邻域结构分析的思路，将这一复杂优化转化为主问题与子问题的迭代求解。

具体地，主问题决策板坯在加热炉上的分配方案，采用变邻域搜索方法求解。子问题考虑给定板坯加热炉分配方案下的具体入炉、出炉时刻决策问题，采用线性规划求解。这一分解方法提出的原因是注意到加热炉群整体出炉顺序约束保证了单个加热炉内的入炉、出炉顺序，从而给定板坯加热炉分配方案后的板坯位置（即 0-1 变量 x_{ijk}）、板坯间的相邻关系（即 0-1 变量 z_{ijlk}）均已确定，优化问题转化为可在多项式时间内最优求解的线性规划问题。

5.4.1　线性规划子问题

固定板坯分配方案的条件下，每个加热炉上所需加工的板坯数与单个加热炉的板坯顺序即可唯一确定。令所有可行分配方案的集合为 Ω，则根据分配方案 $\omega \in \Omega$ 可唯一确定如下问题参数。

问题参数：

- N_i^ω：板坯分配方案为 ω 时，加热炉 i 上需要加热的板坯个数；

- j_{ik}^{ω}：板坯分配方案为 ω 时，加热炉 i 上第 k 个位置的板坯编号 $(k \in \{1, 2, \cdots, N_i^{\omega}\})$。

其中，参数 j_{ik}^{ω} 可根据板坯轧制顺序（对应于板坯序号大小）简单转化求得。

例 5.2 以 2 台加热炉、7 个板坯的情形为例。若给定板坯分配方案 ω 中板坯 1、3、6 分配给 1 号加热炉，板坯 2、4、5、7 分配给 2 号加热炉，则这一情形下 $N_1^{\omega} = 3, N_2^{\omega} = 4$，而 $j_{1,1}^{\omega} = 1, j_{1,2}^{\omega} = 3, j_{1,3}^{\omega} = 6$, $j_{2,1}^{\omega} = 2, j_{2,2}^{\omega} = 4, j_{2,3}^{\omega} = 5, j_{2,4}^{\omega} = 7$。

注意到给定板坯分配方案后，原目标函数式 (5-1) 中的混装惩罚项为确定值无需优化，因此可将子问题线性规划模型如下表述。

决策变量：

- s_j：板坯 $j \in \mathcal{J}$ 的入炉时刻；
- f_j：板坯 $j \in \mathcal{J}$ 的出炉时刻。

已知板坯分配 ω 的线性规划模型：

$$o_1(\omega) = \min \sum_{j \in \mathcal{J}} (f_j - s_j) \tag{5-20}$$

$$\text{s.t.} \quad s_{j_{i,k+1}^{\omega}} - s_{j_{ik}^{\omega}} \geqslant d_{j_{i,k+1}^{\omega}, j_{ik}^{\omega}}, \quad \forall i \in \mathcal{M}, \quad \forall k \in \{1, 2, \cdots, N_i^{\omega} - 1\} \tag{5-21}$$

$$f_{j_{ik}^{\omega}} - s_{j_{i,k+b_i}^{\omega}} \leqslant 0, \quad \forall i \in \mathcal{M}, \quad \forall k\{1, 2, \cdots, N_i^{\omega} - b_i\} \tag{5-22}$$

$$f_{j_{ik}^{\omega}} - s_{j_{ik}^{\omega}} \geqslant a_{i, j_{i,k}^{\omega}}, \quad \forall i \in \mathcal{M}, \quad \forall k\{1, 2, \cdots, N_i^{\omega}\} \tag{5-23}$$

$$f_j - f_{j-1} \leqslant t_{j-1} + \delta, \quad \forall j \in \mathcal{J} \backslash \{1\} \tag{5-24}$$

$$f_j - f_{j-1} \geqslant t_{j-1}, \quad \forall j \in \mathcal{J} \backslash \{1\} \tag{5-25}$$

$$s_j \geqslant r_j, \quad \forall j \in \mathcal{J}^{\text{O}} \cup \mathcal{J}^{\text{T}} \tag{5-26}$$

$$s_j = s_j^0, \quad \forall j \in \mathcal{J}^{\text{I}} \tag{5-27}$$

$$s_j \geqslant 0, \quad \forall j \in \mathcal{J} \tag{5-28}$$

$$f_j \geqslant \tau^0, \quad \forall j \in \mathcal{J} \tag{5-29}$$

该线性规划模型中，式 (5-20) 表示待优化的目标函数（板坯总驻炉时间）。式 (5-21) 为板坯入炉时间的间隔约束，给定板坯分配方案后，炉内任意位置的板坯相邻关系即可获得，因而可将该时间间隔约束转化为式中的线性形式。基于类似的思路可知，式 (5-22) 表示给定板坯分配方案下的炉容约束，而式 (5-23) 则表示板坯加热时长约束。式 (5-24) ∼ 式 (5-25) 为下游轧制连续性约束，其形式与前述几式显著不同，这是因为板坯在加热炉群的整体出炉顺序必须满足预先给定的轧制顺序，因而可以整体考虑出炉时刻约束，无需在单个加热炉级别予以约束。最后，式 (5-26) ∼ 式 (5-27) 分别描述了未入炉工件集合 $\mathcal{J}^{\mathrm{O}} \cup \mathcal{J}^{\mathrm{T}}$ 中工件的释放时间约束与处于驻炉状态工件的入炉时间设定。值得一提的是，步进式加热炉的先进先出约束可由式 (5-21) 和式 (5-25) 并综合考虑出炉顺序预先给定这一条件间接得出。

上述规划模型不包含整数变量，且连续决策变量数量仅为 $O(N)$ 个，显著小于原混合整数规划形式中的 $O(MN^2)$ 个连续变量，因此求解效率较高。给定 ω 时，$o_1(\omega)$ 为上述线性规划模型的最优解值，记该分配方案对应的混装惩罚为

$$o_2(\omega) = \sum_{i \in \mathcal{M}} \sum_{k=1}^{N_i^\omega - 1} c_{j_{i,k+1}^\omega, j_{ik}^\omega} \tag{5-30}$$

则原优化问题可改写为

$$\min \quad \rho o_1(\omega) + (1-\rho)o_2(\omega) \tag{5-31}$$

$$\mathrm{s.t.} \quad \omega \in \Omega \tag{5-32}$$

从而将复杂的加热炉调度问题转化为板坯分配方案 $\omega \in \Omega$ 的决策优化。

5.4.2 邻域结构分析

板坯根据其当前状态可分为三类：驻炉板坯、待入炉板坯与其他尚未入炉板坯。根据问题定义，驻炉、待入炉板坯的加热炉选择均已确定，分配方案的可决策空间只有尚未入炉板坯。为了叙述简洁，用板坯分配矩阵 $\boldsymbol{A}$ 替代抽象的板坯分配方案 ω，矩阵 $\boldsymbol{A}$ 从如下集合中取值：

$$\mathbb{A} = \left\{ \boldsymbol{A} \in \{0,1\}^{M \times N} \mid \sum_{i \in \mathcal{M}} A_{ij} = 1, \ \forall j \in \mathcal{J}, \quad A_{I_j, j} = 1, \ \forall j \in \mathcal{J}^{\mathrm{I}} \cup \mathcal{J}^{\mathrm{T}} \right\} \tag{5-33}$$

其中，$A_{ij} = 1$ 表示板坯 j 分配到加热炉 i 上进行加热。根据这一定义，分配方案 $\omega \in \Omega$ 与分配矩阵 $\boldsymbol{A} \in \mathbb{A}$ 存在一一对应关系，可记 ω 对应的

分配矩阵为 $\boldsymbol{A}^{\omega}$。

为了在可行分配方案集合 Ω 中寻优，采用组合优化中最为常用的邻域搜索策略对当前分配方案 ω 进行提升。考虑到单一邻域搜索的局限性，设计了基于换炉操作与位置互换操作的两类邻域结构。这里给出本问题设定下两类操作的具体定义。首先定义换炉操作，该操作指的是对某个板坯所处加热炉进行调整。

定义 5.1　　给定分配方案 ω 及其对应的分配矩阵 $\boldsymbol{A}^{\omega}$，换炉操作指的是在分配方案中将某个板坯 $g \in \mathcal{J}^{\mathrm{O}}$ 从当前加热炉中移除，换到任意其他加热炉 $h \in \mathcal{M}$ 中 $(A_{hg} \neq 1)$。令 $\mathbb{A}_I^{\omega}(g)$ 表示执行上述操作后的新分配方案集合，则有：

$$\mathbb{A}_I^{\omega}(g) = \Big\{ \boldsymbol{A} \in \{0,1\}^{M \times N} \mid A_{ij} = A_{ij}^{\omega},\ \forall i \in \mathcal{M},\ \forall j \in \mathcal{J} \backslash \{g\};$$
$$A_{ig} + A_{ig}^{\omega} \leqslant 1,\ \forall i \in \mathcal{M};\quad \sum_{i \in \mathcal{M}} A_{ig} = 1 \Big\}$$

下面定义位置互换操作，该操作指的是将某两个板坯进行位置互换，且保证互换后加热炉中的板坯仍为升序排列。

定义 5.2　　给定分配方案 ω 及其对应的分配矩阵 $\boldsymbol{A}^{\omega}$，板坯位置互换操作指的是在分配方案中将板坯 $g \in \mathcal{J}^{\mathrm{O}}$ 与任意可交换板坯 g' 所处加热炉及其对应位置进行互换 $(g' \in \mathcal{J}^{\mathrm{O}} \backslash \{g\})$，且保证互换后板坯仍满足升序排列。令 $\mathbb{A}_S^{\omega}(g)$ 表示执行上述操作后的可行新分配方案集合，则有：

$$\mathbb{A}_S^{\omega}(g) = \bigcup_{g' \in \mathcal{J}^{\mathrm{O}} \backslash \{g\}} \Big\{ \boldsymbol{A} \in \{0,1\}^{M \times N} \mid A_{ij} = A_{ij}^{\omega},\ \forall i \in \mathcal{M},\ \forall j \in \mathcal{J} \backslash \{g,g'\};$$
$$A_{ig'} = A_{ig}^{\omega},\ \forall i \in \mathcal{M};\quad A_{ig} = A_{ig'}^{\omega},\ \forall i \in \mathcal{M};$$
$$\max_{j \in \mathcal{J}_1^{\omega}(i_g^{\omega}, g)} j < g' < \min_{j \in \mathcal{J}_2^{\omega}(i_g^{\omega}, g)} j,$$
$$\max_{j \in \mathcal{J}_1^{\omega}(i_{g'}^{\omega}, g')} j < g < \min_{j \in \mathcal{J}_2^{\omega}(i_{g'}^{\omega}, g')} j \Big\}$$

其中，$\mathcal{J}_1^{\omega}(i,g) = \{j \in \mathcal{J} \mid A_{ij}^{\omega} = 1, j < g\} \cup \{0\}$ 表示分配方案 ω 下加热炉 i 中板坯 g 的前序工件集合，$\mathcal{J}_2^{\omega}(i,g) = \{j \in \mathcal{J} \mid A_{ij}^{\omega} = 1, j > g\} \cup \{N+1\}$ 表示加热炉 i 中板坯 g 的后序工件集合，而 $i_g^{\omega} = \sum_{i \in M} i \cdot A_{ig}^{\omega}$ 表示分配方案 ω 下板坯 g 所在的加热炉。

可以进一步定义分配方案 $\omega \in \Omega$ 所有换炉邻域分配矩阵集合为 $\mathbb{A}_I^\omega = \cup_{g \in \mathcal{J}^O} \mathbb{A}_I^\omega(g)$，所有位置互换邻域分配矩阵集合为 $\mathbb{A}_S^\omega = \cup_{g \in \mathcal{J}^O} \mathbb{A}_S^\omega(g)$。考虑到 A 与 ω 的一一对应关系，将矩阵集合 $\mathbb{A}_I^\omega(g)$、$\mathbb{A}_S^\omega(g)$、$\mathbb{A}_I^\omega$、$\mathbb{A}_S^\omega$ 所对应的分配方案集合分别记作 $\Omega_I^\omega(g)$、$\Omega_S^\omega(g)$、Ω_I^ω、Ω_S^ω。

例 5.3　为了便于直观地理解两类邻域操作的定义，下面以 2 台加热炉、7 个板坯的情形为例说明换炉操作与位置互换操作的原理。若给定板坯分配方案 ω 中板坯 1、3、6 分配给 1 号加热炉，板坯 2、4、5、7 分配给 2 号加热炉，则这一板坯分配方案对应的分配矩阵 $\boldsymbol{A}^\omega$ 为

$$\boldsymbol{A}^\omega = \begin{bmatrix} 1 & 0 & 1 & 0 & 0 & 1 & 0 \\ 0 & 1 & 0 & 1 & 1 & 0 & 1 \end{bmatrix}$$

下面以板坯 3 位置调整为例解释换炉操作与位置互换操作邻域的直观含义。

根据定义 5.1 可知，换炉操作指的是将板坯 3 从当前 1 号加热炉中移除，并换到任意一台其他加热炉中（即 2 号加热炉）。由此可知，对板坯 3 执行换炉操作后的分配矩阵集合为

$$\mathbb{A}_I^\omega(3) = \left\{ \begin{bmatrix} 1 & 0 & 0 & 0 & 0 & 1 & 0 \\ 0 & 1 & 1 & 1 & 1 & 0 & 1 \end{bmatrix} \right\}$$

根据定义 5.2 可知，位置互换操作指的是将板坯 3 与任意其他板坯互换所属加热炉及其在加热炉中的对应位置。当板坯 3 与板坯 1、5、6、7 互换位置时，将违反出炉顺序约束，不是可行互换操作。当板坯 3 与板坯 2 或 4 互换位置时，所有其他板坯的位置序号均不改变，为可行互换操作。由此可知，对板坯 3 执行位置互换操作后的分配矩阵集合为

$$\mathbb{A}_S^\omega(3) = \left\{ \begin{bmatrix} 1 & 1 & 0 & 0 & 0 & 1 & 0 \\ 0 & 0 & 1 & 1 & 1 & 0 & 1 \end{bmatrix}, \begin{bmatrix} 1 & 0 & 0 & 1 & 0 & 1 & 0 \\ 0 & 1 & 1 & 0 & 1 & 0 & 1 \end{bmatrix} \right\}$$

图 5.4 与图 5.5 中分别给出了上例中换炉操作与位置互换操作的示意图。由图中可以直观地观察到这两类操作对于板坯入炉顺序的扰动较小，因而适用于邻域搜索。

命题 5.1　对于任意板坯分配方案 $\omega \in \Omega$ 与板坯 $g \in \mathcal{J}^O$，邻域 $\Omega_I^\omega(g)$ 与 $\Omega_S^\omega(g)$ 的规模为 $O(M)$，而 Ω_I^ω 与 Ω_S^ω 的规模为 $O(M \cdot |\mathcal{J}^O|)$。

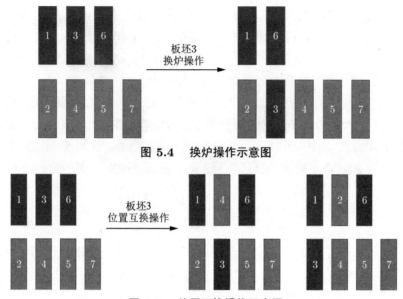

图 5.4　换炉操作示意图

图 5.5　位置互换操作示意图

证明： 给定 $\omega \in \Omega$，加热炉 $i \in \mathcal{M}$ 中的板坯入炉顺序可表示为如下序列：

$$\boldsymbol{\pi}_i^{\omega} = \left(0,\ j_{i,1}^{\omega},\ j_{i,2}^{\omega}, \cdots,\ j_{i,N_i^{\omega}}^{\omega},\ N+1\right)^{\mathrm{T}}, \quad \forall i \in \mathcal{M} \tag{5-34}$$

注意这里引入了编号为 0 与 $N+1$ 的两类虚拟板坯，并假设每台加热炉中的第一块板坯为 0 号虚拟板坯，每台加热炉中的最后一块板坯为 $N+1$ 号虚拟板坯，并记 $j_{i,0}^{\omega}=0$，$j_{i,N_i^{\omega}+1}^{\omega}=N+1$。由于板坯的整体出炉顺序必须与轧制顺序（即板坯编号）一致，因此序列 $\boldsymbol{\pi}_i^{\omega}$ 为严格单调增序列，即 $j_{i,0}^{\omega} < j_{i,1}^{\omega} < \cdots < j_{i,N_i^{\omega}}^{\omega} < j_{i,N_i^{\omega}+1}^{\omega}$。

首先考虑 $\Omega_S^{\omega}(g)$ 邻域，该邻域指的是将板坯 g 与任意其他板坯互换所属加热炉及其在加热炉中的对应位置。记 i_g^{ω} 为板坯 g 当前分配的加热炉，对于任意其他加热炉 $i \in \mathcal{M} \backslash \{i_g^{\omega}\}$，必然存在唯一位置 $k_i' \in \{0,1,\cdots,N_i^{\omega}\}$，使得下式成立：

$$j_{i,k_i'}^{\omega} < g < j_{i,k_i'+1}^{\omega}$$

因此在加热炉 i 中与板坯 g 执行位置互换操作的板坯只能是 $j_{i,k_i'}^{\omega}$ 或 $j_{i,k_i'+1}^{\omega}$，与该炉其他位置的板坯互换位置显然不满足加热炉 i 入炉顺序的单调增性质。另外，$j_{i,k_i'}^{\omega}$ 或 $j_{i,k_i'+1}^{\omega}$ 可能是虚拟板坯，此外将其换至板坯 g 原位置时可能会违反加热炉 i_g^{ω} 的入炉顺序要求，因此板坯 g 与任意给定加热炉中的板坯执行位置互换操作时，至多只有 2 个可行分配方案。由于板坯 g 有 $M-1$ 个加热炉可选，故而：

$$|\Omega_S^{\omega}(g)| \leqslant 2(M-1), \quad \forall g \in \mathcal{J}^{\mathrm{O}}$$

又由于 $\Omega_S^{\omega} = \cup_{g \in \mathcal{J}^{\mathrm{O}}} \Omega_S^{\omega}(g)$，所以 $|\Omega_S^{\omega}| \leqslant 2(M-1) \cdot |\mathcal{J}^{\mathrm{O}}|$。

而后考虑 $\Omega_I^{\omega}(g)$ 邻域；该邻域指的是将板坯 g 从当前加热炉中移除，置于另一台加热炉中执行加热操作。对于任意其他加热炉 $i \in \mathcal{M} \setminus \{i_g^{\omega}\}$，板坯 g 换炉后的位置唯一，必然在 $j_{i,k_i'}^{\omega}$ 与 $j_{i,k_i'+1}^{\omega}$ 之间。故而：

$$|\Omega_I^{\omega}(g)| = M-1, \quad \forall g \in \mathcal{J}^{\mathrm{O}}$$

由于 $\Omega_I^{\omega} = \cup_{g \in \mathcal{J}^{\mathrm{O}}} \Omega_I^{\omega}(g)$，所以 $|\Omega_I^{\omega}| = (M-1) \cdot |\mathcal{J}^{\mathrm{O}}|$。

初步计算实验表明，对于本问题的求解，基于小规模邻域结构的搜索算法收敛速度更快，寻优能力更强。因此，5.4.3 节中将介绍基于 $\Omega_I^{\omega}(g)$ 与 $\Omega_S^{\omega}(g)$ 邻域结构的变邻域搜索算法。

5.4.3　变邻域搜索算法

如前所述，经过问题分解，原问题可改写为如下形式的组合优化问题：$\min\limits_{\omega \in \Omega} o(\omega)$，其中 $o(\omega) = \rho o_1(\omega) + (1-\rho) o_2(\omega)$ 表示给定板坯分配方案 ω 下的目标函数值。$o_1(\omega)$ 表示给定分配方案 ω 的最小总驻炉时间，可采用式 (5-20) ～ 式 (5-29) 给出的线性规划子问题求解得出。$o_2(\omega)$ 为分配方案 ω 所对应的混装惩罚，可根据 $o_2(\omega) = \sum\limits_{i \in \mathcal{M}} \sum\limits_{k=1}^{N_i^{\omega}-1} c_{j_{i,(k+1)}^{\omega}, j_{ik}^{\omega}}$ 一式直接得出。

由于可行分配方案集合 Ω 过大，无法采用枚举的方法对其遍历。注意到 $\Omega_I^{\omega}(g)$ 与 $\Omega_S^{\omega}(g)$ 两类邻域结构的规模仅为 $O(M)$，因而可以在较短时间内完成在两类邻域分配方案集合中的寻优，从而迭代式地对当前解进行提升。

算法 5.1 给出了变邻域搜索算法的具体实现流程。第 1 行初始化板坯分配方案，并引入 lastObj 变量用以判断算法终止条件。算法第 2～18

行迭代执行变邻域搜索过程，其中第 4~10 行表示基于换炉操作的变邻域搜索，而第 11~17 行则表示基于位置互换操作的变邻域搜索。值得注意的是，由于只有尚未入炉板坯的分配方案可变，因此邻域搜索过程只考虑 $\mathcal{J}^O$ 集合中的板坯。第 4 行、第 11 行生成随机置换序列的目的在于保证邻域评价过程的随机性①，从而减少搜索过程的重复性。基于置换序列 $\boldsymbol{\pi}$，第 5~10 行和第 12~17 行按照 $\boldsymbol{\pi}$ 中给出的顺序依次评价各个邻域内的可行解，并基于计算结果不断更新当前解，这一评价过程采用线性规划方法即可完成。算法输出搜索到的最终板坯分配方案 ω^* 及其对应的目标函数值 $o(\omega^*)$。

算法 5.1 变邻域搜索算法

输入： 初始板坯分配方案 ω

1: 初始化 $\omega^* \leftarrow \omega$，$\mathrm{lastObj} \leftarrow \infty$

2: **while** $o(\omega^*) < \mathrm{lastObj}$ **do**

3:     $\mathrm{lastObj} \leftarrow o(\omega^*)$

4:     随机生成集合 $\{1, 2, \cdots, |\mathcal{J}^O|\}$ 的一个置换序列 $\boldsymbol{\pi}$

5:     **for** $l = 1$ to $|\mathcal{J}^O|$ **do**

6:         计算邻域 $\Omega_I^{\omega^*}(\pi_l)$ 中的局部最优解 $\omega' = \arg\min_{\omega \in \Omega_I^{\omega^*}(\pi_l)} o(\omega)$

7:         **if** $o(\omega') \leqslant o(\omega^*)$ **then**

8:             更新当前解：$\omega^* \leftarrow \omega'$

9:         **end if**

10:     **end for**

11:     随机生成集合 $\{1, 2, \cdots, |\mathcal{J}^O|\}$ 的一个置换序列 $\boldsymbol{\pi}$

12:     **for** $l = 1$ to $|\mathcal{J}^O|$ **do**

13:         计算邻域 $\Omega_S^{\omega^*}(\pi_l)$ 中的局部最优解 $\omega' = \arg\min_{\omega \in \Omega_S^{\omega^*}(\pi_l)} o(\omega)$

14:         **if** $o(\omega') \leqslant o(\omega^*)$ **then**

15:             更新当前解：$\omega^* \leftarrow \omega'$

16:         **end if**

17:     **end for**

18: **end while**

输出： 最终板坯分配方案 ω^*，该方案对应目标函数值 $o(\omega^*)$

初始分配方案 ω 的生成过程描述如下：令集合 $\mathcal{J}_l^O$ 表示尚未决定分

---

① 置换序列指的是由所有集合元素所形成的不重复序列。例如序列 $(1, 2, 5)^{\mathrm{T}}$、$(1, 5, 2)^{\mathrm{T}}$、$(2, 1, 5)^{\mathrm{T}}$、$(2, 5, 1)^{\mathrm{T}}$、$(5, 1, 2)^{\mathrm{T}}$、$(5, 2, 1)^{\mathrm{T}}$ 都是集合 $\{1, 2, 5\}$ 的置换序列。

配方案的板坯集合，并将其初始化为 $\mathcal{J}_l^{\mathrm{O}} \leftarrow \mathcal{J}^{\mathrm{O}}$。从集合 $\mathcal{J}_l^{\mathrm{O}}$ 中依次选取序号最小的板坯 g，并更新 $\mathcal{J}_l^{\mathrm{O}} \leftarrow \mathcal{J}_l^{\mathrm{O}} \backslash \{g\}$。而后对于每台加热炉 $i \in \mathcal{M}$ 分别估算板坯 g 放置于该炉上所导致的目标函数增量 $\rho \hat{o}_1 + (1 - \rho) \hat{o}_2$，其中 $\hat{o}_1 = a_{ig}$ 为板坯流经时间增量的估算，而 $\hat{o}_2 = c_{g,g_i'}$ 为板坯混装惩罚增量的计算，这里 g_i' 表示当前分配方案下加热炉 i 上的最大序号板坯。根据目标函数增量结果，将板坯 g 分配到目标函数增量最小的加热炉中，并继续迭代直至 $\mathcal{J}_l^{\mathrm{O}}$ 为空集。

5.5　优化下界估计

为了对优化算法求解结果进行评估，下面给出问题最优解下界的一种计算思路。原优化问题式 (5-1) $\sim$ 式 (5-19) 求解的难点在于加热炉下游热轧机的轧制连续性加工要求。这一连续性约束导致并行加热炉的可分结构性质破坏，致使问题难以最优求解。本节中松弛原问题中的式 (5-6)，采用新的规划模型对松弛问题最优求解。

因为相邻板坯出炉时间间隔上限约束解除，只需保证板坯出炉顺序即可，其出炉时刻可以任意延后。基于这一分析可知，对于任意板坯分配方案 ω，在松弛式 (5-6) 后可以通过调整板坯的入炉出炉时刻，使得在满足炉容约束、出炉顺序的条件下，所有板坯的驻炉时长与该分配方案下最短可行加热时长相等。以下命题对于这一论述给出了严格的定义与证明。

命题 5.2　在松弛约束式 (5-6) 后的混合整数线性规划模型优化问题的最优调度方案中，每个板坯的加热时长为其在该加热炉中的最短可行加热时长。板坯 $j \in \mathcal{J}$ 在加热炉 $i \in \mathcal{M}$ 中的最短可行加热时长 $\hat{a}_{ij}$ 由下式迭代给出：

$$\hat{f}_j = \max\{\tau^0, \hat{f}_{j-1} + t_{j-1}, s_j^0 + a_{I_j,j}\}, \quad \forall j \in \mathcal{J}^{\mathrm{I}} \tag{5-35}$$

$$\hat{a}_{ij} = \begin{cases} a_{ij}, & \forall j \in \mathcal{J}^{\mathrm{O}}, \quad \forall i \in \mathcal{M} \\ a_{ij}, & \forall j \in \mathcal{J}^{\mathrm{T}}, \quad i = I_j \\ \hat{f}_j - s_j^0, & \forall j \in \mathcal{J}^{\mathrm{I}}, \quad i = I_j \end{cases} \tag{5-36}$$

其中，$\hat{f}_j$ 表示当前加热炉内板坯 $j \in \mathcal{J}^{\mathrm{I}}$ 的最早出炉时刻，$\hat{f}_0$ 和 t_0 均设置为 0。

证明： 给定板坯分配方案 $\omega \in \Omega$，入炉出炉时刻的决策可转化为 5.4.1 节中式 (5-20) $\sim$ 式 (5-29) 中所示的线性规划问题。松弛热轧连续性约束对应于松弛线性规划模型中的约束式 (5-24)。对于优化问题式 (5-20)$\sim$ 式 (5-23)、式 (5-25) $\sim$ 式 (5-29)，可构造如下可行解：

$$s_j = s_j^0, \quad \forall j \in \mathcal{J}^{\mathrm{I}} \tag{5-37}$$

$$f_j = \hat{f}_j, \quad \forall j \in \mathcal{J}^{\mathrm{I}} \tag{5-38}$$

$$s_j = \max_{g \in \mathcal{J}^{\mathrm{T}} \cup \mathcal{J}^{\mathrm{O}}} r_g + j \cdot \left(\max_{i \in \mathcal{M}, j \in \mathcal{J}} a_{ij} + \max_{j_1, j_2 \in \mathcal{J}, j_1 \neq j_2} d_{j_1, j_2} + \max_{g \in \mathcal{J}} t_g \right),$$
$$\forall j \in \mathcal{J}^{\mathrm{T}} \cup \mathcal{J}^{\mathrm{O}} \tag{5-39}$$

$$f_j = s_j + a_{ij}, \quad \forall j \in \mathcal{J}^{\mathrm{T}} \cup \mathcal{J}^{\mathrm{O}} \tag{5-40}$$

易于验证，上式给出的入炉出炉时刻满足式 (5-20) $\sim$ 式 (5-23)、式 (5-25) $\sim$ 式 (5-29) 中的所有约束，故而为该线性规划问题的可行解。又因为在该可行解意义下，所有板坯驻炉时间均已达到式 (5-36) 中给出的最短驻炉时间（炉外板坯驻炉时长为加热时长下限 a_{ij}，炉内板坯出炉时刻 $\hat{f}_j$ 已为出炉时刻下限），因而也是该规划问题的最优解。

由于任意板坯分配方案 $\omega \in \Omega$ 下所有板坯的驻炉时长均可取到最短加热时长，所以最优调度方案下这一结论同样成立，故而命题得证。

基于命题 5.2，可将松弛轧制连续性的原调度问题改写如下：

决策变量：

- y_{ijl}：0-1 变量。当板坯 j 在板坯 l 后紧邻进入加热炉 i 时为 1，否则为 0。

下界估计规划模型：

$$\min \quad \sum_{i \in \mathcal{M}} \sum_{j \in \mathcal{J}} \sum_{l=0}^{j-1} [\rho \hat{a}_{ij} + (1-\rho) c_{jl}] \cdot y_{ijl} \tag{5-41}$$

$$\text{s.t.} \quad \sum_{i \in \mathcal{M}} \sum_{l=0}^{j-1} y_{ijl} = 1, \quad \forall j \in \mathcal{J} \tag{5-42}$$

$$\sum_{i \in \mathcal{M}} \sum_{g=j+1}^{N+1} y_{igj} = 1, \quad \forall j \in \mathcal{J} \tag{5-43}$$

$$\sum_{l=0}^{j-1} y_{ijl} = \sum_{g=j+1}^{N+1} y_{igj}, \quad \forall i \in \mathcal{M}, \quad \forall j \in \mathcal{J} \tag{5-44}$$

$$\sum_{j \in \mathcal{J}} y_{ij0} \leqslant 1, \quad \forall i \in \mathcal{M} \tag{5-45}$$

$$\sum_{j \in \mathcal{J}} y_{i,N+1,j} \leqslant 1, \quad \forall i \in \mathcal{M} \tag{5-46}$$

$$\sum_{l=0}^{j-1} y_{I_j,j,l} = 1, \quad \forall j \in \mathcal{J}^{\mathrm{I}} \cup \mathcal{J}^{\mathrm{T}} \tag{5-47}$$

$$y_{ijl} \in \{0,1\}, \quad \forall i \in \mathcal{M}, \quad \forall j \in \mathcal{J}, \quad \forall l \in \{0,1,\cdots,j-1\} \tag{5-48}$$

规划模型的目标函数式 (5-41) 即为总驻炉时间与混装惩罚的加权和，注意这里引入了编号为 0 与 $N+1$ 的两类虚拟板坯，并假设每台加热炉中的第一块板坯为 0 号虚拟板坯，每台加热炉中的最后一块板坯为 $N+1$ 号虚拟板坯，并令 $c_{j0} = 0$。式 (5-42) $\sim$ 式 (5-44) 保证了板坯位置的唯一性，且单加热炉中板坯的加热顺序满足预设的轧制顺序。其中约束式 (5-42) $\sim$ 式 (5-43) 分别表示任意板坯 $j \in \mathcal{J}$ 紧前序有且仅有唯一板坯，且其紧后序有且仅有唯一板坯。式 (5-44) 表示任意板坯 $j \in \mathcal{J}$ 的前序、后序板坯必然位于同一加热炉。由于 0 号、$N+1$ 号虚拟板坯在每台加热炉中均出现过，因此引入约束式 (5-45) $\sim$ 式 (5-46) 对其进行特殊处理。最后在约束式 (5-47) 中对炉内、辊道上已分配加热炉的板坯添加限制约束。值得一提的是，由于板坯之间存在相对先后关系，故不用考虑类似于旅行商问题中的消环约束。

相比于原优化模型，松弛轧制连续性约束后的模型决策变量数目减少了一个量级，更为重要的是该模型中不涉及 B 这类大数形式的约束，因而求解效果显著提升。需要注意的是，该模型求解结果给出的板坯分配方案并不一定满足热轧连续性约束，从而不可作为原问题可行解，但其优化结果可作为原问题优化的参考下界，为优化性能提供理论上的保障。

5.6　计 算 实 验

计算实验从两个角度展开。一是基于下界分析对所提出的优化算法进行效果验证；二是探讨生产指标与能耗指标之间的权衡。本章中所设计的算法均采用 C++ 编码实现，其中的线性规划和混合整数规划部分采用商业求解器 IBM ILOG CPLEX 12.6 求解。计算实验在操作系统为 Windows 7、处理器配置为 Intel Core i5-3210M 2.5GHz、内存配置为 8GB 的个人计算机上展开。

围绕加热炉生产流程与工艺，笔者参与到课题组在国内某钢铁企业的实地调研，并与现场计划调度员进行沟通，深入了解连铸工艺、板坯库物流、加热炉实际情况与热轧工艺。各项实验参数都是根据对该企业 MES 系统中的实际生产数据整理分析后得出。具体地，考虑 4 台并行加热炉，各炉满炉装载量（炉容）为 40 块板坯。板坯在加热炉中的标准加热时间由钢种、规格、入炉温度等因素决定，为 120 ~ 320min 不等。板坯的轧制时间由其厚度、硬度等因素决定，为 1 ~ 4min 不等。相邻板坯轧制时间间隔上限为 2min。根据物流来源不同，板坯的入炉温度有较大差异，为 20 ~ 700℃ 不等，板坯的冷热混装惩罚与最短入炉时间间隔由相邻板坯的入炉温差所决定。图 5.6 中为生产数据整理后的板坯标准加热时长、轧制时间与入炉温度的经验分布。

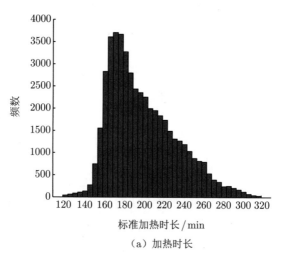

（a）加热时长

图 5.6　板坯标准加热时长、轧制时间、入炉温度经验分布

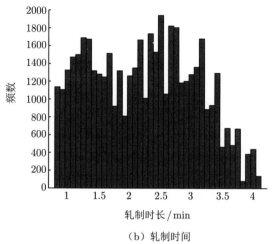

（b）轧制时间

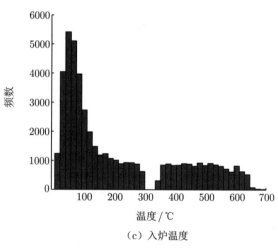

（c）入炉温度

图 5.6（续）

5.6.1　算法性能分析

本节对提出的变邻域搜索算法与下界估计方法进行正确性验证与性能分析。为了探讨算法在不同算例下的性能比较，计算实验中比较了不同板坯数量、不同目标函数权重算例下的算法效果。参数具体设计如下：

- 待调度板坯数量：$N \in \{200, 300, 400, 500\}$；
- 目标函数权重：$\rho \in \{0, 0.2, 0.4, 0.6, 0.8, 1\}$。

对于所有参数组合下的算例，分别采用松弛规划模型与变邻域搜索算法对其进行求解。规划模型给出问题最优解下界 LB，变邻域搜索给出其迭代搜索过程得到的最佳解 BV，基于此可求得优化结果的最优解间隙：

$$\text{Gap} = \frac{\text{BV} - \text{LB}}{\text{LB}} \times 100\% \tag{5-49}$$

根据这一定义，一方面表示 Gap 值越小优化算法求解性能越好，另一方面也表示松弛规划模型的下界估计准确。

表 5.1 中给出了不同规模、不同目标函数权重下的计算实验结果。松弛规划模型中的 LB 与耗时一列分别表示采用式 (5-41) ∼ 式 (5-48) 中的松弛模型最优求解对应算例的目标函数值与求解时间。虽然该模型中 0-1 整数变量较多，但由表中数据可知所有问题算例的松弛模型均可在 300s 内最优求解，且与可行解的平均最优解间隙在 1% 以内，因此上述结果充分说明了下界估计方法的高效性与准确性。此外，下界估计的准确性受权重系数 ρ 影响较大。当权重系数取为 0 时，所有问题算例最优求解；而权重系数取为 1 时，最优解间隙在 1.5% 左右。这一现象可以侧面说明，以板坯冷热混装惩罚为优化目标的加热炉调度求解难度低于以总驻炉时间为优化目标的调度问题。

变邻域搜索算法中的 BV、Gap 与耗时一栏分别表示该算法搜索过程所求得的最佳目标函数值、最优解间隙及其求解时长。根据表 5.1 中数据可知，变邻域搜索算法近似最优求解了所有问题算例，最优解间隙均不超过 2%，平均最优解间隙为 0.88%。考虑到下界估计结果距离最优解可能仍有一定偏差，因此真实的最优解间隙较表中给出数据更小，进一步说明该算法的优化性能。优化时长方面，算法平均求解时长为 691s，在计划层面完全可行。如果基于现场实际运行情况进行计划调整，那么对于 200 块板坯的小规模问题，通常可在 100s 以内完成求解。

为了评价两类邻域操作对于算法性能的影响，在表 5.2 中给出了换炉邻域与位置互换邻域的性能比较。提升次数一列表示对应邻域操作对当前解改进的次数；耗时一列表示算法执行过程中评价该邻域可行解的总用时；效率一列为提升次数与耗时的比值，反映了该邻域提升可行解的效率。由于邻域性能受问题规模影响较小，所以表中每一行数据都对应于不同权重系数 ρ 下不同板坯数量算例（$N \in \{200, 300, 400, 500\}$）下的平均值。根据表中数据可知：两类邻域的计算效率与耗时大体相当，这与命题 5.1中两类邻域规模比较的论述相一致。更为细致地比较可发现，ρ 取值 $0 \sim 0.8$ 时位置互换邻域效率较高，而 ρ 取 1 时的换炉邻域效率较高。注意到 $\rho = 1$ 时的优化指标为板坯驻炉时长，完全忽略混装惩罚，这说明换炉操作更易导致较高的混装惩罚，性能表现没有位置互换操作稳定。

表 5.1　下界估计与变邻域搜索算法性能比较

权重系数 ρ	算例规模 N/块	松弛规划模型		变邻域搜索算法		
		LB	耗时/s	BV	Gap/%	耗时/s
0.0	200	2 038	10.6	2 038	0.00	24.0
0.0	300	3 064	27.4	3 064	0.00	58.5
0.0	400	4 155	68.9	4 155	0.00	101.1
0.0	500	5 142	133.2	5 142	0.00	541.2
0.2	200	11 136	11.7	11 221	0.76	68.7
0.2	300	16 762	29.9	16 888	0.75	156.3
0.2	400	22 166	75.1	22 448	1.27	728.8
0.2	500	28 037	136.0	28 560	1.87	2 061.5
0.4	200	19 865	10.2	19 991	0.63	81.1
0.4	300	30 100	34.4	30 336	0.78	185.7
0.4	400	40 554	62.8	41 013	1.13	614.7
0.4	500	50 371	113.3	51 059	1.37	2 566.6
0.6	200	29 610	10.4	29 815	0.69	56.5
0.6	300	43 645	34.2	43 973	0.75	141.9
0.6	400	58 774	97.3	59 224	0.77	345.8
0.6	500	73 310	213.3	74 086	1.06	2 194.0
0.8	200	37 816	27.4	38 087	0.72	54.3
0.8	300	57 379	109.8	57 798	0.73	175.4
0.8	400	77 054	94.6	77 763	0.92	642.3
0.8	500	94 712	256.6	95 204	0.52	1 761.3
1.0	200	48 729	4.4	49 200	0.97	131.1
1.0	300	70 329	11.6	71 678	1.92	459.1
1.0	400	94 775	74.4	96 489	1.81	470.1
1.0	500	119 272	141.9	121 172	1.59	2 971.5
平均	−	−	74.5	−	0.88	691.3

表 5.2 邻域性能比较

权重系数 ρ	换炉邻域			位置互换邻域		
	提升次数	耗时/s	效率	提升次数	耗时/s	效率
0.0	78.8	328.9	0.24	143.0	432.5	0.33
0.2	120.8	325.7	0.37	178.0	409.3	0.43
0.4	126.3	307.1	0.41	170.3	394.3	0.43
0.6	115.8	354.9	0.33	184.5	454.7	0.41
0.8	136.5	309.1	0.44	183.0	384.3	0.48
1.0	149.5	317.9	0.47	132.8	396.7	0.33
平均	121.3	323.9	0.38	165.3	412.0	0.40

5.6.2 生产指标与能耗指标权衡

本节中考虑目标函数权重系数 ρ 不同取值时两类优化指标的变化趋势，以此探究多目标优化背景下生产指标与能耗指标之间的权衡，并基于具体调度排程方案探究板坯分配的经验规则。由于问题算例的规模可能会对帕累托前沿形状产生影响，因此分别以 $N = 200$ 与 $N = 500$ 为小规模、大规模算例的代表绘制近似帕累托前沿。不同算例中，权重系数 ρ 在集合 $\{0, 0.02, 0.04, \cdots, 0.98, 1\}$ 中选取，每个权重系数下的优化结果对应于近似帕累托前沿上的一个数据点。

图 5.7 给出了两类问题规模算例的冷热混装惩罚与总驻炉时间的近似帕累托前沿，由图中可以看出两个优化指标之间存在明显的折中。实际决策过程中，可以根据该图选择合适的权重系数 ρ，从而得到生产质量与能源成本的一个合理均衡点。值得注意的是，优化结果图中近似帕累托前沿上的数据点分布并不均匀，随着权重系数 ρ 的提升，总驻炉时间的优化并不明显，但冷热混装惩罚项变化显著。这说明最小化冷热混装惩罚可以在一定程度上降低能源成本，与实际生产中的经验观察一致。为了对这一现象进行进一步说明，下面绘制出不同目标函数权重下调度方案中板坯的具体入炉顺序。

图 5.8 中分别绘制了 $\rho = 0$ 与 $\rho = 1$ 时炉内板坯的排列顺序示意图。图中板坯的不同颜色对应于该板坯的入炉温度，颜色偏红的板坯入炉温度高，颜色偏黑的板坯入炉温度低。其中，(a) 图对应于 $\rho = 0$ 时的板坯入炉顺序，这一设定下调度决策的优化目标为最小化冷热混装惩罚；(b) 图对应于 $\rho = 1$ 时的板坯入炉顺序，该设定下的优化目标为最小化总驻

炉时长。比较两图中的调度方案可知，$\rho = 0$ 时优化算法倾向于将温度相当的板坯分配到同一加热炉内，例如 (a) 图中 2 号加热炉中的板坯均为冷坯，而 3 号加热炉中均为热坯；$\rho = 1$ 时算法给出的板坯分配方案不再将温度相当的板坯置于同一加热炉，但仍基本遵循温度相当的板坯连续分配到同一加热炉的特点，例如 (b) 图中 1 号加热炉虽然执行冷热混装的入炉顺序，但冷坯与热坯均连续成片地出现。这一调度结果出现的原因在于冷坯与热坯加热时长差距显著，频繁进行混装将导致部分热坯加热时长显著增长，从而影响优化结果的最优性。

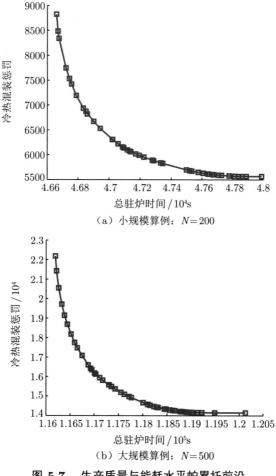

（a）小规模算例：$N = 200$

（b）大规模算例：$N = 500$

图 5.7　生产质量与能耗水平帕累托前沿

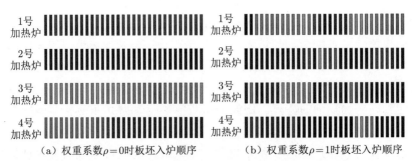

（a）权重系数 $\rho=0$ 时板坯入炉顺序　　　（b）权重系数 $\rho=1$ 时板坯入炉顺序

图 5.8　目标函数权重系数对调度方案的影响（前附彩图）

综合 $\rho=0$ 与 $\rho=1$ 两类设定下优化结果的可视化对比可知，温度相当的板坯连续分配到同一加热炉是两类情形下优化调度方案的共同特点。因此在生产计划发生临时变更的情形下，可遵循这一基本思路对板坯分配方案进行临时更改并结合式 (5-20) ～ 式 (5-29) 给出的入炉出炉时刻线性规划模型验证更改方案的可行性。

5.7　小　　结

本章研究了加热炉群的节能调度优化问题。基于当前驻炉板坯、准备入炉板坯状态以及板坯库和上游供料情况，综合考虑炉容约束、空炉约束等实际生产背景，采用混合整数线性规划对问题进行运筹学建模。基于该模型提出了一类松弛热轧连续性约束的下界估计方法作为调度方案效果评价的参考。问题求解方面，基于模型分解与邻域结构分析的思路，将这一复杂优化转化为板坯分配方案决策主问题与入炉出炉时刻优化子问题的迭代求解，并设计了基于换炉操作与位置互换操作两类变邻域搜索算法。

计算实验证实，所设计的算法近似最优求解了 500 块板坯的大规模问题算例，最优解间隙均不超过 2%，平均最优解间隙仅为 0.88%。基于优化结果的近似帕累托前沿与具体板坯入炉顺序分析，进一步发现最小化冷热混装惩罚可以在一定程度上降低能源成本，这对于生产实践有一定的指导意义。

第 6 章　总结与展望

随着能源问题的日益严峻，节能制造已成为世界各国共同关注的重要领域。传统生产调度通常以制造期、设备负荷、交货拖期等生产效率指标作为优化目标，忽视了制造过程的能源消耗与环境影响。本书研究节能生产调度背景下生产指标与能耗指标的权衡优化问题，详细讨论问题结构性质，针对不同能源政策或能耗优化目标提出新型规划模型，并基于分解优化思路设计求解算法，最后在钢铁生产加热炉节能调度问题中加以应用。下面首先总结本书主要成果，而后对分解优化方法应用于调度问题的一般思路予以归纳，最后对未来的研究工作提出设想与展望。

6.1　主要研究成果

1. 生产指标约束下的能耗优化调度

以分时电价政策为背景，研究了制造期约束下不相关并行机的能源成本优化问题。问题建模方面，主流方法一般采用时间离散化思路，规划模型规模过大。本书提出基于时间区间变量的规划模型，大幅减少了决策变量个数，提升了模型求解效率与实用性。优化方法方面，基于并行机的可分结构，采用 Dantzig-Wolfe 分解方法，以集合划分形式进行问题改写，并设计列生成启发式算法予以求解。这一分解优化思路将并行机调度优化转化为较为简单的线性集合划分主问题与单机调度子问题的迭代求解，且可给出较紧的下界估计，实现了该强 NP 难问题的近优求解。

计算实验结果表明，电价低频变化时，提出的规划模型可完成所有测试算例求解，200 个工件规模算例的最优解间隙不超过 0.03%。当能源价格波动频繁时，规划模型性能恶化，无法为大型、中型算例给出可行解。

与之相比，列生成启发式算法在不同分时电价设定下表现稳定，可求得所有测试算例的近似最优解，最优解间隙不超过 1%。此外，对制造期上限与总能源成本关系的分析表明，随着制造期的逐渐放宽，能源成本变化可归类为快速下降、平稳与缓速下降三个阶段，这一分析有助于决策者在生产效率与能源成本之间达成合理取舍。

2. 能耗指标约束下的生产效率优化调度

以峰值功率上限约束为背景，研究了并行机制造系统的制造期优化问题。问题建模方面，提出了三类混合整数线性规划模型：时间离散化模型、离散事件点模型与基于排序的离散事件点模型。时间离散化模型对每一时刻的工件加工状态引入 0-1 决策变量，模型规模受工件加工时长影响；两类离散事件点模型仅对开工事件点所对应时刻引入功率上限约束即可刻画峰值功率约束，提升了模型鲁棒性。优化方法方面，基于对问题最优解无间断特性的分析，采用分解优化的求解思路，将高度耦合的原问题转化为排序主问题与开工时刻优化子问题迭代求解。针对主问题，设计实现了基于邻域搜索策略的贪婪迭代算法；针对子问题，设计了前沿更新策略，将求解时间复杂度由 $O(N^3)$ 降低到 $O(MN)$。

计算实验结果表明，时间离散化模型对于优化下界估计较为准确，但求解效果受工件加工时间分布影响较大；相反地，两类离散事件点模型求解效率受加工时间影响较小，稳定性更高。基于分解优化思路的贪婪迭代算法在小规模算例上的求解质量及运行时间方面均优于规划模型，可求得已知最优解问题算例的最优解。大规模算例上，基于 ARPD 指标的比较证实其求解质量（ARPD：0.05）优于对比的改进 MAF 算法（ARPD：2.92）与改进 GBF 算法（ARPD：5.99）。最后分析了不同峰值能耗水平下制造期的变化趋势，以此探究峰值能耗与制造期之间的关系。

3. 生产指标与能耗指标的多目标优化调度

以生产效率与能源消耗的联合优化为背景，研究了加工速度可调流水车间多目标优化调度。该问题难点在于可行解空间巨大，高质量求解对算法搜索效率要求很高。为了克服这一难点，基于分解优化思路将其转化为非支配解集更新主问题与多目标 NEH 插入子问题的迭代求解。问题建模方面，针对子问题中节能调速过程设计了局部规划模型，并采用增量式计算思路将连续决策变量数量由 $O(MN)$ 减少为 $O(M)$。优化方法方面，对经典 NEH 插入操作进行拓展。提出的拓展操作可实现多目标能耗优化，在 $O(MN \log S + N \log N)$ 计算量内排除 $O(NS^M)$ 个劣解，即以很少的计算资源实现了解空间的高效探索。最后基于拓展 NEH 插入操作设计了构造型算法 MONEH 与迭代型算法 MMOIG 进行主问题求解。

计算实验利用解集覆盖度、距离度量、分布间距等非支配解集评价指标验证了算法有效性。结果显示 MMOIG 算法在解集质量和多样性上均优于对比的 NSGA-II、AMGA 和 IGSA 算法，平均意义下 MMOIG 算法解集中只有不到 1% 的解被对比算法给出的解支配；MONEH 算法可在显著更短的计算时间内（平均 8.9s）达到与对比算法（平均 205.3s）质量相当的求解结果。综合各项对比，MMOIG 算法给出的近似帕累托前沿最为可靠，可作为决策者在生产效率与能耗之间权衡的参考。

4. 加热炉群节能调度应用

以某钢铁企业加热炉群节能调度为背景，研究了规划模型与分解优化方法在复杂生产环境调度问题中的应用。问题建模方面，对炉容限制、冷热坯空炉要求、热轧连续性等生产约束进行抽象整理与建模，以板坯冷热混装惩罚为生产质量指标，以板坯总驻炉时长为能耗指标建立规划模型。采用约束松弛进行模型转化，提出了优化下界估计方法。优化方法方面，采用分解优化的思路，将原问题转化为板坯分配方案决策主问题与入炉出炉时刻决策子问题迭代求解，其中主问题采用变邻域搜索算法近似求解，子问题采用线性规划最优求解。

计算实验基于实际生产数据展开，所设计的算法近优求解了 500 块板坯的大规模问题算例，平均最优解间隙仅为 0.88%。基于优化结果的近似帕累托前沿以及具体的板坯入炉顺序分析，进一步发现最小化冷热混装惩罚也可以在一定程度上降低能源成本，对于生产实践有一定的指导意义。

6.2　分解优化思路总结

生产调度问题通常是强 NP 难的组合优化问题，最优求解十分困难。当前调度问题的求解有两类主流方案：以树枚举策略为代表的精确求解方法（例如分支定界）与以进化计算方法为代表的元启发式算法（例如遗传算法）。精确求解方法依赖于待优化问题的形式，通常需要对问题性质进行长时间深入研究。即便如此，模型的微小改动都可能导致原最优求解思路变得不可行，一般只适用于经典标准问题求解。元启发式算法是通用性求解方法，虽然广泛适用于各类优化问题，但通常不对问题性质进行充分研究，因此搜索效率与优化效果有很大提升空间。

本书提出的分解优化框架综合了精确方法与元启发式算法的优势：首先将问题适当分解为组合优化形式主问题与多项式时间可解子问题，而后进行迭代求解。通读全书可知，不论是经典的并行机、流水车间调度优化，还是工业生产环境下的复杂调度问题，均可采用分解优化思路最优或近优求解。成功使用这一优化思路的关键在于子问题的定义与高效求解：一方面，合理进行子问题定义可以在很大程度上降低优化难度，保证了复杂背景下分解方法仍能适用；另一方面，对子问题进行高效求解需要充分利用待优化问题的结构性质，保证了算法搜索效率。下面对分解优化用于调度问题的一般流程和方法进行总结。

首先是问题分解，即确定主问题与子问题。问题分解的具体形式因待优化问题特性而异，并没有统一方法，本书推荐下述两类基本分解思路：

- 基于原问题结构性质的分解。这一思路根据对原问题的分析与观察，确定其最优解特性，进而在不破坏最优解结构的条件下进行问题分解。例如第 2 章中基于并行机可分结构的分解与第 3 章中基于峰值功率约束下调度最优解无间断性质的分解。
- 基于子问题可解性的分解。这一思路从可解子问题设计出发，或参考现有文献中该类问题的经典处理思路。例如第 5 章中注意到确定板坯分配方案后子问题可采用线性规划求解，又例如第 4 章参考了流水车间经典 NEH 插入操作原理，并将其拓展到多目标节能调度上。

而后是子问题的高效求解。一般而言，子问题优化消耗的计算资源最多，其计算复杂度决定了算法整体计算效率，因此这一部分更侧重于算法层面的创新。值得注意的是，由于主问题迭代对于当前解改动通常不大，对于子问题的评价常常可以基于上一轮求解结果进行"增量式"计算，从而大幅降低子问题评价的计算量，例如第 4 章中对于拓展 NEH 插入操作的加速评价方法。

最后是主问题与子问题的迭代优化。对于待优化问题自身具有可分结构的情形（第 2 章），可采用 Dantzig-Wolfe 分解方法，基于线性主问题返回的对偶变量信息确定子问题目标函数，而后根据子问题求解结果修改线性主问题，并持续迭代。其他情形下（如第 3、4、5 章），可采用通用性全局优化方法进行主问题与子问题的迭代优化，搜索过程中需注意全局探索与局部寻优之间的平衡。

6.3　研　究　展　望

尽管本书在融合能耗指标生产调度问题优化方面取得了一些研究进展，但在调度问题能耗建模与优化方法方面仍有完善与改进的空间。基于本书研究成果，未来可考虑在以下四个方面开展下一步研究：

(1) 本书主要从运筹学与调度优化角度探讨生产过程节能，对于加工设备的能耗分析较为抽象，主要关注于设备加工、待机、闲置等稳态能耗，未对状态转移过程的能耗变化进行深入分析。下一步研究可考虑融合机器层面节能的相关研究工作，细化调度模型，实现机器层面与调度层面节能的联合优化。

(2) 本书针对节能调度问题的建模与优化方法主要应用于确定性调度模型，对于加工时长波动、订单更改或撤销以及设备故障等加工过程中的随机性因素分析不足。未来可考虑将加工过程随机性融入优化模型中，针对能耗优化问题建立动态调度模型，并基于问题结构性质设计实时调度策略与算法。

(3) 混合整数规划模型既是节能调度问题的建模手段，也是一类精确求解方法。虽然本书针对不同能耗背景提出了若干新型规划模型，但由于问题的 NP 难特性，规划模型必然随着算例规模增大而失效。因此有必要进一步研究如第 5 章中使用的基于约束松弛的模型转化方法，用于实际大规模问题的可行解构造。

(4) 基于模型分解的优化思路并不局限于节能调度问题上，它是处理复杂调度优化的通用性方法，其核心在于待研究问题的结构性质分析以及对子问题评价的加速算法设计。未来可以研究这一优化思路在车辆调度、处理器调度、医疗资源调度和其他类型生产调度问题上的应用。

参 考 文 献

[1] British Petroleum. BP statistical review of world energy[M]. London: British Petroleum, 2016.

[2] 国家统计局. 中国统计年鉴[M]. 北京：中国统计出版社, 2017.

[3] KARA S, LI W. Unit process energy consumption models for material removal processes[J]. CIRP Annals-Manufacturing Technology, 2011, 60(1): 37–40.

[4] DAHMUS J B, GUTOWSKI T G. An environmental analysis of machining [C]//ASME International Mechanical Engineering Congress and Exposition. [S.l.]: American Society of Mechanical Engineers, 2004: 643–652.

[5] GUTOWSKI T, DAHMUS J, THIRIEZ A. Electrical energy requirements for manufacturing processes[C]//13th CIRP International Conference on Life Cycle Engineering, Leuven, Belgium: volume 5. [S.l.: s.n.], 2006: 560–564.

[6] GUTOWSKI T G, BRANHAM M S, DAHMUS J B, et al. Thermodynamic analysis of resources used in manufacturing processes[J]. Environmental Science & Technology, 2009, 43(5): 1584–1590.

[7] YANG W A, GUO Y, LIAO W. Multi-objective optimization of multi-pass face milling using particle swarm intelligence[J]. The International Journal of Advanced Manufacturing Technology, 2011, 56(5-8): 429–443.

[8] WANG Q, LIU F, WANG X. Multi-objective optimization of machining parameters considering energy consumption[J]. The International Journal of Advanced Manufacturing Technology, 2014, 71(5-8): 1133–1142.

[9] MORI M, FUJISHIMA M, INAMASU Y, et al. A study on energy efficiency improvement for machine tools[J]. CIRP Annals-Manufacturing Technology, 2011, 60(1): 145–148.

[10] SALONITIS K, BALL P. Energy efficient manufacturing from machine tools to manufacturing systems[J]. Procedia CIRP, 2013, 7: 634–639.

[11] ZEIN A. Transition towards energy efficient machine tools[M]. [S.l.]: Springer Science & Business Media, 2012.

[12] DIETMAIR A, VERL A. A generic energy consumption model for decision making and energy efficiency optimisation in manufacturing[J]. International Journal of Sustainable Engineering, 2009, 2(2): 123–133.

[13] HAES H, HEIJUNGS R. Life-cycle assessment for energy analysis and management[J]. Applied Energy, 2007, 84(7-8): 817–827.

[14] RAHIMIFARD S, SEOW Y, CHILDS T. Minimising embodied product energy to support energy efficient manufacturing[J]. CIRP Annals, 2010, 59(1): 25–28.

[15] SEOW Y, RAHIMIFARD S, WOOLLEY E. Simulation of energy consumption in the manufacture of a product[J]. International Journal of Computer Integrated Manufacturing, 2013, 26(7): 663–680.

[16] SEOW Y, RAHIMIFARD S. A framework for modelling energy consumption within manufacturing systems[J]. CIRP Journal of Manufacturing Science and Technology, 2011, 4(3): 258–264.

[17] THIEDE S, SEOW Y, ANDERSSON J, et al. Environmental aspects in manufacturing system modelling and simulation—state of the art and research perspectives[J]. CIRP Journal of manufacturing science and technology, 2013, 6(1): 78–87.

[18] SEOW Y, GOFFIN N, RAHIMIFARD S, et al. A 'Design for energy minimization' approach to reduce energy consumption during the manufacturing phase[J]. Energy, 2016, 109: 894–905.

[19] HU L, TANG R, HE K, et al. Estimating machining-related energy consumption of parts at the design phase based on feature technology[J]. International Journal of Production Research, 2015, 53(23): 7016–7033.

[20] DUFLOU J R, SUTHERLAND J W, DORNFELD D, et al. Towards energy and resource efficient manufacturing: A processes and systems approach[J]. CIRP Annals-Manufacturing Technology, 2012, 61(2): 587–609.

[21] ZHOU L, LI J, LI F, et al. Energy consumption model and energy efficiency of machine tools: A comprehensive literature review[J]. Journal of Cleaner Production, 2016, 112: 3721–3734.

[22] ZHAO G, LIU Z, HE Y, et al. Energy consumption in machining: Classification, prediction, and reduction strategy[J]. Energy, 2017, 133: 142–157.

[23] GIRET A, TRENTESAUX D, PRABHU V. Sustainability in manufacturing operations scheduling: A state of the art review[J]. Journal of Manufacturing Systems, 2015, 37: 126–140.

[24] MÜLLER E, ENGELMANN J, LÖFFLER T, et al. Energieeffiziente fabriken planen und betreiben[M]. [S.l.]: Springer Science & Business Media, 2009.

[25] GAHM C, DENZ F, DIRR M, et al. Energy-efficient scheduling in manufacturing companies: A review and research framework[J]. European Journal of Operational Research, 2016, 248(3): 744–757.

[26] MOUZON G, YILDIRIM M B, TWOMEY J. Operational methods for minimization of energy consumption of manufacturing equipment[J]. International Journal of Production Research, 2007, 45(18-19): 4247–4271.

[27] MOUZON G, YILDIRIM M B. A framework to minimise total energy consumption and total tardiness on a single machine[J]. International Journal of Sustainable Engineering, 2008, 1(2): 105–116.

[28] YILDIRIM M B, MOUZON G. Single-machine sustainable production planning to minimize total energy consumption and total completion time using a multiple objective genetic algorithm[J]. IEEE Transactions on Engineering Management, 2012, 59(4): 585–597.

[29] LIU C, YANG J, LIAN J, et al. Sustainable performance oriented operational decision-making of single machine systems with deterministic product arrival time[J]. Journal of Cleaner Production, 2014, 85: 318–330.

[30] CHE A, WU X, PENG J, et al. Energy-efficient bi-objective single-machine scheduling with power-down mechanism[J]. Computers & Operations Research, 2017, 85: 172–183.

[31] LIANG P, YANG H D, LIU G S, et al. An ant optimization model for unrelated parallel machine scheduling with energy consumption and total tardiness[J]. Mathematical Problems in Engineering, 2015, 2015: 1–8.

[32] LI Z, YANG H, ZHANG S, et al. Unrelated parallel machine scheduling problem with energy and tardiness cost[J]. The International Journal of Advanced Manufacturing Technology, 2016, 84(1-4): 213–226.

[33] DAI M, TANG D, GIRET A, et al. Energy-efficient scheduling for a flexible flow shop using an improved genetic-simulated annealing algorithm[J]. Robotics and Computer-Integrated Manufacturing, 2013, 29(5): 418–429.

[34] TANG D, DAI M, SALIDO M A, et al. Energy-efficient dynamic scheduling for a flexible flow shop using an improved particle swarm optimization[J]. Computers in Industry, 2016, 81: 82–95.

[35] WANG J J, WANG L. A knowledge-based cooperative algorithm for energy-efficient scheduling of distributed flow-shop[J]. IEEE Transactions on Systems, Man & Cybernetics Systems, 2018: 1–15.

[36] MASHAEI M, LENNARTSON B. Energy reduction in a pallet-constrained flow shop through on–off control of idle machines[J]. IEEE Transactions on Automation Science and Engineering, 2013, 10(1): 45–56.

[37] LU C, GAO L, LI X, et al. Energy-efficient permutation flow shop scheduling problem using a hybrid multi-objective backtracking search algorithm[J]. Journal of Cleaner Production, 2017, 144: 228–238.

[38] LIU G S, ZHOU Y, YANG H D. Minimizing energy consumption and tardiness penalty for fuzzy flow shop scheduling with state-dependent setup time [J]. Journal of Cleaner Production, 2017, 147: 470–484.

[39] MAY G, STAHL B, TAISCH M, et al. Multi-objective genetic algorithm for energy-efficient job shop scheduling[J]. International Journal of Production Research, 2015, 53(23): 7071–7089.

[40] LIU Y, DONG H, LOHSE N, et al. A multi-objective genetic algorithm for optimisation of energy consumption and shop floor production performance [J]. International Journal of Production Economics, 2016, 179: 259–272.

[41] WU X, SUN Y. A green scheduling algorithm for flexible job shop with energy-saving measures[J]. Journal of Cleaner Production, 2018, 172: 3249–3264.

[42] FANG K, UHAN N, ZHAO F, et al. A new approach to scheduling in manufacturing for power consumption and carbon footprint reduction[J]. Journal of Manufacturing Systems, 2011, 30(4): 234–240.

[43] FANG K, UHAN N A, ZHAO F, et al. Flow shop scheduling with peak power consumption constraints[J]. Annals of Operations Research, 2013, 206(1): 115–145.

[44] CHE A, LV K, LEVNER E, et al. Energy consumption minimization for single machine scheduling with bounded maximum tardiness[C]//IEEE 12th International Conference on Networking, Sensing and Control (ICNSC). [S.l.: s.n.], 2015: 146–150.

[45] MANSOURI S A, AKTAS E, BESIKCI U. Green scheduling of a two-machine flowshop: Trade-off between makespan and energy consumption[J]. European Journal of Operational Research, 2016, 248(3): 772–788.

[46] ZHANG R, CHIONG R. Solving the energy-efficient job shop scheduling problem: A multi-objective genetic algorithm with enhanced local search for minimizing the total weighted tardiness and total energy consumption[J]. Journal of Cleaner Production, 2016, 112: 3361–3375.

[47] SALIDO M A, ESCAMILLA J, GIRET A, et al. A genetic algorithm for energy-efficiency in job-shop scheduling[J]. The International Journal of Advanced Manufacturing Technology, 2016, 85(5-8): 1303–1314.

[48] SALIDO M A, ESCAMILLA J, BARBER F, et al. Rescheduling in job-shop problems for sustainable manufacturing systems[J]. Journal of Cleaner Production, 2017, 162: 121–132.

[49] LEI D, ZHENG Y, GUO X. A shuffled frog-leaping algorithm for flexible job shop scheduling with the consideration of energy consumption[J]. International Journal of Production Research, 2017, 55(11): 3126–3140.

[50] FANG K T, LIN B M. Parallel-machine scheduling to minimize tardiness penalty and power cost[J]. Computers & Industrial Engineering, 2013, 64(1): 224–234.

[51] YAN J, LI L, ZHAO F, et al. A multi-level optimization approach for energy-efficient flexible flow shop scheduling[J]. Journal of Cleaner Production, 2016, 137: 1543–1552.

[52] YIN L, LI X, GAO L, et al. A novel mathematical model and multi-objective method for the low-carbon flexible job shop scheduling problem[J]. Sustainable Computing: Informatics and Systems, 2017, 13: 15–30.

[53] PIROOZFARD H, WONG K Y, WONG W P. Minimizing total carbon footprint and total late work criterion in flexible job shop scheduling by using an improved multi-objective genetic algorithm[J]. Resources, Conservation and Recycling, 2018, 128: 267–283.

[54] LIU Y, DONG H, LOHSE N, et al. An investigation into minimising total energy consumption and total weighted tardiness in job shops[J]. Journal of Cleaner Production, 2014, 65: 87–96.

[55] LIU Y, DONG H, LOHSE N, et al. Reducing environmental impact of production during a rolling blackout policy–a multi-objective schedule optimisation approach[J]. Journal of Cleaner Production, 2015, 102: 418–427.

[56] SUN Z, LI L. Opportunity estimation for real-time energy control of sustainable manufacturing systems[J]. IEEE Transactions on Automation Science and Engineering, 2013, 10(1): 38–44.

[57] WANG Y, LI L. Time-of-use based electricity demand response for sustainable manufacturing systems[J]. Energy, 2013, 63: 233–244.

[58] EPA. Greenhouse gas equivalencies calculator: Calculations and references. [EB/OL]. [2018-04-15]. http://www.epa.gov/cleanenergy/energy-resources/refs.html.

[59] ALBADI M H, EL-SAADANY E F. A summary of demand response in electricity markets[J]. Electric Power Systems Research, 2008, 78: 1989–1996.

[60] Beijing International. Guide to heating, electricity, water, and gas-policies and procedures[EB/OL]. [2018-04-15]. http://www.ebeijing.gov.cn/ feature_2/GuideToHeatingElectricityWaterAndGas/PriceGuide/t1107813.htm.

[61] SHROUF F, ORDIERES-MERÉ J, GARCÍA-SÁNCHEZ A, et al. Optimizing the production scheduling of a single machine to minimize total energy consumption costs[J]. Journal of Cleaner Production, 2014, 67: 197–207.

[62] FANG K, UHAN N A, ZHAO F, et al. Scheduling on a single machine under time-of-use electricity tariffs[J]. Annals of Operations Research, 2016, 238(1-2): 199–227.

[63] CHE A, ZENG Y, LYU K. An efficient greedy insertion heuristic for energy-conscious single machine scheduling problem under time-of-use electricity tariffs[J]. Journal of Cleaner Production, 2016, 129: 565–577.

[64] WANG S, LIU M, CHU F, et al. Bi-objective optimization of a single machine batch scheduling problem with energy cost consideration[J]. Journal of Cleaner Production, 2016, 137: 1205–1215.

[65] CHENG J, CHU F, LIU M, et al. Bi-criteria single-machine batch scheduling with machine on/off switching under time-of-use tariffs[J]. Computers & Industrial Engineering, 2017, 112: 721–734.

[66] ZHANG S, CHE A, WU X, et al. Improved mixed-integer linear programming model and heuristics for bi-objective single-machine batch scheduling with energy cost consideration[J]. Engineering Optimization, 2018, 50(8): 1380-1394.

[67] MOON J Y, SHIN K, PARK J. Optimization of production scheduling with time-dependent and machine-dependent electricity cost for industrial

energy efficiency[J]. The International Journal of Advanced Manufacturing Technology, 2013, 68(1-4): 523–535.

[68] CHE A, ZHANG S, WU X. Energy-conscious unrelated parallel machine scheduling under time-of-use electricity tariffs[J]. Journal of Cleaner Production, 2017, 156: 688–697.

[69] ZENG Y, CHE A, WU X. Bi-objective scheduling on uniform parallel machines considering electricity cost[J]. Engineering Optimization, 2018, 50(1): 19–36.

[70] LUO H, DU B, HUANG G Q, et al. Hybrid flow shop scheduling considering machine electricity consumption cost[J]. International Journal of Production Economics, 2013, 146(2): 423–439.

[71] LIU C H, HUANG D H. Reduction of power consumption and carbon footprints by applying multi-objective optimisation via genetic algorithms [J]. International Journal of Production Research, 2014, 52(2): 337–352.

[72] ZHANG H, ZHAO F, FANG K, et al. Energy-conscious flow shop scheduling under time-of-use electricity tariffs[J]. CIRP Annals-Manufacturing Technology, 2014, 63(1): 37–40.

[73] MOON J Y, PARK J. Smart production scheduling with time-dependent and machine-dependent electricity cost by considering distributed energy resources and energy storage[J]. International Journal of Production Research, 2014, 52(13): 3922–3939.

[74] SUN Z, LI L, FERNANDEZ M, et al. Inventory control for peak electricity demand reduction of manufacturing systems considering the tradeoff between production loss and energy savings[J]. Journal of Cleaner Production, 2014, 82: 84–93.

[75] SHARMA A, ZHAO F, SUTHERLAND J W. Econological scheduling of a manufacturing enterprise operating under a time-of-use electricity tariff[J]. Journal of Cleaner Production, 2015, 108: 256–270.

[76] MOHSENIAN-RAD A H, LEON-GARCIA A. Optimal residential load control with price prediction in real-time electricity pricing environments[J]. IEEE Transactions on Smart Grid, 2010, 1(2): 120–133.

[77] CHEN Z, WU L, FU Y. Real-time price-based demand response management for residential appliances via stochastic optimization and robust optimization[J]. IEEE Transactions on Smart Grid, 2012, 3(4): 1822–1831.

[78] TSUI K M, CHAN S C. Demand response optimization for smart home scheduling under real-time pricing[J]. IEEE Transactions on Smart Grid, 2012, 3(4): 1812–1821.

[79] ZHANG H, ZHAO F, SUTHERLAND J W. Energy-efficient scheduling of multiple manufacturing factories under real-time electricity pricing[J]. CIRP Annals, 2015, 64(1): 41–44.

[80] ZHAI Y, BIEL K, ZHAO F, et al. Dynamic scheduling of a flow shop with on-site wind generation for energy cost reduction under real time electricity pricing[J]. CIRP Annals, 2017, 66(1): 41–44.

[81] BRUZZONE A, ANGHINOLFI D, PAOLUCCI M, et al. Energy-aware scheduling for improving manufacturing process sustainability: A mathematical model for flexible flow shops[J]. CIRP Annals-Manufacturing Technology, 2012, 61(1): 459–462.

[82] STOCK T, SELIGER G. Multi-objective shop floor scheduling using monitored energy data[J]. Procedia CIRP, 2015, 26: 510–515.

[83] LORENZ S, HESSE M, FISCHER A. Simulation and optimization of robot driven production systems for peak-load reduction[C]//Proceedings of the 2012 Winter Simulation Conference (WSC). Piscataway, N. J.: IEEE Press, 2012: 1–12.

[84] FELTER W, RAJAMANI K, KELLER T, et al. A performance-conserving approach for reducing peak power consumption in server systems[C]// Proceedings of the 19th Annual International Conference on Supercomputing. New York, NY: ACM, 2005: 293–302.

[85] KONTORINIS V, SHAYAN A, TULLSEN D M, et al. Reducing peak power with a table-driven adaptive processor core[C]//Proceedings of the 42nd Annual IEEE/ACM International Symposium on Microarchitecture. New York, NY: ACM, 2009: 189–200.

[86] COCHRAN R, HANKENDI C, COSKUN A K, et al. Pack & cap: Adaptive dvfs and thread packing under power caps[C]//Proceedings of the 44th Annual IEEE/ACM International Symposium on Microarchitecture. New York, NY: ACM, 2011: 175–185.

[87] GRAHAM R L, LAWLER E L, LENSTRA J K, et al. Optimization and approximation in deterministic sequencing and scheduling: A survey[J]. Annals of Discrete Mathematics, 1979, 5: 287–326.

[88] PINEDO M L. Scheduling: Theory, algorithms, and systems[M]. New York, USA: Springer, 2016.

[89] TANG L, LIU J, RONG A, et al. A mathematical programming model for scheduling steelmaking-continuous casting production1[J]. European Journal of Operational Research, 2000, 120(2): 423–435.

[90] ZHANG R, WU C. A simulated annealing algorithm based on block properties for the job shop scheduling problem with total weighted tardinessobjective[J]. Computers & Operations Research, 2011, 38(5): 854–867.

[91] BÜLBÜL K, KAMINSKY P. A linear programming-based method for job shop scheduling[J]. Journal of Scheduling, 2013, 16(2): 161–183.

[92] UNLU Y, MASON S J. Evaluation of mixed integer programming formulations for non-preemptive parallel machine scheduling problems[J]. Computers & Industrial Engineering, 2010, 58(4): 785–800.

[93] BALAS E. On the facial structure of scheduling polyhedra[M]. Berlin, German: Springer, 1985.

[94] LASSERRE J B, QUEYRANNE M. Generic scheduling polyhedra and a new mixed-integer formulation for single-machine scheduling.[C]//DBLP.IPCO Conference. [S.l.: s.n.], 1992: 136–149.

[95] DYER M E, WOLSEY L A. Formulating the single machine sequencing problem with release dates as a mixed integer program[J]. Discrete Applied Mathematics, 1990, 26(2): 255–270.

[96] SOUSA J P, WOLSEY L A. A time indexed formulation of non-preemptive single machine scheduling problems[J]. Mathematical programming, 1992, 54(1-3): 353–367.

[97] CAKICI E, MASON S. Parallel machine scheduling subject to auxiliary resource constraints[J]. Production Planning and Control, 2007, 18(3): 217–225.

[98] SCHALLER J. Single machine scheduling with early and quadratic tardy penalties[J]. Computers & Industrial Engineering, 2004, 46(3): 511–532.

[99] BEHNAMIAN J, ZANDIEH M. A discrete colonial competitive algorithm for hybrid flowshop scheduling to minimize earliness and quadratic tardiness penalties[J]. Expert Systems with Applications, 2011, 38(12): 14490–14498.

[100] LAWLER E L, WOOD D E. Branch-and-bound methods: A survey[J]. Operations Research, 1966, 14(4): 699–719.

[101] HOOGEVEEN J, VAN DE VELDE S L. A branch-and-bound algorithm for single-machine earliness–tardiness scheduling with idle time[J]. INFORMS Journal on Computing, 1996, 8(4): 402–412.

[102] BRAH S A, HUNSUCKER J L. Branch and bound algorithm for the flow shop with multiple processors[J]. European Journal of Operational Research, 1991, 51(1): 88–99.

[103] SHIM S O, KIM Y D. A branch and bound algorithm for an identical parallel machine scheduling problem with a job splitting property[J]. Computers & Operations Research, 2008, 35(3): 863–875.

[104] GILMORE P C, GOMORY R E. A linear programming approach to the cutting-stock problem[J]. Operations Research, 1961, 9(6): 849–859.

[105] DESROCHERS M, DESROSIERS J, SOLOMON M. A new optimization algorithm for the vehicle routing problem with time windows[J]. Operations Research, 1992, 40(2): 342–354.

[106] DESAULNIERS G, DESROSIERS J, SOLOMON M M. Column generation: Volume 5[M]. Boston, MA: Springer Science & Business Media, 2006.

[107] LÜBBECKE M E, DESROSIERS J. Selected topics in column generation [J]. Operations Research, 2005, 53(6): 1007–1023.

[108] VAN DEN AKKER J M, HOOGEVEEN J A, VAN DE VELDE S L. Parallel machine scheduling by column generation[J]. Operations Research, 1999, 47(6): 862–872.

[109] VAN DEN AKKER J, HURKENS C A, SAVELSBERGH M W. Time-indexed formulations for machine scheduling problems: Column generation [J]. INFORMS Journal on Computing, 2000, 12(2): 111–124.

[110] BÜLBÜL K, KAMINSKY P, YANO C. Flow shop scheduling with earliness, tardiness, and intermediate inventory holding costs[J]. Naval Research Logistics (NRL), 2004, 51(3): 407–445.

[111] RAHMANIANI R, CRAINIC T G, GENDREAU M, et al. The benders decomposition algorithm: A literature review[J]. European Journal of Operational Research, 2017, 259(3): 801–817.

[112] GUIGNARD M, KIM S. Lagrangean decomposition: A model yielding stronger lagrangean bounds[J]. Mathematical Programming, 1987, 39(2): 215–228.

[113] LODREE JR E, JANG W, KLEIN C M. A new rule for minimizing the number of tardy jobs in dynamic flow shops[J]. European Journal of Operational Research, 2004, 159(1): 258–263.

[114] OUELHADJ D, PETROVIC S. A survey of dynamic scheduling in manufacturing systems[J]. Journal of Scheduling, 2009, 12(4): 417.

[115] PALMER D. Sequencing jobs through a multi-stage process in the minimum total time—a quick method of obtaining a near optimum[J]. Journal of the Operational Research Society, 1965, 16(1): 101–107.

[116] NAWAZ M, ENSCORE E E, HAM I. A heuristic algorithm for the m-machine, n-job flow-shop sequencing problem[J]. Omega, 1983, 11(1): 91–95.

[117] ADAMS J, BALAS E, ZAWACK D. The shifting bottleneck procedure for job shop scheduling[J]. Management Science, 1988, 34(3): 391–401.

[118] MCCORMICK S T, PINEDO M L, SHENKER S, et al. Sequencing in an assembly line with blocking to minimize cycle time[J]. Operations Research, 1989, 37(6): 925–935.

[119] VAN LAARHOVEN P J, AARTS E H, LENSTRA J K. Job shop scheduling by simulated annealing[J]. Operations Research, 1992, 40(1): 113–125.

[120] BRANDIMARTE P. Routing and scheduling in a flexible job shop by tabu search[J]. Annals of Operations Research, 1993, 41(3): 157–183.

[121] LIAO C J, CHENG C C. A variable neighborhood search for minimizing single machine weighted earliness and tardiness with common due date[J]. Computers & Industrial Engineering, 2007, 52(4): 404–413.

[122] DONG X, HUANG H, CHEN P. An iterated local search algorithm for the permutation flowshop problem with total flowtime criterion[J]. Computers & Operations Research, 2009, 36(5): 1664–1669.

[123] RUIZ R, STÜTZLE T. A simple and effective iterated greedy algorithm for the permutation flowshop scheduling problem[J]. European Journal of Operational Research, 2007, 177(3): 2033–2049.

[124] FEO T A, SARATHY K, MCGAHAN J. A grasp for single machine scheduling with sequence dependent setup costs and linear delay penalties[J]. Computers & Operations Research, 1996, 23(9): 881–895.

[125] PEZZELLA F, MORGANTI G, CIASCHETTI G. A genetic algorithm for the flexible job-shop scheduling problem[J]. Computers & Operations Research, 2008, 35(10): 3202–3212.

[126] T'KINDT V, MONMARCHÉ N, TERCINET F, et al. An ant colony optimization algorithm to solve a 2-machine bicriteria flowshop scheduling problem[J]. European Journal of Operational Research, 2002, 142(2): 250–257.

[127] PAN Q K, TASGETIREN M F, LIANG Y C. A discrete particle swarm optimization algorithm for the no-wait flowshop scheduling problem[J]. Computers & Operations Research, 2008, 35(9): 2807–2839.

[128] ONWUBOLU G, DAVENDRA D. Scheduling flow shops using differential evolution algorithm[J]. European Journal of Operational Research, 2006, 171(2): 674–692.

[129] WANG L, WANG S, XU Y, et al. A bi-population based estimation of distribution algorithm for the flexible job-shop scheduling problem[J]. Computers & Industrial Engineering, 2012, 62(4): 917–926.

[130] GENDREAU M, POTVIN J Y. Handbook of metaheuristics[M]. Boston, MA: Springer, 2010.

[131] JOHNSON S M. Optimal two-and three-stage production schedules with setup times included[J]. Naval Research Logistics (NRL), 1954, 1(1): 61–68.

[132] WOLPERT D H, MACREADY W G. No free lunch theorems for optimization[J]. IEEE Transactions on Evolutionary Computation, 1997, 1(1): 67–82.

[133] NOWICKI E, SMUTNICKI C. A fast tabu search algorithm for the permutation flow-shop problem[J]. European Journal of Operational Research, 1996, 91(1): 160–175.

[134] TAILLARD E. Some efficient heuristic methods for the flow shop sequencing problem[J]. European Journal of Operational Research, 1990, 47(1): 65–74.

[135] REEVES C R, YAMADA T. Genetic algorithms, path relinking, and the flowshop sequencing problem[J]. Evolutionary Computation, 1998, 6(1): 45–60.

[136] KYPARISIS G J, KOULAMAS C. Flexible flow shop scheduling with uniform parallel machines[J]. European Journal of Operational Research, 2006, 168(3): 985–997.

[137] YANG T, GERASOULIS A. Dsc: Scheduling parallel tasks on an unbounded number of processors[J]. IEEE Transactions on Parallel and Distributed Systems, 1994, 5(9): 951–967.

[138] SUN B, LUH P B, JIA Q S, et al. Building energy management: Integrated control of active and passive heating, cooling, lighting, shading, and ventila-

tion systems[J]. IEEE Transactions on Automation Science and Engineering, 2013, 10(3): 588–602.

[139] BIGRAS L P, GAMACHE M, SAVARD G. Time-indexed formulations and the total weighted tardiness problem[J]. INFORMS Journal on Computing, 2008, 20(1): 133–142.

[140] DING J Y, SONG S, ZHANG R, et al. Parallel machine scheduling under time-of-use electricity prices: New models and optimization approaches[J]. IEEE Transactions on Automation Science and Engineering, 2016, 13(2): 1138–1154.

[141] GAREY M R, JOHNSON D S. "Strong" NP-completeness results: Motivation, examples, and implications[J]. Journal of the ACM (JACM), 1978, 25(3): 499–508.

[142] JOHNSON D S, GAREY M. Computers and intractability: A guide to the theory of NP-Completeness[J]. Freeman&Co, San Francisco, 1979.

[143] BARNHART C, JOHNSON E L, NEMHAUSER G L, et al. Branch-and-price: Column generation for solving huge integer programs[J]. Operations Research, 1998, 46(3): 316–329.

[144] CAI B, HUANG S, LIU D, et al. Multiobjective optimization for autonomous straddle carrier scheduling at automated container terminals[J]. IEEE Transactions on Automation Science and Engineering, 2013, 10(3): 711–725.

[145] FURINI F, MALAGUTI E, MEDINA DURÁN R, et al. A column generation heuristic for the two-dimensional two-staged guillotine cutting stock problem with multiple stock size[J]. European Journal of Operational Research, 2012, 218(1): 251–260.

[146] COLOMBO F, CORDONE R, TRUBIAN M. Column-generation based bounds for the homogeneous areas problem[J]. European Journal of Operational Research, 2014, 236(2): 695–705.

[147] WU T, SHI L, DUFFIE N A. An hnp-mp approach for the capacitated multi-item lot sizing problem with setup times[J]. IEEE Transactions on Automation Science and Engineering, 2010, 7(3): 500–511.

[148] POCHET Y, WOLSEY L A. Production planning by mixed integer programming[M]. New York, NY: Springer, 2006.

[149] EDIS E B, OGUZ C, OZKARAHAN I. Parallel machine scheduling with additional resources: Notation, classification, models and solution methods [J]. European Journal of Operational Research, 2013, 230(3): 449–463.

[150] KELLERER H, STRUSEVICH V A. Scheduling parallel dedicated machines under a single non-shared resource[J]. European Journal of Operational Research, 2003, 147(2): 345–364.

[151] KELLERER H, STRUSEVICH V A. Scheduling problems for parallel dedicated machines under multiple resource constraints[J]. Discrete Applied Mathematics, 2003, 133(1-3): 45–68.

[152] GRIGORIEV A, SVIRIDENKO M, UETZ M. Machine scheduling with resource dependent processing times[J]. Mathematical Programming, 2007, 110(1): 209–228.

[153] MARTELLO S, VIGO D. Exact solution of the two-dimensional finite bin packing problem[J]. Management Science, 1998, 44(3): 388–399.

[154] BORTFELDT A. A genetic algorithm for the two-dimensional strip packing problem with rectangular pieces[J]. European Journal of Operational Research, 2006, 172(3): 814–837.

[155] FANJUL-PEYRO L, PEREA F, RUIZ R. Models and matheuristics for the unrelated parallel machine scheduling problem with additional resources[J]. European Journal of Operational Research, 2017, 260(2): 482–493.

[156] CASTRO P M, OLIVEIRA J F. Scheduling inspired models for two-dimensional packing problems[J]. European Journal of Operational Research, 2011, 215(1): 45–56.

[157] BITAR A, DAUZÈRE-PÉRÈS S, YUGMA C, et al. A memetic algorithm to solve an unrelated parallel machine scheduling problem with auxiliary resources in semiconductor manufacturing[J]. Journal of Scheduling, 2016, 19(4): 367–376.

[158] BILGE Ü, KURTULAN M, KIRAÇ F. A tabu search algorithm for the single machine total weighted tardiness problem[J]. European Journal of Operational Research, 2007, 176(3): 1423–1435.

[159] LAHA D, SARIN S C. A heuristic to minimize total flow time in permutation flow shop[J]. Omega, 2009, 37(3): 734–739.

[160] GUPTA J N, STAFFORD JR E F. Flowshop scheduling research after five decades[J]. European Journal of Operational Research, 2006, 169(3): 699–711.

[161] GAREY M R, JOHNSON D S, SETHI R. The complexity of flowshop and jobshop scheduling[J]. Mathematics of Operations Research, 1976, 1(2): 117–129.

[162] DEB K, PRATAP A, AGARWAL S, et al. A fast and elitist multiobjective genetic algorithm: NSGA-II[J]. IEEE Transactions on Evolutionary Computation, 2002, 6(2): 182–197.

[163] ZHIHUAN L, YINHONG L, XIANZHONG D. Non-dominated sorting genetic algorithm-II for robust multi-objective optimal reactive power dispatch [J]. IET Generation, Transmission & Distribution, 2010, 4(9): 1000–1008.

[164] GRABOWSKI J, PEMPERA J, et al. New block properties for the permutation flow shop problem with application in tabu search[J]. Journal of the Operational Research Society, 2001, 52(2): 210–220.

[165] KALCZYNSKI P J, KAMBUROWSKI J. On the NEH heuristic for minimizing the makespan in permutation flow shops[J]. Omega, 2007, 35(1): 53–60.

[166] RIBAS I, COMPANYS R, TORT-MARTORELL X. An iterated greedy algorithm for the flowshop scheduling problem with blocking[J]. Omega, 2011, 39(3): 293–301.

[167] FRAMINAN J M, LEISTEN R. A multi-objective iterated greedy search for flowshop scheduling with makespan and flowtime criteria[J]. OR Spectrum, 2008, 30(4): 787–804.

[168] MINELLA G, RUIZ R, CIAVOTTA M. Restarted iterated pareto greedy algorithm for multi-objective flowshop scheduling problems[J]. Computers & Operations Research, 2011, 38(11): 1521–1533.

[169] ZITZLER E. Evolutionary algorithms for multiobjective optimization: Methods and applications. Volume 63.[M]. Aachen: Shaker, 1999.

[170] CZYZŻAK P, JASZKIEWICZ A. Pareto simulated annealing a metaheuristic technique for multiple-objective combinatorial optimization[J]. Journal of Multi-Criteria Decision Analysis, 1998, 7(1): 34–47.

[171] KNOWLES J, CORNE D. On metrics for comparing nondominated sets[C]//Proceedings of the 2002 Congress on Evolutionary Computation (CEC). Piscataway, NJ: IEEE, 2002: 711–716.

[172] TAN K C, GOH C K, YANG Y, et al. Evolving better population distribution and exploration in evolutionary multi-objective optimization[J]. European Journal of Operational Research, 2006, 171(2): 463–495.

[173] 宁树实, 王伟, 刘全利. 钢铁生产中的加热炉优化调度算法研究[J]. 控制与决策, 2006, 21(10): 1138–1142.

[174] 孙学刚, 贠超, 安振刚. 基于免疫文化算法的特钢加热炉调度优化[J]. 控制理论与应用, 2010, 27(8): 1007–1011.

[175] 谭园园, 宋健海, 刘士新. 加热炉优化调度模型及算法研究[J]. 控制理论与应用, 2011, 28(11): 1549–1557.

[176] 李铁克, 王柏琳, 赵艳艳. 求解并行加热炉群调度问题的三阶段算法[J]. 系统工程学报, 2011, 26(1): 105–112.

[177] 潘瑞林, 胡邦国, 曹建华, 等. 基于仿真优化的加热炉—热轧区间重调度[J]. 计算机集成制造系统, 2014, 20(6): 1405–1415.

[178] RUIZ R, VÁZQUEZ-RODRÍGUEZ J A. The hybrid flow shop scheduling problem[J]. European Journal of Operational Research, 2010, 205(1): 1–18.

在学期间发表的学术论文与研究成果

发表（含录用）的学术论文

[1] **DING J Y**, SONG S, WU C. Carbon-efficient scheduling of flow shops by multi-objective optimization. European Journal of Operational Research, 2016, 248(3): 758-771. (SCI 收录，检索号：CV9JO，影响因子：3.297)

[2] **DING J Y**, SONG S, ZHANG R, et al. Parallel machine scheduling under time-of-use electricity prices: New models and optimization approaches. IEEE Transactions on Automation Science and Engineering, 2016, 13(2): 1138-1154. (SCI 收录，检索号：DJ8DI，影响因子：3.502)

[3] **DING J Y**, YOU K, SONG S, et al. Likelihood ratio based scheduler for secure detection in cyber physical systems. IEEE Transactions on Control of Network Systems, 2018. (已录用，DOI: 10.1109/TCNS.2017.2670326)

[4] **DING J Y**, SONG S, GUPTA J N D, et al. New block properties for flowshop scheduling with blocking and their application in an iterated greedy algorithm. International Journal of Production Research, 2016, 54(16): 4759-4772. (SCI 收录，检索号：DR8RT，影响因子：2.325)

[5] **DING J Y**, SONG S, ZHANG R, et al. Accelerated methods for total tardiness minimisation in no-wait flowshops. International Journal of Production Research, 2015, 53(4): 1002-1018. (SCI 收录，检

索号：AU1IA，影响因子：2.325)

[6] **DING J Y**, SONG S, GUPTA J N D, et al. An improved iterated greedy algorithm with a tabu-based reconstruction strategy for the no-wait flowshop scheduling problem. Applied Soft Computing, 2015, 30: 604-613. (SCI 收录，检索号：CD7TQ，影响因子：3.541)

[7] **DING J Y**, SONG S, ZHANG R, et al. A novel block-shifting simulated annealing algorithm for the no-wait flowshop scheduling problem. IEEE Congress on Evolutionary Computation (CEC), 2015: 2768-2774. (EI 收录，检索号：20161602267544.)

[8] **DING J Y**, SONG S, ZHANG R, et al. Minimizing makespan for a no-wait flowshop using tabu mechanism improved iterated greedy algorithm. IEEE Congress on Evolutionary Computation (CEC), 2014: 1906-1911. (EI 收录，检索号：20144600182974.)

[9] **DING J Y**, YOU K, SONG S, et al. Likelihood ratio based communication for distributed detection. 11th IEEE International Conference on Control & Automation (ICCA), 2014: 1204-1209. (EI 收录，检索号：20143518117265.)

[10] CHANG Z, **DING J Y**, SONG S. Distributionally robust scheduling on parallel machines under moment uncertainty. European Journal of Operational Research, 2019, 272(3), 832–846. (已录用)

[11] CHANG Z, SONG S, ZHANG Y, **DING J Y**, et al. Distributionally robust single machine scheduling with risk aversion. European Journal of Operational Research, 2017, 256(1): 261-274. (SCI 收录，检索号：DY1KS，影响因子：3.297)

主要参与的科研项目

[1] 2017 年 1 月至 2020 年 12 月，参与国家自然科学基金钢铁联合基金重点项目 (U1660202)：钢铁生产线的多工序实时智能优化调度理论、方法及应用。

[2] 2015 年 1 月至 2018 年 12 月，参与国家自然科学基金项目 (61473141)：

基于增强邻域搜索策略的联合型生产调度问题算法研究。

[3] 2013 年 1 月至 2016 年 12 月，参与国家自然科学基金项目 (61273233)：随机多级库存成本管理的风险建模与优化方法及其应用。

[4] 2012 年 1 月至 2014 年 12 月，参与高等学校博士点基金项目 (20120002110035)：无中间存储的流水线调度问题的结构性质及智能优化算法研究。

奖励与荣誉

[1] 清华大学优秀博士学位论文一等奖，2018 年 7 月
[2] 北京市优秀毕业生，2018 年 7 月
[3] CSC-IBM 中国优秀学生奖学金，2016 年 1 月
[4] 研究生国家奖学金，2015 年 10 月
[5] 研究生国家奖学金，2014 年 10 月

致　　谢

　　衷心感谢导师吴澄院士与副导师宋士吉教授在本人博士求学过程中对我的指导与教诲。吴院士追求卓越的科研精神给我树立了学习的榜样，他在为人为学上的言传身教将使我受益终生。宋老师科学严谨的治学态度深深感染了我，学术研究上他对我严格要求，同时鼓励我与国内国际同行进行深入交流，这帮助我快速融入了高水平研究环境，进而提升了科研品味。除此之外，宋老师还在课程学习、日常生活等诸多方面给予我无微不至的关心，使我的读博旅程少了很多颠簸。

　　感谢清华大学自动化系老师们的教导与培养，特别是游科友老师在学术论文写作与优化理论方面对我的指导。同时由衷感谢课题组的张玉利、张宇魁、黄高、张旭男、王成、林金表、艾晓冬、张健南、蔺琳、李柳熙、周四维、李爽、秦宸、万义和、王瑞、常志琦、巩延上、武辉、牛晟盛、牛绿茵、陈啟柱、江鹏、钱鹏等的帮助，他们不但在学术上给予我诸多启发与灵感，也在日常生活中给予我支持与帮助，同窗情谊实难忘怀。

　　感谢在明尼苏达大学访学期间指导老师 Saif Benjaafar 教授亦师亦友的指导与关心，他对运筹管理领域多类问题的深刻洞见给予我很多启发，他在学术研究、学术报告等方面的指导让我受益匪浅。同时感谢该校孔广文老师以及李响、杜陈豪、卢炳南、张震寰、黄嘉莉、Behrooz Pourghannad 等同学的帮助。

　　感谢合作者张瑞教授给予我的学术指导与无私帮助，在调度优化领域他是我的启蒙老师，此外在学术写作、学术交流方面他也传授给我很多宝贵经验。

　　特别感谢我的父母多年来的无私奉献与支持鼓励，他们的关爱与陪伴是我努力为学的动力。

此外还要感谢挚友王德浩、宋成儒、产靖、高越、王正、高翔、李俊锋，他们乐观的生活态度鼓励我在困境中坚持追求，不忘初心。

本研究承蒙国家自然科学基金钢铁联合基金重点项目 (U1660202)，面上项目 (61473141, 61273233)，高等学校博士点基金项目 (20120002110035) 的资助，特此致谢。

丁见亚

2018 年 4 月 15 日